대통령의
외교안보 어젠다

한반도 운명 바꿀 5대 과제

천영우

박영사

프롤로그

나는 1977년 외교부에 첫발을 들여놓은 후 36년간의 공직생활을
마치고 2013년 2월에 퇴직했다. 노무현 정부에서 2년 이상 북핵 6자
회담 수석대표를 맡아 비핵화 협상의 전면에 나섰고, 이명박 정부에
서는 후반기 2년 반 동안 외교안보수석으로서 외교 정책 외에도 국
방·통일 분야에 이르기까지 대통령을 보좌할 기회가 있었다. 이념
과 비전이 다른 정부에서 요직을 맡아 내 능력 이상으로 국가에 봉
사할 수 있었던 것은 과분한 행운이고 특권이었다.

나는 직업외교관들에게는 낯선 특이한 업무를 유난히 많이 맡았
다. 그중에서도 내 공직의 진로와 운명을 결정한 것은 북한, 핵, 그
리고 국가 안보와 맺은 숙명적 인연이었다. 이 세 가지 분야에서 쌓
아온 지식과 경험이 나라에 쓸모가 있는 시대를 만났기 때문에 내가
외교·안보 정책의 중심 무대에서 잠시 조역이라도 맡게 된 것이다.

북한과의 인연은 1994년 1차 북핵 위기가 절정에 달하던 시기에
우연히 주오스트리아 대사관에 부임하여 국제원자력기구(IAEA)의 북
핵 업무를 맡으면서 시작되었다. 이런 인연이 이어져 1999년부터
2년간 '대북경수로사업기획단'의 국제부장을 맡아 한반도에너지개
발기구(KEDO)의 대북 경수로 사업에 관여하게 되었다. 미·북 제네
바 기본합의에 따라 북한의 핵 포기 조건으로 함경남도 금호지구에
서 진행한 경수로 건설 사업은 북한을 공부할 절호의 기회를 제공해

주었다. 함경도와 평안도의 벽지를 수시로 여행하면서 북한의 속살을 들여다볼 기회가 많았는데 같은 민족이 어떤 체제와 지도자를 선택하는지에 따라 얼마나 판이한 운명을 만날 수 있는지를 확인하고 또 북한의 미래에 대해서도 깊은 생각을 하게 되었다. 북한이 경수로 공사에 동원한 근로자들의 임금을 5배나 인상해 달라고 요구하자 기상천외한 방법을 동원하여 북한 최초의 노사 분쟁을 해결한 것도 북한 관료 사회의 문화와 생리를 이해할 수 있는 소중한 경험이었다.

이러한 경험은 2006년 2월부터 2년 넘게 북핵 6자회담 수석대표를 맡아 북한과 비핵화 협상을 주도하는데 유용한 밑거름이 되었다. 2007년 6자회담에서 '2.13합의'를 남북 수석대표 간의 직접 협상으로 타결하고 6자회담의 추인을 받는 형식으로 추진할 수 있었던 것도 내가 다른 수석대표들보다 북한과 핵 문제를 다루어 본 경험이 많았던 덕분이다. 6자회담 수석대표로서 노무현 대통령의 각별한 신임을 받고, 이명박 대통령의 외교안보수석으로 발탁된 것도 북한과 핵 문제에 대한 경험과 지식 덕분이었던 것 같다.

안보 분야에서도 나는 다른 공직자들에 비해 공부할 기회가 비교적 많았다. 한국이 처음으로 1996~1997년 임기의 유엔 안보리 이사국에 당선되자 주유엔 대표부의 안보리 담당 참사관으로 안보리 논의 안건에 대한 우리 정부의 입장과 발언문을 건의하는 업무를 맡게 되었다. 안보리가 전쟁과 평화의 문제를 다루는 과정에서 힘도 동맹도 없는 국가들의 운명이 어떻게 결정되는지를 현장에서 지켜보면서 국제 정치의 냉혹한 현실과 국가 안보의 소중함을 배울 수 있었다.

이명박 대통령의 외교안보수석으로서 내가 앞장서서 달성한 성과 가운데 지금 되돌아보아도 뿌듯한 보람을 느끼는 일이 있다. 하나는 2011년 1월 소말리아 해적에 납치된 우리 선원들을 구출하기 위한 '아덴만 여명작전'을 건의하고 관철해 해적들의 한국 선박 납치를 근절한 것이다. 또 하나는 2012년 버락 오바마(Barack Obama) 대통령 재임 중에 톰 도닐론(Tom Donilon) 미 백악관 국가안보보좌관과의 직접 담판을 통해 '한미 미사일지침'을 전면개정해 한국의 미사일 능력을 획기적으로 증강할 토대를 마련한 것이다. 2003 ~2004년간 유엔 미사일 패널의 위원으로서 세계적인 미사일 전문가들과 토론하면서 미사일을 집중적으로 공부한 것이 결정적인 도움이 되었다. 세번째가 2010년 11월 북한의 연평도 포격 이후 이명박 정부가 북한의 모든 장사정포 진지를 5분 이내에 파괴할 수 있는 전술지대지미사일(KTSSM) 개발을 결정하는 데 일익을 담당한 것이다.

내가 유별난 경험과 털어놓을 스토리가 많다 보니 주변에서 내 경험을 자서전으로 출간하여 사료로 남기라고 권유하는 지인들이 많았다. 그간 신문 칼럼, 인터뷰, 유튜브 천영우TV 등을 통해 단편적으로 외교 · 안보 현안에 대한 논평과 훈수는 자주 해왔지만 책까지 집필할 엄두는 내지 못했다. 그런데 막상 칼럼과 유튜브 방송을 접고 책을 쓰기로 하고 보니 지나간 스토리를 늘어놓는 데 몇 달을 투자하는 것보다는 현재와 미래의 외교 · 안보 정책에 길잡이가 될 만한 책을 쓰는 것이 더 의미가 있겠다는 생각이 들었다.

나는 이명박 대통령의 외교안보수석을 맡은 2년 반 동안 매일 평균 30분 정도는 대통령과 독대해 외교·안보 현안뿐만 아니라 대통령이 숙지해야 할 주제에 대해서도 보고를 하고 토론을 했다. 이명박 대통령처럼 평생 외국 정부를 상대로 수주 활동을 벌이고 전 세계를 상대로 비즈니스를 해온 대통령도 외교·안보 분야에서는 지식이 제한되어 있었다. 앞으로도 이승만 대통령처럼 국제 정세와 외교·안보 문제에 해박한 대통령은 나오기 어려울 것이고 참모들이 단기간에 대통령의 식견과 안목을 넓히는 데도 한계가 있을 것이다.

이 책은 과거 노무현 대통령과 이명박 대통령을 보필한 경험을 토대로 대통령이 외교의 수장과 군 통수권자로서 책임을 이행하는 데 있어 기본적으로 알아야 할 5개 주제를 골라 평소 생각을 정리해본 것이다. 6장에서는 현행 외교·안보 정책 운영 체제의 구조적인 문제점을 지적하고 개선 방안에 대한 제언을 담았다.

나는 국제 관계에서 규범이나 레짐(regime)보다는 힘의 역할을 중시하는 현실주의(realism)에 바탕을 두고 외교·안보 전략을 고민해왔다. 내가 금과옥조로 삼는 두 현실주의자의 명언이 있다. 2400년 전 아테네의 역사학자 투키디데스(Thucydides)는 "강자는 할 수 있는 일을 하고, 약자는 당해야 할 고통을 당한다"(The strong do what they can and the weak suffer what they must)라는 말을 남겼다. 영국 빅토리아 시대에 총리를 지낸 파머스턴 경(Henry John Temple, The Viscount Palmerston)은 1848년 3월 1일 하원 연설에서 "우리는 영원한 동맹도 없고 영원한 적도 없다. 우리의 국익이 영원할 뿐이고 그 국익을 따르는 것이 우리의 의무다"(We have no eternal allies, and we have no perpetual enemies. Our interests are eternal and perpetual, and those interests it is our duty to follow)라고 일갈했다. 이는 국제 관계와 외교·안보 전략의 본질을 꿰뚫는 명언이다.

이 책은 대통령과 참모들에게 참고가 되기를 바라는 마음으로 쓴 것이지만 외교·안보 부처의 실무자들과 외교·안보 문제에 관심 있는 언론인, 학생 및 일반 국민에게도 유익한 관점을 제공하고 나아가 길잡이가 되기를 감히 기대해 본다.

이 책을 집필하도록 용기를 준 모든 분들에게 감사한다. 특히, 내원고를 여러 번 꼼꼼히 읽고 보완과 교정을 해준 한반도미래포럼의 조윤영 박사의 노고에 각별한 감사를 표한다. 조 박사의 도움이 없었다면 이 책은 세상의 빛을 볼 수 없었을 것이다. 그리고 이 책의 저술 구상을 듣고 그 자리에서 선뜻 출판을 수락해준 박영사의 노현이사와 편집을 맡아 수고를 아끼지 않은 한두희 과장에게도 깊이 감사한다.

2022년 3월, 천영우

차례

──────── | 제1장 | ────────

북한 핵 문제의 해법

| 제 4 장 |

통일 정책

| 제 5 장 |

미 · 중관계와 외교 전략

| 第 6 장 |

외교 · 안보 정책 운영 체제

북한 핵 문제의 해법

1. '시시포스의 신화'가 된 북핵 외교

북핵 문제의 본질을 이해하려면 그 배경과 외교적 해결 노력의 과정을 살펴볼 필요가 있다.

북핵 문제는 1989년 북한이 영변 5MW(메가와트) 원자로를 가동하면서 국제적 관심사로 대두되었다. 북한은 이 원자로를 가동해 여기서 연소한 연료봉을 재처리하면 매년 핵무기 1개를 만들 수 있는 플루토늄(Pu)을 뽑을 수 있기 때문이다. 그 이후 30여 년간 우여곡절이 많았지만, 북한의 핵 개발을 저지하기 위해 시도된 모든 노력은 실패로 끝나고 상황은 악화일로를 걸어왔다. 1994년 미·북 '제네바 기본합의'(Agreed Framework)와 2007년 6자회담에서 타결된 '2.13합의'를 통해 영변 핵 시설을 동결하는 등 일시적으로 미봉하고 핵 프로그램의 진전을 막은 적은 있으나, 북한은 국제사회의 대응에 틈이 보일 때마다 핵 능력을 증강하고 기술을 고도화하는 기회로 활용하는 데 성공했다.

북한 핵 문제는 언덕에서 굴러 내려온 바위를 다시 언덕 위로 밀어 올려도 다시 굴러 내리기를 반복하는 '시시포스의 신화'와 같다. 오히려 시간이 갈수록 바위는 더 무거워져, 제자리로 올려놓는 것 자체가 더 어려워지고 있다. 도널드 트럼프(Donald J. Trump) 전 미국 대통령의 임기 중 세 차례의 미·북 정상회담이 열렸지만 북한 비핵화의 꿈은 오히려 더 멀어지기만 했다.

어쩌다 이렇게 되었을까? 결론적으로 말하면, 북한의 핵무장 의지가 초강대국 미국을 위시한 핵심 이해 당사국들의 집단적 비핵화 의지를 압도했기 때문이다. 국력에서는 미국을 당할 나라가 없지만, 의지와 집중력의 대결에서는 북한을 이길 나라가 없었다. 북한이 핵개발 하나에 체제의 사활을 걸고 올인(all in)한 건 사실이지만, 의지와 집념만으로 여기까지 올 수 있었던 것은 아니다.

북한의 치밀한 전략과 전술도 주효했다. 핵심 이해 당사국들이 북한을 얕잡아보고 어설프고 안일하게 대처해온 것이 문제를 키우는데 큰 몫을 했지만, 한미 양국 정부가 교체될 때마다 다른 접근법을 시도하면서 일관성을 상실한 것도 북한에는 행운이었다.

북한은 처음부터 핵을 포기할 생각이 없었고 3대에 걸쳐 정권의 운명을 걸고 집요하게 핵개발에 매달렸다. 북한은 냉전 체제가 무너지고 공산권의 종주국인 소련에 이어 동맹국 중국까지 한국과 수교를 단행하는 것을 보면서, 핵무기가 고립무원 상태에 빠진 북한 정권의 생존을 보장해줄 가장 든든한 방패이자 보험이 될 것이라고 믿었기 때문이다.

북한의 낙후된 경제력으로는 남한과의 재래식 군비 경쟁에서 승산이 없는 상황에서 핵무기가 가장 가성비 높은 대항 수단이라는 판단도 작용했을 것이다.

북한에 핵무기는 구세주인 동시에 '김일성교(敎)'의 '성배'(聖杯)이기도 하다.

북핵 외교의 배경과 시말

1992년 북한이 국제원자력기구(International Atomic Energy Agency, IAEA)에 핵물질 보유량을 축소 신고한 의혹이 불거지고 이를 규명하기 위한 IAEA의 특별사찰을 거부하면서 1차 북핵 위기가 시작되었다. 1차 북핵 위기가 2년 후 제네바 기본합의로 봉합될 수 있었던 데는 무엇보다도 미국의 선제공격 가능성에 대한 북한의 공포심이 결정적 작용을 했다.

김일성이 미국의 군사 행동을 얼마나 두려워했는지는 당시 상황을 다룬 북한의 팩션(faction) 소설 『력사의 대하』와 『영생』에도 잘 나타난다. 1997년에 함께 출간된 『력사의 대하』와 『영생』은 김일성·김정일 등의 실명이 등장하는데, 1993~1994년 1차 북핵 위기를 배경으로 하고 있다. 『력사의 대하』에 1993년 팀스피릿(Team Spirit) 한미연합훈련 당시 지하 지휘통제실에서 미군의 전개 현황을 보고받던 김일성이 김정일 조선인민군 최고사령관에게 "미국이 만약 위협에만 그치지 않고 실제로 공격하면 어떻게 해야 하느냐"라고 묻는 장면이 나오는데, 김정일은 "공화국이 없는 세계지도는 있을 수 없다"라는 식의 궁색한 답변밖에 하지 못 한다. 아무 대책이 없다는 북한 지도부의 인식을 은연중에 드러낸 것이다. 동구 공산권이 해체된 직후 1991년에 발발한 제1차 걸프전에서 미국이 이라크를 전광석화처럼 공격하는 모습도 김일성에게는 예사롭지 않게 보였을 것이다.

이러한 상황 속에서 1994년 10월 타결된 제네바 기본합의에 따라 북한은 영변의 5MW 원자로와 재처리시설 등 플루토늄을 이용한 핵개발 프로그램을 포기하기로 했다. 그 보상으로 미국은 경수로 2기를 제공하기로 하고 경수로가 완공될 때까지 연간 50만 톤의 중유를 제공하기로 했다.

그런데 북한은 제네바 기본합의를 통해 영변단지의 플루토늄 핵 프로그램을 포기하는 대신 곧 비밀 우라늄 농축 프로그램(UEP)을 추진하기 시작했다. 플루토늄을 원료로 사용하는 핵 프로그램은 원자로와 재처리시설이 큰 공간을 차지하고 가동 시에 배출되는 증기나 크립톤(Kr)이라는 원소 때문에 은닉이 불가능하다. 반면에 고농축우라늄(HEU)을 핵무기 원료로 사용하는 농축 프로그램은 비교적 작은 공간에서 위장해 분산, 가동할 수 있고 위성으로는 탐지가 거의 불가능하다. 북한은 이런 점에 착안하여 이미 실체가 드러난 플루토늄 프로그램을 포기하는 대신 은닉과 기만이 용이한 방법을 선택한 것이다.

북한이 우라늄 농축을 추진하고 있는 정황이 포착된 것은 1998년 북한의 과학기술자들이 파키스탄의 핵개발 산실인 '칸 연구소'에서 연수 중이던 사실이 확인되고 북한이 농축시설 건설에 필요한 원심분리기 샘플과 자재·부품 등을 다양한 통로로 밀수하기 시작하면서부터였다. 제네바 기본합의 직후에 이미 농축을 통한 비밀 핵개발 계획이 수립되어 있지 않았다면, 전문인력 양성과 자재 획득이 이토록 기민하고 조직적으로 진행되기 어렵다. 외교부의 실무 부서에서는 2001년부터 IAEA와 북한의 농축 프로그램 검증 방안을 협의하는 한편, 남아프리카공화국의 핵개발 실무자와 IAEA의 남아프리카공화국 핵폐기 검증 책임자를 초청해 농축 프로그램의 은닉 방법에 대한 비공개 워크숍을 개최하기도 했다. 북한의 농축 프로그램 추진이 2002년에 이르러 더는 숨기기 어려울 정도로 진전되자, 미국은 제네바 기본합의를 폐기하는 강수로 대응하면서 2차 북핵 위기가 시작되었다.

미국이 제네바 기본합의에 따른 중유 공급을 중단하자 북한은 동결된 영변 원자로 재가동을 단행했다. 북핵 문제가 더욱 꼬이자 미국의 주도로 다자적 해결을 위한 틀로써 6자회담 체제가 2003년 발족됐다. 2005년 '9.19공동성명'으로 비핵화의 원칙과 조건에 대한 합의는 이루어졌으나 미국 재무부의 제재로 마카오 방코델타아시아(Banco Delta Asia, BDA)은행의 북한 계좌가 동결됐다. 북한이 2006년 제1차 핵실험으로 상황 돌파를 시도하면서 6자회담은 재개되었고 북핵 문제를 해결할 천금 같은 기회는 또 한 번 찾아왔다. 2007년 우여곡절 끝에 타결된 '2.13합의'를 통해 BDA의 북한 자금 반환과 중유 100만 톤 상당의 경제 지원을 조건으로 영변의 플루토늄 프로그램을 다시 동결하고 재가동이 어렵게 '불능화'하는 데 성공했다.

BDA 사건이 역설적으로 북핵 재동결의 효자 노릇을 톡톡히 한 셈이다. 2.13합의는 제네바 기본합의를 복원하는데 그치지 않고, 미·북 양자 간 후속 합의를 통해 미국은 북한을 테러지원국에서 해제해주는 대신 북한은 우라늄 농축 프로그램을 둘러싼 의혹을 해소하기로 했다. 그러나 북한은 농축 프로그램을 사실대로 신고하고 검증을 받는 대신 또 한번 사기극을 벌이려다 도리어 그 실체를 확인해주는 '실수'를 범하고 말았다.

북한은 고강도 알루미늄 튜브를 밀수한 사실 자체를 숨기는 것이 더는 불가능하다는 판단을 내리고 이를 원심분리기 제작이 아니라 미사일 제작에 사용했다고 둘러대고 어물쩍 넘어가는 수법(prevarication)을 선택한 것이다. 이에 따라 북한은 성 김 당시 미 국무부 한국과장에게 미사일 공장을 보여주고 알루미늄 샘플까지 제공하는 '파격적인 성의'를 표시하기도 했다. 북한은 극비 미사일 공장까지 보여주면 미국이 북한의 성의에 감동하여 비핵화의 진정성을 믿고 무사히 넘어갈 수 있을 것이라 판단한 것으로 보인다. 그런데 의혹을 해명하려고 제공한 알루미늄 샘플에서 농축의 결정적인 증거가 검출되면서 꼼짝없이 덜미를 잡히고 만 것이다. 밀수한 알루미늄의 행방을 확인하기 위한 검증을 하겠다는 미국의 요구를 북한이 단호히 거부하면서 2009년 4월 6자회담 체제도 종말을 맞게 되었다.

북한의 어설픈 사기극이 또 한 번 탄로가 나면서 워싱턴 조야에서는 북한과의 협상 무용론이 다시 고개를 들기 시작했다.

농축 프로그램의 실체에 대한 오해

내가 2006년 2월 20일 북핵 6자회담 수석대표로 임명된 당일 저녁 노무현 대통령이 핵심 외교·안보 참모들과 관저에서 가진 만찬

간담회에 참석할 기회가 있었다. 그때까지도 노 대통령은 북한의 농축 프로그램은 실체가 없고 미국의 부시(George W. Bush) 행정부가 제네바 기본합의 체제를 깨고 북한의 레짐 체인지(regime change)를 위해 고의로 정보를 조작하여 북한에 뒤집어씌운 것으로 알고 있었다. 핵심 참모들이 대통령에게 음모론을 입력해온 결과였다.

내가 나설 자리는 아니었지만 대통령이 북핵 문제의 본질을 잘못 알고 있다는 사실에 충격을 받고, 1998년 이후 북한이 농축 프로그램을 추진해온 행적을 자세히 설명하고 농축 프로그램을 확실히 규명하지 않으면 다시 한번 북한의 사기극에 당할 위험성을 지적했다. 몇몇 참모들이 나서서 나의 주장을 반박했지만, 나는 그때까지 확인된 사실을 토대로 근거를 하나하나 제시했다. 노 대통령은 그때까지 알고 있던 것과 전혀 다른 나의 당돌한 주장을 듣고 아무 말이 없었다.

그해 4월 초 북한 측 수석대표인 김계관 외무성 부상을 도쿄로 초청했는데, 나는 그를 처음 만났을 때부터 비밀 우라늄 농축 프로그램의 실체 규명과 의혹 해소가 비핵화의 관건임을 강조하고 그 후 남북 수석대표 회담 때마다 농축 문제를 빠짐없이 거론했다. 처음에는 증거를 보여주면 관계 부처에 확인해 보겠다고 하면서 회피적인 태도를 보이던 김계관도 2007년 2.13합의 이후 더는 존재 자체를 부인하기는 어렵다고 판단했는지, 당장은 해결이 불가능하지만 2.13합의 이행 과정에서 상호 신뢰가 쌓이면 해결의 길이 열릴 수도 있다는 묘한 여운을 남겼다.

2006년 4월 8일 도쿄 아카사카프린스호텔에서 열린 6자회담 남북 수석대표 회동에서 북한 김계관 대표와 악수하는 저자(오른쪽).

2006년 12월 22일 베이징에서 개최된 한·미·일 3국 6자회담 수석대표 회동 후 기자들의 질문을 받는 저자(왼쪽).

2007년 '2.13합의' 발표 후 6자회담 수석대표 기념 촬영. 왼쪽부터 일본의 사사에 겐이치로, 저자, 북한의 김계관, 중국의 우다웨이, 미국의 크리스토퍼 힐, 러시아의 알렉산드르 로슈코프.

2007년 '2.13합의' 성사 후 웃으며 손을 맞잡은 북한 김계관 대표와 저자.

북한 사기극의 진화: 기만과 은닉에서 커밍아웃으로

밀수한 알루미늄을 미사일 제작에 사용한 것처럼 속이려던 시도가 실패로 돌아가고 6자회담 체제가 파탄을 맞자 북한은 커밍아웃(coming out) 전술로 전환하고 더 지능적인 새로운 사기극에 착수했다. 이번에는 영변단지에 농축공장을 버젓이 건설해 놓고 미국의 로스 알라모스(Los Alamos) 국립 핵연구소 소장을 지낸 바 있는 스탠퍼드대학교의 시그프리드 헤커(Siegfried Hecker) 박사 일행을 2010년에 초청해 이를 직접 보여주고 이들을 북핵 문제의 심각성을 국제적으로 과장하고 홍보하는 대리인으로 교묘하게 활용했다.

2013년에는 농축공장을 추가 건설해 영변단지에만 원심분리기 약 4천개 규모의 농축시설을 갖추게 되었다. 북한은 여기서 연간 핵무기 2개 분량의 고농축우라늄을 생산할 수 있다. IAEA에서 북핵 사찰단장과 이란핵 사찰단장을 역임한 올리 하이노넨(Olli Heinonen) 전 사무차장은 2개의 영변 농축시설에서 2020년까지 생산한 고농축우라늄의 총량을 핵무기 20개 분량인 540kg으로 추산했다.

북한이 영변 밖에서 비밀리에 가동하고 있는 농축시설의 규모는 이보다 더 클 것으로 추측되고 있으나, 북한이 사실대로 신고하고 현장 사찰을 허용하기 전에는 정확한 규모를 알 수 없다.

북한의 커밍아웃은 영변단지 밖에 숨겨둔 비밀 농축시설을 지키기 위한 새로운 사기극의 일환이다. 일단 핵물질 생산시설을 커밍아웃의 대상인 영변단지와 영변 밖의 비밀 농축시설로 이원화해, 공개된 시설만 협상 대상으로 하고 비공개 시설은 미국이 확실한 증거를 제시할 때까지 존재 자체를 부인하면서 버틸 수 있는 데까지 버티는 전술을 택한 것이다.

영변단지의 값을 올릴수록 이의 포기 대가를 더 받아낼 수 있을 뿐만 아니라 영변 밖의 핵시설에 집중된 미국의 관심을 영변단지로 돌린다면 비밀 농축시설을 지키는 데도 신의 한 수가 될 것이라 판단한 듯하다.

미국에 영변 핵시설을 포기하는 대가로 제재 해제를 요구하면서 영변 외부에 산재한 핵시설의 존재 자체를 부인한 것도 바로 이러한 전술의 일환이다. 이는 진정한 의미의 비핵화가 아닌 핵무기 증강은 계속하되 다만 증강 속도를 줄이겠다는 뜻이다. 이미 생산한 핵무기 재고만으로는 부족하니 계속 만드는 조건으로 딜(deal)을 하겠다는 발상은 트럼프에게도 통할 수가 없었다. 결국 영변 밖에 숨겨둔 비밀 농축시설을 지키려는 과욕이 2019년 하노이 미·북 정상회담의 파탄을 초래한 주범이 되었다.

2. 북한 핵이 왜 문제인가?

북한의 핵무장은 국제 규범에 반할뿐만 아니라 한반도와 동아시아의 평화와 안전에 대한 가장 엄중한 위협이다.

핵무기를 보유한 국가는 북한 외에도 핵확산금지조약(Nuclear Non-Proliferation Treaty, NPT)이 공인한 5개 핵보유국(미국, 중국, 러시아, 영국, 프랑스)과 국제적으로 핵보유국(Nuclear Weapon State, NWS)으로 공인되지는 않지만 사실상 핵무기를 보유한 3개국(인도, 파키스탄, 이스라엘)이 있다. 그런데 이들 8개국의 핵 보유는 용인되는 세상에서 유독 북한의 핵무장만 문제시되는 이유는 무엇일까?

국제핵비확산체제에 대한 도전

우선 규범적 측면에서 볼 때 북한은 NPT에 가입하여 조약상의 비핵 의무를 수락한 이후 그 혜택으로 원자로를 도입한 다음 NPT를 위반해 이를 핵무기 개발에 전용했다는 점에서 다른 핵무장국과는 근본적으로 다르다. NPT 가입을 처음부터 거부하고 공공연히 핵무기를 개발한 인도, 파키스탄, 이스라엘 등 다른 나라들의 경우는 정치·도덕적으로 비난을 받을 수는 있어도 법적 의무를 수락한 적도 위반한 적도 없는 반면에, 북한은 범법자 취급을 받게 된 것이다.

북한은 비밀 우라늄 농축 프로그램이 탄로 나자 2003년 1월 NPT 탈퇴를 선언함으로써 핵개발을 합법화하려고 시도했다. 하지만 북한이 2006년 10월 1차 핵실험을 감행하자 유엔 안전보장이사회(안보리)는 대북 제재 결의 1718호를 통해 일반 NPT 당사국들보다 훨씬 엄격하고 광범위한 비핵화 의무, 즉 CVID(complete verifiable irreversible denuclearization, 완전하고 검증 가능하며 불가역적인 핵 포기)를 북한에 부과하게 되었다.

유엔헌장 7장에 따른 안보리 결의는 특별국제법으로서 모든 유엔 회원국에 법적 구속력을 갖는 강제 규범이다. 북한이 NPT 탈퇴를 통해 핵개발의 권리를 찾으려는 시도를 안보리가 특별 입법 기능이라는 비상 수단을 동원해 저지해버린 것이다. 이는 북한이 NPT뿐만 아니라 북핵 문제 해결을 위한 모든 양자 및 다자 간 합의를 차례로 위반해온 기만적 행태의 산물이라 할 수 있다.

한반도 평화 · 안전에 초래할 해악

그러나 북한 핵무장이 제기하는 본질적 문제는 국제 규범의 위반이 아니라 한반도와 동아시아의 평화와 안전에 미칠 심대한 해악에 있다. 한반도 평화와 안보에 어떤 변화를 초래할 것인지를 한번 살펴보자.

첫째, 핵무장한 북한에 대한 억지(deterrence)가 실패할 가능성이 대폭 커진다. 억지력은 핵무기의 선제 사용으로 얻는 것보다 이에 대한 응징 보복으로 잃는 것이 압도적으로 많을 때 유지되는 법이다. 미국, 러시아, 중국 등 핵보유국 간에 핵전쟁이 발생하지 않는 것은 핵무기로 먼저 공격하면 공격하는 나라도 응징 보복을 받아 반드시 망하고, 핵을 사용하지 않으면 생존을 유지하는 데 지장이 없기 때문이다. 핵 사용만 자제하면 영구히 생존을 이어갈 수 있는 나라가 굳이 핵을 사용하여 멸망을 자초할 이유가 없다.

그런데 북한에는 이런 보편적 억지 원리가 고장 날 가능성이 있다는 데 근본적 문제가 있다. 북한은 선제공격으로 잃는 것보다 얻는 것이 더 많은 순간이 올 수 있다는 점에서 핵 사용의 손익 구조가 다른 나라와는 전혀 다르다.

예컨대, 북한 내부에 급변 사태가 발생하여 김정은 체제가 벼랑 끝에 몰리게 될 경우 정권을 유지하기 위해 봉기하는 주민들을 대량 학살해야 할 상황에 도달할 수 있다. 이때 국제사회는 북한에서 벌어지는 대량 학살과 인도적 재앙을 중단하기 위해 군사적 개입을 시도할 수 있고 김정은 체제의 운명은 이를 저지할 수 있느냐 여부에 달려있다. 이러한 운명의 갈림길에 섰을 때 김정은이 핵무기의 선제 사용으로 당장 외부의 군사 개입을 막고 생존을 연장할 수 있다고 믿는다면 핵 사용의 이익이 손실보다 커진다.

김정은이 핵을 사용하지 않으면 정권의 종말을 피할 수 없고 핵 공격으로 종말의 가능성을 단 1%라도 줄이거나 정권을 하루라도 더 연장할 수 있다고 계산한다면, 한미 양국이 아무리 막강한 대북 억지력을 보유하고 있더라도 억지가 실패할 진실의 순간이 올 수 있다.

다른 핵무장국가들의 경우에는 정부가 국내정치적으로 위기에 몰리면 선거나 정권 교체로 해결할 수 있고, 굳이 핵무기 사용으로 해결해야 할 국내 문제가 존재할 수 없으므로 억지가 실패할 가능성은 없다. 중국과 같은 공산당 일당 독재국가도 정책 실패에 대해 지도부에 책임을 묻거나 당대회를 통해 지도부를 교체할 수 있다.

정부와 군이 국민의 생명과 안위를 지키는 것을 최고의 사명으로 여기는 정상국가와는 달리 국가권력이 완전히 사유화되어 있고 '최고존엄'이 바로 국가와 동일시되는 북한의 절대군주적 신정(神政) 체제에서는 '최고존엄'을 '결사옹위'하는 것이 바로 나라를 지키는 것이고 핵무력을 운용하는 군부의 사명이다. 조선시대에 조정이 왕실과 종묘사직을 지키는 것을 백성을 지키는 것보다 중시했듯이 북한 체제에서는 인민의 생명과 안위를 희생해서라도 '최고존엄'을 지켜야 한다는 왕조적 가치관과 조직문화가 고착화되어 있다.

다른 핵무장국에서는 정상적으로 작동하는 억지의 원리가 북한에서는 작동이 정지할 수 있다는 위험성을 간과하면 대한민국의 군사안보 전략은 빗나갈 수 있다.

둘째, 핵무장한 북한과의 평화공존이란 대한민국이 북한의 인질로 살아가는 것을 의미한다. 인질이 자신의 안전을 유지하는 길은 인질범에게 흉기를 휘둘 빌미를 주지 않도록 순종하고 비위를 맞추는 것뿐이다. 대한민국의 안위를 북한의 선의와 자비에 맡기고 김정은의 심기를 자극할 언행을 자제하려는 경향도 인질의 생존 본능에서 나온다. 김정은의 여동생이 심통을 부려도 안절부절 못하고 아무리 부당하고 황당한 '지시'라도 무조건 복종하는 것을 능사로 여기는 굴종적 자세도 마찬가지다. 인질범과 교신이 단절되어도 인질은 불안에 떨며 전전긍긍하고 인질범의 따뜻한 말 한마디에 감동하고 대화에 목숨을 걸게 된다.

동맹국이나 우방국들도 북한을 압박하거나 자극할 정책을 자제하도록 정부가 앞장서서 설득하고, 인질범을 대변하고 옹호하는 것을 외교의 최우선 과제로 삼는 현상도 발생한다. '종전선언'만 하면 인질범을 안심시키고 저절로 평화의 문이 열린다는 환상도 인질의 심리와 무관하지 않다. 인질범을 대하는 인질의 이러한 증상을 범죄심리학자들은 '스톡홀름 신드롬'이라고 부른다.

셋째, 남북관계와 평화의 조건에 대한 결정권이 북한으로 넘어간다. 한국이 아무리 평화를 갈망하더라도 이를 허용하고 거부할 선택권은 북한이 행사하게 된다. 남북관계에서 북한이 '갑'의 입장에 서는 반면 한국은 '을'의 처지에서 북한의 '갑질'에 끊임없이 끌려다니며, 김정은이 조건부로 허용하는 한시적이고 취약한 평화에 매달리는 신세로 전락하게 된다. "나쁜 평화라도 좋은 전쟁보다 낫다"라는 자조적 평화지상주의로, 패배주의와 대북 굴종을 합리화하는 경향도 나타난다. 북한의 핵 인질 상태에서는 진정한 평화가 불가능하고 노예적 평화만 가능한 이유이다.

끝으로, 북한 핵은 통일의 최대 장애물이다. 통일이 북핵 문제의 궁극적 해결책이라는 주장은 결과론적으로는 맞을지 모르지만 앞뒤가 맞지 않고 현실도피적인 언어의 유희에 불과하다. 통일의 기회가 오더라도 북핵에 대한 공포심 때문에 개입을 자제하다가 이를 놓칠 개연성을 간과한 것이다.

북한이 핵무장으로 누릴 수 있는 가장 큰 혜택은 김정은이 원하지 않는 방식의 통일을 저지하기가 용이해졌다는 것이다.

3. 북한의 생존 전략은?

북한의 생존 전략은 바로 김정은의 영구집권 전략이다. 평생 무소불위의 권력을 행사하면서 김정은 체제의 기틀을 다지고 이를 백두혈통의 후계자에게 무사히 물려주는 것이다. 이를 위해서는 외부의 위협에서 북한 체제의 안전을 확보하는 동시에 국내적으로는 주민들의 지지를 얻거나 그것이 불가능하면 최소한 적극적인 반대와 저항을 예방할 수 있어야 한다. 고립무원 상태에서 외침을 억지하고 안보 불안을 해소하는 데는 핵무장이 가장 든든한 방패지만 북한 내에서 인민 대중의 불만을 무마하고 봉기를 막으려면 경제 발전을 통해 기본적인 민생 문제를 해결하는 것이 필수적이다.

김정은이 핵·경제 병진정책에 집요하게 매달려온 것도 이것이 가장 이상적인 생존 전략이기 때문이다. 아무리 많은 핵무기를 보유하고 있어도 경제 발전에 성공하지 못하면 김정은 체제가 실존적 위기에 몰리는 것은 시간 문제이고 종말의 운명을 피하기 어렵다. 그렇다고 모든 가용 자원을 경제 개발에만 투자하려면 안보에 투자할 몫이 줄어든다.

북한의 딜레마

안보 전략을 결정하는 것은 실제적 위협이 아니라 '위협 인식'이다. 피해 망상과 약자 콤플렉스에 빠져있으면 실존하지 않는 위협도 위협으로 보인다. 북한 지도부의 피해 망상은 대낮에도 귀신이 보일 만큼 중증이다. 그들의 눈에는, 미국은 밤낮 북한을 '고립 압살'할 음모만 꾸미는 나라로 보이고 한국은 이런 미국과 한통속이다. 심지어 미국이 북한에 손을 내밀고 대화를 제의하는 것도 북한을 무장 해제하고 궁극적으로는 '고립 압살'하기 위한 전략의 일환으로 보이는 것이다.

한미 양국은 김정은 체제를 전복할 의사가 전혀 없고 평화롭게 공존할 의지가 있더라도 북한 지도부가 이를 불신하면 핵에 대한 집착은 버릴 수 없다. 북한이 핵무장을 위해 무리한 경제적 희생을 감수하는 것도 피해 망상이 자초한 위협 인식의 덫에 갇혀있기 때문이다.

그런데 핵무장과 경제 발전은 상충하고 상호 파괴적인 목표이다. 핵 포기 없이는 가혹한 제재에서 벗어날 방법이 없고 제재에서 해방되는 길은 핵 포기뿐이다. 이것이 북한이 당면한 딜레마다. 현행 제재가 계속되는 한 북한은 경제 발전 목표를 달성할 수 없고 자력갱생으로 버티는 데도 한계가 있다.

북한이 핵을 포기하지 않고도 경제 발전을 이룩할 방법이 있다면 포기할 이유가 만무하다. 결국 북한은 두 가지 목표를 절충해 경제 발전에 필요한 최소한의 범위 내에서 핵 능력의 제한을 받아들이는 길밖에 없다. 결국 생존과 발전의 활로를 찾으려면 미국과의 딜(deal)이 불가피하지만 협상 자산이 핵·미사일뿐이라면, 이것 하나로 북한이 당면한 모든 실존적 문제를 가장 유리한 조건으로 해결하려는 과욕을 부리게 된다. 그리고 미국의 '먹튀'도 걱정해야 한다.

북한이 협상을 선택한 배경

2016년 이후 핵실험과 중장거리 미사일 시험 발사에 열을 올리던 북한이 갑자기 이를 중단하고 협상으로 선회한 결정적 계기는 2017년 12월 12일 김정은의 '국가 핵무력 완성 선언'이다. 이는 9월 3일 수소폭탄 실험과 11월 29일 화성-15형 대륙간탄도미사일(ICBM) 시험 발사의 성공으로 핵탄두와 이를 운반할 장거리 미사일의 개발 목표가 달성되었음을 의미하는 것으로, 북한에 전략적 변신의 길을 열어주었다.

핵탄두를 미국 본토까지 보낼 능력을 보여줌으로써 북한의 대미 협상력은 최고 수준에 도달하게 되었고, 김정은은 미국과의 협상에 자신감을 갖게 되었다. 국내적으로도 핵·경제 병진정책의 한 축이 완성되면서 다른 축인 경제 발전에 역량을 집중할 전기가 마련되었다고 판단한 것으로 보인다.

핵무장의 손익 구조도 근본적으로 달라졌다. 비핵화를 거부하여 계속 제재와 고립에 시달리는 비용보다 핵 능력의 일부라도 포기하고 그 보상으로 경제 발전 목표를 달성한 다음에 핵 능력 증강을 재개하는 비용이 훨씬 저렴해지게 되었다. '국가 핵무력 완성'의 기술적 의미는 모든 핵무기와 관련 시설을 완전히 폐기하더라도 최대 1년 내에는 재무장할 실력을 확보했다는 데 있다. 핵 신고와 검증 과정에서 핵물질 재고량을 축소 신고하거나 농축시설을 하나라도 은닉할 수 있다면 재무장에 드는 기간을 대폭 단축하는 것도 가능하다. 이는 핵 포기에 따른 손실도 최소화되었음을 의미한다.

핵무력을 재건하는 동안 미국과의 군사 충돌만 피할 수 있다면, 핵무기의 '실전 배치' 대신 실전 배치에서 수개월 후퇴하는 '핵 잠재력'(latency)도 그 대가에 따라서는 고려할 수 있는 선택의 범위에 들어오게 된 것이다.

대북 제재 강화가 북한의 변신에 핵심적 역할을 했다는 주장이 대세를 이루고 있지만, 결정적인 요소로 보기는 어렵다. 유엔 안보리가 2017년 9월 3일 북한의 6차 핵실험에 대응하여 9월 11일 결의 2375호를 채택하면서 대북 제재의 범위가 대폭 확대된 것은 틀림없다. 하지만 북한은 이보다 경제가 더 어려울 때도 핵·미사일 개발을 포기한 적이 없었다.

이러한 전략 전환은 2018년 김정은 신년사를 계기로 구체화하기 시작했지만, 김정은의 머릿속에는 2017년 12월 12일 '국가 핵무력 완성'을 선언할 시점에 이미 평창 동계올림픽 참가를 시작으로 판문점 남북 정상회담을 거쳐 미·북 정상회담으로 가는 로드맵이 그려져 있었을 것이다.

4. 북한의 협상 전략과 전술

그렇다면 북한은 어떤 목표와 전략으로 비핵화 협상에 임할까?

북한의 협상 목표는 비핵화 공약을 담보로 미국이 '대조선 적대정책'을 포기하게 만들어 안보와 경제 문제를 모두 해결하는 것이다. 또한 그 과정에서 최대한의 핵 능력을 최장 기간 유지하는 것이다. 북한은 그동안 이러한 목표 달성을 위해 다양하고 기발한 전략과 전술을 구사해왔다. 좀 더 구체적으로 살펴보도록 하겠다.

첫째, 미국과의 딜이 이루어질 때까지 핵 능력의 증강과 이의 운반 수단인 미사일의 질적 고도화를 계속 이루어 나가는 전략이다. 이를 위해 북한은 핵무기 원료인 고농축우라늄의 재고를 늘리고, 다양한 용도와 사거리의 미사일을 개발하며 기술적 완성도와 신뢰성을 높여 나가는 노력을 계속 할 것이다.

김정은이 2021년 1월 조선노동당 제8차 대회에서 제시한 '전략무기 부문 최우선 5대 과제'에 따라 고체연료 ICBM과 다탄두개별유도기술(MIRV), 원자력추진잠수함과 잠수함발사탄도미사일(SLBM), 극초음속미사일 등의 개발을 추진하는 것도 이러한 노력의 일환으로 볼 수 있다.

대미 협상력은 핵과 미사일의 보유량, 생산 능력 및 기술적 수준에 비례하며, 비핵화 과정에서 축소 신고하여 은닉할 수 있는 핵·미사일의 분량도 총보유량에 비례한다. 따라서 이를 협상 레버리지(leverage)로 사용하는데 실패하더라도 더욱더 강력한 북한의 안보 자산으로 남는다.

예컨대, 북한이 최소한 20개의 핵미사일 보유를 목표로 삼고 있다고 치자. 그런데 북한이 50개를 보유하면 30개만 포기해도 엄청난 양보를 한 것처럼 생색을 내면서 상당한 대가를 받아낼 수 있고 나머지 20개를 지키는데도 결정적으로 유리하다. 고농축우라늄과 플루토늄도 재고량이 많을수록 축소 신고하여 은닉하기 쉽고, 핵미사일 완제품 재고를 모두 폐기해야 하는 상황으로 몰리더라도 이를 단시일 내에 재건할 능력을 유지할 수 있다. 핵미사일 재고를 모두 내어놓는 조건으로 신고한 핵물질의 상당량을 지키는 딜을 받아내는 것은 어렵지 않다. 북한이 잉여 핵무기로 원하는 협상 목표를 달성하지 못하더라도, 핵무기 비축량을 늘리고 운반 수단을 다양화·고도화할수록 한미연합군의 1차 선제공격에서 생존할 핵무기 수량도 증가하므로 일거양득인 셈이다.

둘째, 큰 것을 지키기 위해 작은 것을 버리는 것이다.

북한이 보유한 협상 자산의 가치는 미국과 동맹국의 안보에 해악이 클수록 높아진다. 같은 핵무기라도 성능이 우수하고 탐지와 요격이 어려울수록 가치가 높다. 북한으로서는 가치가 낮은 순서에 따라 내어주고 가치가 높을수록 오래 지키는 것이 협상 목표를 관철하는 데 유리하다. 따라서 미국 본토까지 날아갈 수 있는 ICBM이 북한으로서는 마지막까지 지켜야 할 가장 소중한 자산이다. 북한으로서는 미국의 약속 이행을 확보하기 위한 최후의 담보이기도 하다. ICBM 다음으로 비싼 값을 요구할 수 있는 자산은 중거리핵미사일(IRBM)과 핵무기 원료인 플루토늄, 고농축우라늄이다. 핵무기 원료는 즉각 핵무기로 전환할 수 있다.

핵물질 생산에 사용되는 농축공장과 원자로는 가치가 가장 낮은 자산이다. 이러한 시설은 재가동하더라도 핵무기를 제조하고 배치하는 데 최소 수개월이 걸리기 때문이다.

똑같은 핵물질 생산시설이라도 공개된 것은 숨겨둔 시설만 한 가치가 없다. 그런 점에서 영변단지 밖에 숨겨둔 우라늄 농축시설과 수소폭탄 원료인 리튬-6의 생산시설이 영변단지 내의 농축공장과 원자로보다 가치가 높다. 영변단지는 그 실체가 이미 다 드러난 시설이고 북한이 이미 군사적으로 필요한 최소량의 핵무기와 핵물질을 확보해 둔 상황이므로 손절매하는 데 부담이 없다. 다만, 그 가치를 최대한 부풀려 협상카드로 사용하는 데는 유용하다. 핵무기와 핵물질 재고량을 늘리는 것은 영변 외부의 비밀 농축시설만 가동해도 된다.

따라서 북한으로서는 영변단지를 가장 먼저 내어놓고 ICBM을 비롯한 핵무기를 마지막까지 지키는 것이 최선의 전략이다. 영변을 버리는 조건으로 영변단지 밖의 비밀 농축공장을 지키고, 비밀 농축공장을 포기하는 조건으로 이미 생산한 핵물질 재고를 지키고, 핵물질을 포기하는 조건으로 핵무기와 ICBM을 지키는 순서로 협상을 무한정 끌어가는 것이 핵무기를 최장 기간 보유하면서 경제 발전 목표도 달성할 최선의 길이다.

김정은이 싱가포르와 하노이 미·북 정상회담에서 시도한 1단계 전략은 영변단지의 값을 과도하게 부풀려 이를 포기하는 조건으로 북한 경제의 숨통을 죄는 경제 제재를 풀고 영변 외부의 비밀 핵시설을 지키는 것이었다. 북한은 핵무기와 핵물질을 1단계 협상의 대상으로 삼는 것조차 아예 거부했다. 이러한 북한의 전략이 실패한 것은 상황을 오판하고 과욕을 부렸기 때문이다. 영변단지만 포기하겠다는 것은 이미 확보한 핵무기만으로는 부족하므로 앞으로 계속 핵무기 재고를 늘려가되 증강 속도만 줄이겠다는 의미이다. 즉 북한이 연간 5개의 핵무기 제조 능력이 있다면 향후 5개 대신 2~3개만 계속 만들겠다는 것이다.

트럼프 대통령이 국내정치적 궁지에서 벗어나기 위해서라면 북한이 핵무기 증강 속도를 줄이는 조건만을 제시해도 핵심 대북 제재를 해제해 줄 것이라고 기대한 것은 북한의 어이없는 오판이었다. 김정은이 영변 안팎의 모든 핵물질 생산시설을 동결하여 핵무기 재고의 추가적 확대만 포기할 각오가 되어있었다면 미·북 간의 1단계 딜은 성사될 수도 있었다.

북한이 영변의 우라늄 농축시설을 확장하는 듯한 동향을 노출하는 것도 버릴 카드의 가치를 높여 미국으로부터 더 많은 양보를 받아내고 더 소중한 핵 자산을 지키는 데 활용하려는 저의를 보여준다. 북한은 영변단지만으로는 도저히 제재 해제를 받아낼 수 없다는 결론을 내리면 영변 외부의 일부 비밀 농축시설을 포기할 수도 있다. 그러나 이를 핵물질과 핵무기 재고를 지키는데 최대한 활용할 것이다. 마지막 보루인 핵무기가 협상 테이블에 오르는 상황으로까지 밀리게 되면 핵물질 재고 축소 또는 포기 카드로 핵무기를 지키려고 시도할 것이다.

북한은 이러한 단계적 협상 전략으로 제재 해제만 받아내면 당장의 경제 위기를 넘기고 핵폐기 압박을 버텨낼 체력을 회복할 수 있다. 북한이 합의를 불이행할 경우 제재를 복원하는 '스냅백'(snap-back) 장치로 이런 문제를 해결할 수 있다는 주장도 있지만 제재가 일단 해제되어 북한이 빈사 상태에서 회복하면 스냅백으로 제재를 복원하더라도 그 압박 효과는 반감될 수밖에 없다.

셋째, 비핵화의 대가로 받을 것은 선불로 챙기고 비핵화 의무는 후불로 이행하는 것이다. 북한은 미국의 대북 적대정책이 핵무장의 근본 원인이라는 논리를 내세우며 "미국이 적대정책을 먼저 포기해야 핵을 포기할 수 있다"라는 '선(先) 적대정책 포기, 후(後) 비핵화' 주장을 일관되게 펼쳐왔다. 2018년 6월 트럼프와 김정은 간의 1차 미·북 정상회담 결과를 압축한 '싱가포르 공동성명'에서 북한은 처음으로 이러한 주장을 관철하는 성과를 거두었다.

1994년 제네바 기본합의와 2005년 6자회담 9.19공동성명은 비핵화를 근본 목표로 설정하고 이를 전제로 미국의 대북 적대정책 해소 방안을 명시한 데 반해, 싱가포르 공동성명은 그 구조와 순서에서 북한의 상투적 입장을 그대로 반영하고 있다. 북한이 주장하는 적대정책 포기의 개념은 모호하고 시기와 정치적 필요에 따라 계속 확대되어 왔는데, 제재 해제, 한반도 평화체제 수립, 안전보장, 미·북 수교 등이 기본 항목으로 포함된다.

싱가포르 공동성명은 미국의 대북 적대정책 포기의 구체적인 방법으로 새로운 미·북관계의 수립, 한반도의 항구적 평화체제 수립, 대북 안전보장 제공을 먼저 제시하고 그 다음 순서로 "한반도의 완전한 비핵화"를 위해 "노력하겠다"(work towards)라는 북한의 공약이 나온다. 미국이 대북 적대정책을 먼저 포기하여 북한이 더 이상 핵을 보유할 이유가 없어지면 그때 가서 "한반도 비핵화를 위해 노력하겠다"라는 북한의 입장을 미국이 수용했다는 의미로 해석할 근거를 마련해 둔 셈이다.

북한이 싱가포르의 성과에 열광한 것은 이렇게 협상의 틀과 원칙을 설정하는 담판에서 미국에 완승했다고 믿었기 때문이다. 이러한 해석에 따라 북한은 미국의 제재 해제를 핵시설 가동 중단의 선결 조건으로 요구하고, 핵폐기의 선결 조건으로 정전협정을 대체할 평화체제 구축과 실효적 안전보장을 요구할 것이다.

끝으로, 북한은 최소한의 양보로 최대한의 대가를 받아내는 수법으로 버티기 전술, 지연 전술(delaying tactic) 및 살라미 전술을 능수능란하게 구사해왔고 이러한 고전적 전술은 앞으로도 계속 활용할 것이다. 재선과 정권 재창출의 시한에 쫓기는 미국 대통령은 임기에 제한이 없는 김정은과의 버티기 게임에서 결정적으로 불리하다. 북한은 원하는 요구 조건을 일관성 있게 내세우며 이를 관철할 때까지 수십 년을 버틸 수 있다. 따라서 선거를 의식해야 하는 미국 대통령이 외교적 성과에 대한 갈증 때문에 성급한 양보를 할 수 있다는 약점을 노리고 '버티기 전술'을 활용한다.

'지연 전술'은 상대방이 들어줄 수 없는 무리한 요구를 내세워 공방을 계속하거나 사소한 절차적 문제를 끊임없이 제기하여 시간을 벌고 상대방을 초조하게 만들고자 할 때 애용하는 수법이다.

'살라미 전술'은 자신의 의무사항을 살라미처럼 여러 조각으로 잘게 썰어 조각마다 값을 요구하는 것인데 제한된 협상 자산으로 최대한의 양보를 받아내고 시간도 버는 데 이용한다.

협상 자산이라고는 핵과 미사일밖에 없는 북한으로서는 이를 도매로 거래하는 것보다는 소매로 거래하면서 값을 최대한 받아내고 재고를 가급적 많이 남기는 것이 이기는 협상이다. 핵 신고를 하더라도 여러 단계로 나누어 단계마다 미국의 상응 조치와 연계하는 방법으로 시간을 벌려고 할 것이다.

기적적으로 핵폐기에 합의하더라도 영변단지 내의 핵시설, 영변 외부의 시설, 플루토늄과 고농축우라늄, 핵탄두, 장거리 미사일 등으로 세분하여 값을 높이고 시간을 끄는 데 활용할 것이다.

싱가포르 공동성명은 향후 미·북 협상의 기초가 될 수 있나?

싱가포르 공동성명의 근본적 문제는 미·북 간에 합의한 것이 무엇인지에 대해 양측이 상반된 해석을 할 수 있도록 문안의 구조와 순서가 이루어져 있다는 데 있다. 북한은 공동성명을 '선(先) 적대정책 포기, 후(後) 비핵화' 원칙을 관철한 합의로 여기고 미국이 적대정책 포기의 출발점으로써 제재를 해제해 진정성을 보이라고 주장하고 있다. 그런데 미국은 싱가포르 합의의 본질이 북한의 비핵화 공약이라고 믿고 있고, 공동성명에 열거된 양측 공약의 순서를 이행의 선후 관계로 해석하지 않는다. 하지만 양측의 동상이몽을 북한의 상투적 논리에 맞게 공동성명에 반영한 것은 미국이 후속 협상에서 수세로 몰리고 북한에 비핵화 거부의 빌미를 제공하는 결과를 초래했다.

비핵화 공약의 모호성도 큰 문제다. 미국이 요구하는 비핵화는 북한의 핵폐기를 의미한다. 그러나 북한이 말하는 '조선반도 비핵화'의 개념은 2016년 7월 6일 북한 정부 대변인 성명에 명시되어 있듯이 한국의 핵무장 금지를 넘어 미국이 핵 타격 자산을 한반도와 그 주변에 전개하지 않고 북한에 대해 핵을 사용하지 않는다는 보장을 포함한다는 점에서 비핵지대화(Nuclear Weapon Free Zone, NWFZ)와 차이가 없다. 즉 북한의 일방적 비핵화가 아니라 사실상 한반도 주변에서 미국의 비핵화를 전제로 한 상호 비핵화를 요구하고 있는 것이다.

더 큰 문제는 북한이 공약한 것이 '조선반도의 비핵화'라는 최종적 결과가 아니라 이를 위해 '노력하겠다'는 것이다. 노력한 결과 비핵화가 이루어지지 않더라도 그 책임을 미국에 전가하고 빠져나갈 길을 만들어 둔 셈이다.

양측 간 이견을 해소하는 방법은 싱가포르 공동성명을 대체하거나 재협상하는 수준의 새로운 합의에 도달하는 것뿐이다. 이를 통해 비핵화의 최종 상태를 포함한 양측 공약의 실천적 개념과 이행 순서에 대한 분명한 합의가 이루어지지 않는 한 싱가포르 공동성명은 미·북 간 협상의 기초가 될 수 없을 것이다.

5. 북한은 핵을 포기할 수 있나?

북한이 핵을 포기할 가능성은 거의 없고 날이 갈수록 줄어들고 있다는 데는 이론(異論)이 없다. 그렇다고 언제 어떤 상황에서도 절대로 핵을 포기하지 않을 것이라고 단정할 필요는 없다. 핵 포기 가능성이 전혀 없다면 외교적 노력은 무용지물이 되고 핵 사용을 거부할 완벽한 군사적 대책을 세우거나 핵무장한 북한 체제를 종식하는 것 외에는 대안이 없다. 그런데 그런 대안도 성공이 보장되는 것이 아니다.

이렇듯 북한이 절대로 핵을 포기하지 않을 것이라는 전제는 한미 양국의 선택의 폭을 좁힐 뿐만 아니라 만약 비핵화의 가능성이 실낱만큼이라도 남아 있다면 이를 포기하는 우를 범하는 것이다. 또한 현실성 없는 비핵화 목표에 매달리지 말고 차라리 미국을 공격하는 데 사용할 ICBM의 포기와 핵 능력의 제한으로 목표를 낮추자는 미국 핵군축론자들의 논리에 이용당할 뿐이다. 비핵화 불가론은 국내에서도 핵무장한 북한을 포용하고 남북 교류와 협력으로 평화공존을 추구하자는 '평화지상주의자'들의 대북 굴종 논리를 정당화하는 데 악용되고 있다.

북한이 핵을 포기할 것이냐는 제삼자나 할 수 있는 한가한 질문이고 가장 가까운 거리에서 북핵의 직접적 위협에 노출된 대한민국에게는 국가적 사활이 걸린 문제이다. 5천만 국민의 생명과 안위를 중시한다면 수단과 방법을 가리지 않고 북한이 핵을 포기하게 만들어야 한다. 대통령은 북한의 핵 포기가 가능하다는 신념을 가져야 평화적 비핵화의 방법과 길을 찾을 수 있다.

김정은이 핵을 포기하지 않고도 체제를 온전히 유지하고 경제 발전의 꿈을 이룰 방법이 있다면 핵을 포기할 이유가 없다. 핵이 자신의 권력을 지켜줄 보검이 아니라 북한 체제의 종말을 재촉할 비수이자 저승사자라는 확신이 들고, 핵 포기 외에는 권력을 유지하고 경제 발전의 꿈을 이룰 방법이 없어야 가격과 조건이 맞으면 핵을 내려놓을 수도 있을 것이다.

결론적으로, 비핵화의 필수 조건은 북한이 핵을 포기하지 않으면 경제 발전과 체제의 생존을 포기해야 하는 상황으로 몰고 갈 수 있는 핵심 이해 당사국들의 힘과 의지이다. 나아가 북한이 핵을 포기하더라도 체제 안전을 걱정하지 않고 경제 발전을 이룰 수 있다는 믿음을 갖게 하는 것이 충분 조건이다. 그런데 이런 조건을 충족시켜주는 것이 말처럼 쉬운 일이 아니다.

미국은 김정은이 원하는 체제의 생존과 번영을 거부할 수 있는 정책 수단과 능력을 모두 갖추고 있지만, 가용 수단을 북한 비핵화 목표 달성에 총동원할 정치적 뒷심과 집중력의 부족으로 번번이 비핵화 진전의 기회를 놓쳤다. 미국은 핵무기 개발에 착수도 하지 않은 이란에 대해서는 전방위 제재를 가하면서도 북한에 대해서는 2017년 6차 핵실험에 성공할 때까지 치명적 타격을 줄 고강도 제재를 미루어왔다. 그렇다고 북한이 비핵화의 조건으로 요구해온 '대북 적대 정책 포기'를 수용할 수도 없었다. 북한의 비핵화가 아무리 중요해도 핵무장한 북한의 무리한 요구에 굴복하거나 세계 최악의 폭압 체제를 용인하고 두둔하는 인상을 주는 조치는 미국이 그동안 표방해온 기본적 가치를 부정하는 것으로 미국 조야의 도덕적 거부감의 벽이 너무 높기 때문이다. 결국 안보적 이익과 미국적 가치가 충돌하는 딜레마 속에서 집중력을 상실한 채 시행착오를 되풀이하다가 북한의 핵 능력 고도화만 허용한 결과를 초래한 것이다.

향후 북한과의 협상에서 분명히 확인해야 할 것은 김정은의 진의이다. 김정은이 핵을 포기할 의사가 있으면서 무리한 조건과 값을 요구하는 것이라면 협상을 통한 해결의 가능성은 남아있다. 그러나 핵을 지키기 위한 고도의 전략 차원에서 협상을 선택해 미국이 도저히 수용할 수 없는 조건을 제시하여 시간만 벌겠다면 평화적 해결은 무망하다.

앞으로 북한의 의도를 확인할 수 있는 일련의 시험대가 있다. 1차 시험대는 핵 신고서 제출이다. 북한은 신고서 제출을 한꺼번에 하지 않고 몇 단계로 나누어 할 것이다. 신고를 단계적으로 하느냐 여부보다 단계마다 정직하고 완전한 신고를 하느냐가 진정성 판단의 기초가 된다. 1단계 딜에서 전면적 핵동결 합의가 이루어질 경우 동결 대상 시설을 명시한 최초 신고서에 북한이 영변단지 밖에 존재하는 농축시설의 위치, 규모, 숫자 등을 명시하는지를 보면 비핵화 의지에 대한 일차적 판단이 가능하다.

미국이 이미 파악하고 있는 시설을 신고에서 누락하고 의심시설에 대한 현장 사찰을 거부한다면 기만과 은닉의 의도가 확인되는 것이지만, 미국도 찾아내지 못한 시설이 신고서에 포함된다면 1차 시험대는 무사히 통과하는 셈이다.

또 하나의 시험대는 로드맵(road map) 협상이다. 로드맵이란 북한의 비핵화 조치와 미국의 상응 조치를 단계별로 연결한 행동 계획을 말한다. 로드맵에 북한의 핵탄두 해체, 핵물질 반출, 핵물질 생산시설의 폐기 등 핵심 비핵화 조치가 포함되고 이와 연계될 미국의 상응 조치가 명시되면 일단 긍정적인 신호로 간주할 수 있다.

만약 이러한 핵심 이정표와 핵폐기의 최종 상태를 로드맵에 명시하는 것을 거부하거나 미·북 수교, 평화협정과 안전보장의 발효를 핵폐기의 선결 과제로 요구한다면 비핵화를 회피하기 위한 술책일 가능성이 높다.

마지막 시험대는 핵폐기 검증이다. 핵폐기는 고농축우라늄의 총 생산량과 재고량, 핵탄두와 이를 장착한 미사일의 수량을 정확하게 신고하는 것을 전제로 한다. 북한의 신고 내용이 정확하고 완전한지를 확인하려면 관련 정보와 장소에 대한 사찰관들의 접근과 핵·미사일 개발에 관여한 과학기술자들과의 개별 면담에 제약이 없어야 한다. 또한 핵폐기 완료 이후에도 핵 프로그램을 복원하거나 가동하는 것으로 의심되는 장소에 대한 불시 사찰(no-notice challenge inspection)이 허용되어야 한다.

만약 북한이 신고에서 의도적으로 누락하거나 축소한 것이 있다면 이의 검증을 거부하거나 방해할 것이고, 숨길 것이 없다면 비핵화 의지에 대한 의구심을 해소하고 신뢰를 얻기 위해서라도 사찰에 더욱 적극적으로 협조할 것이다.

과거 제네바 기본합의나 6자회담 9.19공동성명 체제가 파탄을 맞은 직접적인 계기는 북한이 검증을 거부한 데 있다. 검증에 응하면 비밀 농축시설이 없다는 북한의 주장이 거짓으로 확인되기 때문에 검증을 거부할 수밖에 없었던 것이다.

6. 한미 양국이 선택할 비핵화 전략

핵 능력을 지키는데 정권의 명운을 걸고 다양한 전략과 전술을 능수능란하게 구사하는 북한과 협상하는 것은 지난(至難)한 과제이다. 북한의 약점을 활용하고 한미 양국과 우방국들의 협상 자산을 총동원하는 현실적 지략이 요구된다. 과거 협상의 교훈을 거울삼아 유념해야 할 사항들을 짚어보자.

단계적 접근과 동시행동 원칙

첫째, 비핵화의 방법으로 단계적 접근과 동시행동 원칙을 수용할 수밖에 없다. 북한이 하루라도 빨리 핵을 포기할수록 모두에게 좋은 일이지만 비핵화가 하루아침에 이루어질 수 없다는 현실을 인정해야 한다. 북한의 핵 위협이 엄중하고 급박하다고 해서 한미 양국이 원하는 속도로 비핵화가 진전되기를 기대할 수는 없으므로 긴 호흡으로 협상에 임하는 것이 중요하다. '스몰 딜'(small deal)이 좋으냐 '빅 딜'(big deal)이 좋으냐를 따지는 것은 부질없는 일이고 비핵화의 종착점까지 하루라도 더 빨리 확실하게 도착하는 딜이 좋은 딜이다.

하나의 '빅 딜'을 통한 일괄타결에 매달리느라 시간만 허송하면서 북한의 핵 능력 증강과 고도화를 방치하는 것보다는 여러 개의 '스몰 딜'을 통해 북한의 핵 능력을 줄여나갈 수 있다면 그게 더 실용적인 해법일 수 있다.

비핵화를 3단계로 나눈다면, 1단계에서는 모든 핵물질 생산시설의 동결, 핵실험과 미사일의 시험 발사 중단을 통해 북한 핵 능력의 증강과 기술적 고도화를 막아야 한다. 2단계에서는 핵무기 원료인 고농축우라늄과 플루토늄의 반출, 핵물질 생산시설의 영구 불능화를 달성해야 한다. 3단계에서는 핵탄두와 장거리 미사일을 해체·반출하고 핵물질 생산시설을 해체한 뒤 핵폐기 완료를 검증해야 한다. 비핵화를 3단계로 나누어 진행하더라도 그 과정에 단절이 없도록 각 단계를 연결하는 고리를 반드시 만들어 두어야 한다.

폐기 대상 시설과 품목의 신고와 검증은 1단계에서 한꺼번에 하는 것이 최선이지만, 북한이 처음부터 완전한 신고서를 제출하고 검증에 응할 가능성은 없기 때문에 결국은 단계별 신고와 검증을 수용하는 수밖에 없을 것이다.

북한이 완전한 신고서 제출을 거부하는 것이 미국에 선제공격의 표적을 제공할 우려 때문이라면 문제 해결은 간단하다. 1단계 신고에서는 핵물질의 잔고와 산출 근거(총생산량-핵실험 사용 분-핵탄두 제조 사용 분), 농축시설의 수량과 각 시설별 규모 등만 명시하는 것을 허용하되 각 시설의 위치와 핵탄두 재고량 등을 포함한 최종신고서는 검증 개시 직전까지 제출 시한을 연기해주면 된다.

합의 이행에서 동시행동이 가장 현실적인 이유는 미·북 간 상호 불신의 벽이 너무 높기 때문이다. 서로 신뢰할 수 없는 국가 간에는 기만과 '먹튀' 가능성에 대한 우려 때문에 '신용거래'가 불가능하다. 미국이 북한의 기만과 '먹튀'를 걱정하는 것 이상으로 북한도 미국의 합의 불이행과 '먹튀'를 걱정한다. 싱가포르 합의가 이행되지 않는 근본 원인도 상대방이 먼저 움직이기를 요구하기 때문이다.

등가성과 로드맵 구성의 원칙

둘째, 미국이 취할 각 단계별 상응 조치의 구성은 북한이 취할 조치와의 등가성(equivalence)을 기준으로 결정하되 북한에 가장 소중하고 절박한 것일수록 비핵화 최종 단계에 가깝게 배치(backload)해야 한다. 북한에 절실한 것을 먼저 내어줄수록(frontload) 그 다음 단계의 비핵화 조치로 나아갈 인센티브와 동력이 줄어들기 때문이다.

따라서 북한이 최고의 가치를 부여하며 미국의 대북 적대정책 포기의 상징으로 여기는 평화협정, 안전보장, 미·북 수교 의정서 등의 발효는 핵폐기 완료 검증과 연계할 수밖에 없다. 북한이 핵무기를 단 하나라도 보유하고 있는 상황에서는 미국이 이런 수준의 보상을 제공하기가 국내정치적으로도 어려울 것이다.

그러나 이 세 가지 문서를 핵폐기 완료 시점에 맞추어 발효시키려면 그 이전 단계에서 문안 합의와 서명 등의 체결 절차를 마쳐야 한다. 1단계에서 북한의 전면 핵동결과 연계하여 평화협정 체결 과정의 입구로써 종전선언을 하거나 안전보장과 수교 의정서의 문안 협상을 개시한다면 2단계로 넘어가는데 필요한 신뢰 구축에 유용할수도 있다. 같은 이치로 2단계에서 문안을 확정하고 서명까지 완료하는 것도 3단계로 진입할 정치적 동력을 만들고 신뢰를 높이는 데 도움이 된다.

대북 제재의 완화는 늦출수록 좋다. 제재의 수위가 높을수록 미국이 협상의 주도권을 유지하고 비핵화 진전을 이루는 데 유리하다. 제재가 고통스럽고 오래 지속할수록 북한은 시간에 쫓기고 더 초조해지므로 비핵화를 거부하기가 더 어려워진다. 따라서 미국이 협상의 주도권을 장악할 수 있는 비결은 제재의 실효성과 뒷심에 있다. 같은 이치로 제재가 약화하는 만큼 북한의 핵폐기 인센티브와 비핵화 동력은 줄어든다.

따라서 비핵화 진전을 위해 제재 완화가 필요한 상황이 오더라도 가급적 긴급 인도적 지원 또는 생필품 원조 등 다른 형태의 보상으로 대체하는 것이 좋다. 그것만으로 모자랄 경우에는 평화협정 등의 협상에 속도를 내는 방법으로 보상하는 것이 제재를 완화하는 것보다 낫다.

제재 완화가 불가피한 상황이 오더라도 1단계에서는 석유류 등의 수입 쿼터(quota)를 상향 조정하여 북한이 보유 외화를 소진하게 하는데 한정해야 한다. 2단계까지는 핵심 제재를 최대한 유지하되 3단계에서는 북한이 합의를 불이행할 경우 자동으로 복원되는 스냅백을 전제로 제재 해제를 검토할 수 있을 것이다.

또한 2단계부터 제재를 완화하고 평화협정 등의 체결 절차를 가속화하는 것만으로 북한의 핵폐기에 진전을 이룰 수 없을 때는 핵물질과 핵무기를 현금으로 매입하여 반출하는 방안도 고려할 필요가 있다. 1990년대 구소련의 핵폐기를 지원하기 위해 미국이 '넌-루가'(Nunn-Lugar) 프로그램에 따라 카자흐스탄, 우크라이나, 벨라루스 등에 산재한 핵무기를 해체하고 핵탄두에서 나온 핵물질을 매입하여 원전 연료로 희석해 판매한 선례가 있다.

양측이 취할 조치를 3단계의 바스켓에 담아 이를 동시다발적으로 이행하도록 해 이행의 신속성과 연속성을 확보해야 한다. 동시행동

원칙을 채택하더라도 북한이 취할 조치를 세분화하여 미국의 상응 조치와 일대일로 연계하면 1개 조치의 중단이 합의 이행의 전면 중단을 초래하는 등 북한의 살라미 전술에 말려들 소지가 있다. 북한이 약속한 조치를 기술적 사정으로 제때 이행할 수 없을 때는 다른 조치로 대체하도록 해야 한다. 또한, 북한이 약속한 조치를 굳이 순서에 얽매이지 않고 가능한 것부터 먼저 이행할 수 있도록 해야 한다.

핵폐기 인센티브와 페널티 제도의 도입

셋째, 북한의 신속한 합의 이행에 대한 인센티브와 이행 지연에 대한 페널티(penalty) 제도를 도입할 필요가 있다. 인센티브로써 인도적 지원과 긴급 경제 원조를 활용할 수 있고, 이행 지연에 대한 불이익으로 그 의도와 정도에 따라 이미 해제한 제재를 복원하는 것 외에 추가 제재, 대규모 한미연합훈련 재개 등을 고려할 수 있다.

군사적 옵션의 유지

넷째, 핵탄두와 핵물질의 반출이 완료될 때까지는 군사적 옵션의 신뢰성을 유지하는 것이 대북 협상력 유지에 긴요하다. 북한이 경제 제재 못지않게 두려워하는 것이 군사적 압박이므로 이를 섣불리 포기하거나 양보하면 비핵화 동력 유지에 차질이 생긴다.

다만, 일정 규모 이상의 한미연합야외기동훈련이나 미국 전략 자산의 전진 배치는 북한의 핵폐기 최종단계 이행과 연계해 시한부로 유예하는 융통성은 필요하다.

한미공조의 과제

끝으로 한미 간 공조가 비핵화 협상의 성공 여부를 결정하는 핵심 변수임을 망각하지 말아야 한다. 미국이 북한의 ICBM 폐기와 핵·미사일 실험 영구중단, 핵물질 생산시설 폐기를 조건으로 북한이 이미 보유하고 있는 핵 능력을 용인하는 딜이 우리에게는 최악의 결과다. 이는 사실상 북한의 핵 보유를 정당화하고 한미동맹의 토대를 허물 것이다. 따라서 대북 협상에 지친 미국이 한국을 북한 핵의 인질로 남겨둔 채 자국의 안보를 먼저 챙기려는 이기주의적 유혹에 넘어가지 않도록 하는 것이 한미공조의 핵심 과제이다.

미국이 한국의 안보를 희생하여 미국의 안전을 도모하려는 선택을 하려고 할 때 한국의 외교력만으로는 막지 못할 상황이 올 수도 있다. 이런 경우에는 일본과의 긴밀한 공조를 통해 한일 양국이 미국의 조야를 움직이는 데 힘을 합쳐야 한다.

7. 제재 무용론과 만능론의 함정

제재 만능론과 무용론은 둘 다 제재의 본질을 벗어난 주장이다. 대북 제재의 범위를 아무리 확대하고 강도를 높여도 그것만으로 북한을 굴복시키거나 핵을 포기하게 만들 수는 없다. 북한은 핵개발을 위해 보통국가는 엄두도 낼 수 없는 수준의 희생과 고통을 감내해왔다. 그동안의 제재가 북한의 이러한 핵무장 의지를 꺾는 데 성공하지 못했다고 해서 앞으로 제재를 더욱 강화해도 소용이 없을 것이라고 단정할 수는 없다. 차제에 제재의 역할과 기능에 대해 한번 짚어 보자.

첫째, 제재의 가장 중요한 역할은 핵 보유에 따른 북한의 손익 구조와 전략적 셈법을 바꾸는 것이다. 핵 보유에 따른 비용과 손실이 이익을 능가하게 만드는 데 제재 외에는 현실적 수단이 없다. 북한의 손익 구조를 바꾸기 전에는 협상을 재개하더라도 진전이 어렵다. 군사적 대응 능력과 태세를 강화하는 것도 핵 보유를 통한 북한의 안보적 실익을 상쇄하는 데는 도움이 되지만 제재와 결합해야 시너지(synergy) 효과를 발휘한다.

둘째, 제재가 대북 레버리지의 가장 중요한 원천이다. 레버리지란 북한을 움직일 힘을 말하는데, 북한의 생존과 발전에 불가결한 것을 빼앗거나 줄 수 있는 능력, 그리고 이 능력을 사용할 정치적 의지와 비례한다. 제재는 김정은이 꿈꾸는 핵·경제 병진정책의 성공을 가로막고 장기적으로 체제의 안정까지 흔들 수 있는 수단이다.

제재는 핵과 정권 유지 가운데 양자택일의 상황으로 북한을 몰아감으로써 북핵 문제의 외교적 해결을 위한 원동력을 만드는 데 핵심적인 역할을 한다. 북한이 제재 해제에 절박하게 매달리는 만큼 북한을 움직일 레버리지로써의 제재의 효과와 위력은 커진다.

셋째, 제재의 범위와 강도는 시간이 누구 편인지를 결정한다. 제재가 고통스러울수록 북한은 시간에 쫓기고 초조해지며, 지연 전술이나 살라미 전술을 구사할 여유를 잃는다. 반대로 제재가 완화될수록 시간은 북한 편으로 바뀐다. 따라서 제재는 협상에서 '갑을관계'를 결정하는 핵심 변수가 된다.

끝으로 제재는 원래 효과가 나타날 때까지는 소용없는 것처럼 보이는 법이다. 예컨대, 50kg의 짐을 질 능력이 있는 사람에게 짐의 무게를 아무리 늘려도 50kg이 될 때까지는 버티는데 별 문제가 없다. 그러나 짐의 무게가 50kg을 초과하는 순간부터 체력에 한계를 느끼고 멀리 갈 수도 없다. 아무리 강력한 제재를 시행하더라도 효과가 나타나는 데는 시간이 걸리고 시간이 갈수록 제재의 효과는 누적된다.

유엔 안보리는 2006년 북한의 1차 핵실험 이후 10차례의 제재 결의를 채택해 왔지만 북한에 실질적인 타격을 줄 수 있는 전방위 제재는 2017년 9월 3일 6차 핵실험과 11월 29일 화성-15형 ICBM 발사를 계기로 결의 2375호와 2397호를 채택하면서 본격화했다. 공식 통계로는 2018년부터 북한의 수출이 90% 이상 감소한 것으로 나타난다. 하지만 북한이 아직까지도 버티고 있는 것은 중국과 한국 정부의 허술한 제재 이행 시스템, 해킹을 통한 해외 금융기관의 자금 절도, 그리고 암호화폐 채굴과 불법 거래 덕분이라고 할 수 있다.

북한이 아직은 꿈쩍 않고 버티는 것 같이 보이지만 현행 제재가 제대로 이행된다면 시간이 갈수록 한계에 도달할 것이다. 김정은이 기고만장한 모습을 보이다가도 한계 상황에 도달하게 되면 미국과의 딜에 관심을 보일 것이다.

8. 종전선언이 왜 문제인가?

문재인 대통령은 임기 내내 종전선언에 매달렸다. 유엔총회 연설에서만 종전선언을 세 번이나 역설했다. 2020년 연설에서는 종전선언이 "한반도에서 비핵화와 함께 항구적 평화체제의 길을 여는 문이 될 것"이라고 했고 2021년 연설에서는 "비핵화의 불가역적 진전과 함께 완전한 평화가 시작될 수 있다고 믿는다"라고 했다. 문 대통령은 북한이 어느 때보다 광적으로 핵·미사일의 증강과 고도화에 전력을 기울이고 있는 상황에서 왜 종전선언 타령을 되풀이한 것일까?

종전선언을 신통한 평화의 요술방망이로 여기는 586 주사파 일각의 환상과 미신이 대통령의 뇌리에 입력된 것이 아닌가 싶다. 비핵화를 통해 평화를 달성하는 것이 아니라 평화를 통해 비핵화를 견인해야 한다는 '선(先) 평화, 후(後) 비핵화' 론에 토대를 두고 있는데 "미국이 먼저 대북 적대정책을 포기해 북한이 핵무기를 보유할 필요가 없어져야 비핵화가 가능하다"라는 북한의 주장과 궤를 같이 한다.

또한 평화협정에서 종전선언만 분리해서 먼저 할 수 있다는 착각도 작용했을 수 있다. 종전선언으로 종전이 이루어지고 평화와 비핵화의 길이 열린다는 환상에 사로잡혀 있지 않다면, 대통령이 국제적 조롱과 냉소를 무릅쓰고 실현 가능성도 없는 주장을 주술처럼 반복하고 외교적 헛발질을 일삼을 이유가 없다. 외교·안보 부처나 국가안보실의 실무 관리들 가운데는 대통령에게 이런 황당한 건의를 할 만큼 무능하거나 무책임한 전문가를 찾기 어렵다.

종전선언에 대한 착각과 맹신의 기원은 2007년 9월 7일 시드니 아시아태평양경제협력체(Asia-Pacific Economic Cooperation, APEC) 정상회의를 계기로 이루어진 노무현 전 대통령과 부시 전 대통령 간의 한미 정상회담으로 거슬러 올라간다. 당시 노무현 대통령은 한 달 후 평양에서 열릴 남북 정상회담에서 종전선언을 제안할 구상을 갖고 부시 대통령의 지지를 요청했다. 부시 대통령은 노 대통령이 언급한 종전선언이 평화협정을 의미하는 것으로 착각하고 공동 기자회견에서 "북한이 검증 가능한 방법으로 핵을 폐기하면 한국전쟁을 종결하는 평화협정에 서명할 수 있다"라고 말했다. 북한이 비핵화를 완료하는 조건으로 평화협정을 체결할 수 있다는 미국의 일관된 입장을 재확인한 것이다. 이는 당시 6자회담의 2.13합의에 따른 북한의 핵동결만으로는 노 대통령이 원하는 종전선언을 미국이 수용할 수 없다는 의미였다.

그런데 노무현 정부는 부시 대통령의 종전선언에 대한 언급을 거두절미해 마치 비핵화가 완료되지 않더라도 종전을 선언하는 데 동의한 것처럼 왜곡하고 10월 4일 평양 남북 정상 공동선언 제4항에 "3자 또는 4자 정상들이 한반도 지역에서 만나 종전선언 문제를 추진하기 위해 협력한다"라는 문구를 넣었다.

이에 따라 노무현 정부는 임기 만료를 앞두고 종전선언을 위한 남·북·미·중 4자 정상회담을 개최하는데 비상한 노력을 기울였지만, 애초부터 성사 불가능한 꿈이었다. 당시 나는 외교부 한반도평화교섭본부장으로서 종전선언 협상의 실무 책임을 맡고 있었는데, 미국을 포함한 다른 당사국들은 종전선언에 아무런 관심이 없었을 뿐만 아니라 그 필요성을 납득하지도 못했다.

심지어 평양 정상 공동선언의 당사자인 북한조차 열의가 별로 없었다. 평양 정상 공동선언이 발표된 직후 11월 2일 베이징에서 6자회담 북한 수석대표인 김계관 외무성 부상을 만나 핵폐기 방안에 대해 장시간 협의했는데, 김계관은 종전선언에 대해서는 일언반구도 언급하지 않았다. 김정일이 직접 서명한 합의 사항을 이행할 실무 책임을 지고 있는 북한 당국자가 아무런 관심도 보이지 않는 것이 의아해 내가 먼저 종전선언에 대한 북한의 입장을 물어보았다.

그제서야 김계관은 종전선언을 하는 것이 안 하는 것보다는 좋겠지만 그게 그렇게 급한 일이냐는 뜻밖의 반응을 보였다. 그러면서 중국의 종전선언 참여를 허용할 수 없는 이유에 대해서만 자세히 설명했다.

김계관은 평양 정상 공동선언에 포함된 '3자 또는 4자'라는 표현에 중국이 강력하게 문제를 제기한 사실을 알려주면서 중국은 이 표현을 한반도 평화체제 구축 과정에서 중국을 배제하려는 북한의 불순한 의도로 해석한다고 설명했다. 중국이 정전협정에 서명한 교전 당사국으로서 종전선언과 평화협정에 참여하는데 북한이 굳이 반대하는 이유가 무엇이냐고 물었더니 한반도에 주둔하고 있는 중국 군대가 없으니 평화협정 이행을 담보할 능력과 자격도 당연히 없는 것이 아니냐는 반론을 폈다.

그런데 도대체 종전선언이 뭐길래 노무현 정부에 이어 문재인 정부까지 집요하게 매달리다가 좌절만 되풀이하는 것일까?

종전선언과 종전의 차이

종전선언과 종전은 엄연히 구별되어야 한다. 종전이란 전쟁 상태를 법적으로 종식하는 것인데 이는 평화조약 또는 평화협정이 발효되는 순간에 이루어진다. 평화조약이나 평화협정을 체결하는 가장 중요한 목적 자체가 종전에 있으므로 원칙적으로 종전선언은 평화협정과 분리될 수 없다. 평화협정이 발효되기 전에 하는 종전선언은 평화협정 체결 의지를 선언하는 것 이상의 의미가 없다. 미·북 간의 평화협정 체결은 북한의 비핵화와 연계되어 있으므로 법적 종전을 앞당기는 방법은 비핵화를 앞당기는 길 밖에 없다.

종전선언을 한다고 종전이 하루라도 더 빨리 이루어진다는 보장이 없고 종전선언이 없다는 이유로 평화가 위태로워지는 것도 아니다. 종전선언에도 불구하고 북한이 비핵화에 속도를 내지 않는다면 종전은 더 멀어질 뿐이다. 종전선언을 하더라도 비핵화 진전을 통해 평화협정 체결을 앞당기는데 도움이 안 된다면 한반도 평화에 기여하는 부가가치는 없는 것이다.

평화협정에는 통상적으로 종전선언 외에 영토의 범위 확정, 배상, 청구권, 포로, 전범 문제 등 전후 처리 문제도 포함되는데 종전선언은 평화협정의 전문(preamble) 또는 제1조에 들어간다. 제1차 세계대전의 종전과 전후 처리를 다룬 1919년 베르사유 평화조약은 전문에서 "이 조약의 발효와 함께 전쟁 상태가 종식된다"(From the coming into force of the present Treaty the state of war will terminate)라고 선언했다. 태평양전쟁의 종전 합의인 1951년 샌프란시스코 평화조약은 제1조에서 "일본과 연합국 간의 전쟁 상태는 이 조약이 발효되는 날 종식된다"(The state of war between Japan and each of the Allied Powers is terminated as from the date on which the present Treaty comes into force)라고 되어 있다. 1979년 3월 26일 체결된 이스라엘과 이집트 간 평화

조약의 제1조에 나오는 종전선언 문구도 이와 유사하다. 이처럼 모든 평화조약이나 평화협정에서 종전선언 문구의 공통점은 "이 조약(협정)이 발효하는 날 전쟁 상태가 종료된다"라는 것이다.

평화조약 체결이 불가능한 상황에서 종전 조항만을 분리하여 먼저 선언하는 사례가 전혀 없는 것은 아니지만 극히 드문 예외라고 할 수 있다. 그 대표적인 사례가 1956년 10월 19일 모스크바에서 체결된 일본과 소련 간의 공동선언이다. 소련은 태평양전쟁의 종전을 규정한 1951년 샌프란시스코 평화조약에 서명을 하지 않았기 때문에 그때까지 일본과 소련 간에는 법적 종전이 이루어지지 않은 상태였다. 러시아가 태평양전쟁 중 점령한 일본 북방영토(러시아명: 쿠릴열도) 4개 섬의 반환을 거부했기 때문이다.

그래서 전쟁 상태를 법적으로 종료하고 외교 관계를 재개해야 할 현실적 필요성 때문에 평화조약에 들어갈 내용 중 영토 문제만을 제외한 '평화조약-1'을 체결한 것이다.

일·소 공동선언 제1조도 평화조약과 똑같이 종전선언으로 시작된다. 명칭만 공동선언이지, 정식 조약 체결 절차를 거쳐 비준서가 교환되는 날 발효되도록 규정한 사실상의 평화조약이었다.

1994년 7월 25일 후세인 1세 요르단 국왕과 이츠하크 라빈(Yitzhak Rabin) 이스라엘 총리, 빌 클린턴(Bill Clinton) 미국 대통령이 공동 발표한 '워싱턴 선언'(Washington Declaration) C항에는 "요르단과 이스라엘 간의 교전 상태가 종식되었다"(The long conflict between the two States is now coming to an end. In this spirit, the state of belligerency between Jordan and Israel has been terminated)라는 문구가 포함되어 있다. 그러나 이를 종전선언과 평화조약을 분리한 선례로 볼 수는 없다. 여기서 전쟁 상태(state of war)가 아닌 교전 상태(state of belligerency)라는 표현을 사용한 것은 평화조약에서 일반적으로 사용하는 종전선언 문구와는 다르며, 오히려 정전(armistice) 선언에 가깝다.

워싱턴 선언은 3개월 후인 1994년 10월 26일 요르단과 이스라엘 간 정식 평화조약 체결로 이어졌다는 사실에서 보듯이 미국 대통령의 보증 아래 정전과 함께 평화조약 체결 의지를 천명한 정치적 선언으로 보는 것이 맞다.

참고로 '평화조약'(peace treaty)이라는 명칭은 '국가' 간에 체결된 종전 합의서에만 붙일 수 있고 국가로 승인하지 않은 '교전 당사자'가 포함된 종전 합의서는 보통 '평화협정'(peace agreement, peace accord)이라고 부른다. 따라서 앞으로 북한과 법적 종전에 합의한다면 그 명칭은 평화협정이 될 것이다.

한반도의 경우 이미 정전협정에 따라 교전 상태가 종식되었으므로 전쟁 상태를 법적으로 종식하고 평화 상태를 회복할 조치만 남아있다. 1953년 7월 27일 서명된 한국전쟁 정전협정이 69년간 전쟁 재발 없이 유지되어 왔으면 이것이 '사실상의 종전'인 것이다. 남은 과제는 사실상의 종전을 법적 종전으로 전환할 평화협정을 체결하는 것이다.

평화협정이 발효되기 이전에 종전선언을 한다면 그 내용은 "이 선언으로 미국과 북한 간의 전쟁 상태는 종료된다"가 아니라 "북한이 비핵화를 완료했다는 사실이 국제적 검증을 통해 확인되는 시점에 한국전쟁 당사자들 간의 평화협정이 발효되고 이로써 전쟁 상태는 종료된다. 이 선언의 그 어떤 조항도 기존의 정전체제를 해치지 않으며 정전체제는 평화협정으로 대체될 때까지 그대로 유지된다"라는 취지가 포함될 수 있을 것이다.

한국전쟁 종전을 위한 시도

그간 한국전쟁을 법적으로 종식하고 정전체제를 대체할 평화체제를 수립하기 위한 시도가 여러 번 있었지만, 당사국들 간의 조건이 맞지 않아 성사되지 못했다. 1994년 미·북 제네바 기본합의에서 북한의 비핵화를 전제로 미국이 한반도 평화체제 수립을 공약함에 따라 남북한과 미국, 중국이 참가하는 한반도 평화체제 수립을 위한 4자회담이 1997년 12월부터 1998년 8월까지 6차례나 열렸지만 주한미군 철수 문제부터 논의하자는 북한의 주장에 막혀 아무 성과 없이 끝나고 말았다.

2005년 6자회담에서 도출된 9.19공동성명 4항도 "직접 관련된 당사국들은 적절한 별도 포럼에서 한반도의 항구적 평화체제에 관한 협상을 할 것이다"라고 선언했고, 2018년 6월 12일 싱가포르 미·북 정상 공동성명 2항도 "한반도에 항구적이고 안정적인 평화체제를 구축하기 위해 공동으로 노력할 것"을 공약했다. 평화체제를 수립하 겠다는 공약 자체가 종전선언과 다를 바 없는데 미국은 이미 세 번 이나 한 셈이다.

북한이 비핵화를 결사적으로 거부하고 있는 상황에서 평화협정 체결 의지를 다시 표명하기 위한 종전선언을 한다고 해서 북한이 갑자기 비핵화의 길로 돌아오고 평화체제 수립의 길이 열린다고 주장한다면 이는 잠꼬대 같은 소리이다. 종전선언을 수없이 되풀이해도 비핵화에 진전이 없으면 이와 연계된 법적 종전은 불가능하다. 북한이 평화협정 체결에 역행하는 행동을 일삼는 상황에서는 협정 체결 절차의 시발점으로서 종전선언을 하는 것이 오히려 종전선언의 신뢰성과 가치만 떨어뜨릴 뿐이다.

북한에 종전이란 무엇인가?

평화협정을 통해 종전이 이루어지면 북한은 정전체제의 유지와 관리 임무를 맡은 유엔사령부의 해체를 요구할 수 있다. 주한미군의 주둔은 한미상호방위조약에 근거를 두고 있으므로 종전 이후에도 계속 주둔하는 데 법적 문제는 없다. 그럼에도 불구하고 주둔의 정치적 명분은 약화되고 철군 논리는 힘을 얻을 것이다. 평화가 이루어졌는데 한반도에 미군이 왜 필요하냐는 국내 '반미 자주화' 세력의 주장은 더 설득력을 얻을 것이고, 미국 내에서도 미군 주둔의 필요성에 대한 회의론이 높아질 것이다.

그런데 주한미군 철수 못지않게 북한에게 중요한 것은 한반도 주변 수역의 해양법 질서가 전시 국제법 체제에서 평시 국제법 체제로 전환되는 것이다. 정전은 법적으로는 전시와 동일한 지위를 갖지만, 평화협정이 발효되는 순간부터는 평시 국제법이 적용된다.

1953년 정전협정 서명 직후 마크 클라크(Mark W. Clark) 유엔군 사령관이 일방적으로 설정한 북방한계선(NLL)은 정전체제 아래에서는 잠정적인 남북 간 해상경계선의 역할을 할 수 있지만, 평화 상태가 되면 북한은 유엔해양법협약(United Nations Convention on the Law of the Sea, UNCLOS)에 따라 남북 간 해상경계선을 설정하자고 요구할 수 있다. 유엔해양법협약을 적용하면 남북 간의 해상경계선은 원칙적으로 남북의 영해기선에서 12해리를 기준으로 하고 영해가 겹치는 해역은 중간선 원칙에 따라 설정해야 한다.

그렇게 되면 연평도와 소청도에서 각각 12해리를 초과하는 NLL 구간에서는 남북 간 해상경계선이 기존의 NLL보다 북한의 영해기선에서 12해리 남쪽으로 내려오게 되므로 북한 선박들은 소청도와 연평도 사이의 확장된 북한 영해를 통해 서해를 자유롭게 드나들 수 있게 된다. 이에 따라 백령도, 대청도 및 소청도를 왕래하는 한국 선박들은 북한 함정들이 출몰하는 해역을 통과해야 하므로 3개 도서는 본토에서 고립될 수 있다.

또한, 정전 상태에서 허용되고 있는 해군의 작전구역(AO)은 영해 외곽의 공해상에 설정되어 있지만 평화 상태가 되면 북한 군함은 한국 작전구역 내의 공해상에서 항해의 자유를 누리게 되고, 북한 상선은 우리 영해 내에서도 무해 통항권(innocent passage)을 주장할 수 있다. 다만, 북한도 공해상에 설정한 군사통제수역 내에서 한국 함정과 상선의 자유로운 통항을 허용해야 하므로 이를 수용할 수 없을 경우에는 기존의 해운합의서를 토대로 남북 간 새로운 통항 질서 수립에 합의해야 한다.

그런데 이러한 변화는 원칙적으로 종선선언만으로는 불가능하고 평화협정의 발효를 통해 법적 종전이 이루어져야 가능하다. 그런데도 국내 반미·친북 세력은 종전선언만으로도 활동 공간이 확장된다. 특히 종전선언을 종전으로 호도해 유엔사령부의 해체와 주한미군 철수 여론을 부추기는데 악용할 수 있다.

북한이 종전선언으로 당장 얻을 수 있는 혜택은 한미연합훈련의 중단이다. 종전은 아니지만 종전을 향한 과정의 개시만으로, 군사적 옵션과 이를 뒷받침할 한미연합훈련의 명분과 정당성을 약화하는 데 결정적인 도움이 된다.

북한이 제재보다 더 두려워하는 것은 미국의 군사적 옵션이 현실화하는 상황이다. 북한은 일거에 대항 수단과 협상 자산을 대부분 상실하고 미국의 요구에 굴복하는 것 외에는 대안이 없어지기 때문이다. 북한이 한미연합훈련 중단에 집착하는 것은 훈련 중단이 한미 양국의 군사적 옵션을 무력화하는 데 긴요하기 때문이다.

종전선언은 언제 할 수 있나?

　종전선언은 하느냐 마느냐의 문제가 아니라 언제, 어떤 조건으로 할 것이냐의 문제이다. 북한에 비핵화의 대가로 한반도 평화체제 수립을 세 번이나 약속해 놓은 것을 이제 와서 되돌릴 수는 없다. 북한의 핵폐기 완료 시점에 평화협정이 발효될 수 있도록 비핵화 진도에 맞추어 평화협정 체결 절차도 진행하는 것이 순리이다.

　평화협정 체결 과정은 대략 문안 협상-가서명-정식서명-비준서 교환과 발효의 4단계로 나눌 수 있다. 북한이 비핵화를 결심하는 기적 같은 시나리오를 가정하더라도 핵동결에서 핵폐기와 검증까지 몇 단계를 거칠 것이다. 평화협정을 미·북 수교 의정서, 대북 안전보장과 함께 비핵화 완료 시점에 맞춰 발효하려면 서명까지의 절차는 그 이전에 완료되어야 할 것이다. 북한 비핵화에 대한 보상으로 어차피 평화협정을 체결해야 한다면 그 과정에서 종전선언을 하나 추가하는 것은 대수가 아닐 수도 있다.

　비핵화의 입구로 북한이 핵물질 생산시설을 전면 동결하는 조치와 평화협정 체결의 입구인 종전선언을 연계하는 방안도 부정적으로 볼 필요가 없다. 북한의 제재 해제 요구를 종전선언으로 일부라도 때울 수 있다면 종전선언을 아끼려고 제재를 풀어주는 것보다는 훨씬 낫다. 종전선언에서 실효적 종전으로 가는 길은 북한이 핵을 완전히 폐기하는 것만큼 멀고 험난하다. 북한이 핵을 완전히 폐기하면 북한에 종전선언과 비교할 수 없는, 더 가치가 있는 평화체제를 수립하기로 약속했는데 종전선언 하나에 마치 대한민국의 운명이 걸린 듯이 호들갑 떨 일은 아니다.

종전선언을 비핵화 진도와 연계해 제값을 받고 내어주는 것이라면 문제 삼을 일이 아니지만, 비핵화 협상 재개를 위한 마중물이나 허황된 '평화쇼'를 위한 1회용 불쏘시개로 허비해 버리는 것은 어리석기 짝이 없는 하책(下策)이다.

우리 정부가 종전선언을 구걸하는 모습을 보이는 것도 주객이 전도된 일이다. 우리 정부가 수혜자인 북한보다 더 절실하게 종전선언에 매달리는 모습을 보이면 북한은 마치 우리 정부의 소원을 들어주는 은혜라도 베푸는 듯한 오만한 자세로 나오게 되고 부당한 요구 조건을 내세우는 데 악용한다. 북한이 종전선언에 부여하는 가치만큼 우리에게는 대북 레버리지가 되는 것인데, 우리 정부가 도리어 이를 구걸하게 되면 우리의 대북 레버리지를 북한의 대남 레버리지로 만들어주는 우를 범하는 것이다.

9. 중재자론, 한반도운전자론, 촉진자론의 허와 실

　중재자는 중재 대상자들로부터 신뢰를 받을 수 있어야 제대로 된 역할을 할 수 있다. 그러려면 불편부당(不偏不黨)한 중립적 입장에 서야 하는데, 한국이 동맹국인 미국과 주적(主敵)인 북한 사이에서 중재자 역할을 한다는 것 자체가 어불성설이다. '반미 자주화'를 지향하는 운동권 세력이 한국의 외교·안보 정책을 좌지우지하고 문재인 정부가 동맹보다 민족 공조를 앞세운다 하더라도 북한의 시각으로 보면 한국은 미국의 '속박'에서 벗어날 수 없는 '식민지'에 불과하고 북한의 편에 서서 미국을 움직일 힘도 없다.

　미국으로서도 핵무장한 북한을 공공연히 두둔하고 대변하는 한국 정부를 신뢰하기 어려울 것이다. 민족 공조를 내세우면서 적과 내통하는 동맹국이 북한의 술수에 말려들고 이용당할 가능성이 있다고 보고 더 경계할 것이다.

　'한반도운전자론'도 의욕만으로 되는 것이 아니다. 북한의 전략적 계산을 바꿔 북한의 정책을 우리가 의도하는 방향으로 변화시킬 힘과 의지가 없으면 한반도 운명을 결정하는데 주역을 맡을 수 없다. 2019년 6월 30일 트럼프와 김정은이 판문점에서 만나 밀담을 나누는 동안 '한반도의 운전자'를 자처하던 문재인 대통령이 옆방에서 대기하는 '창밖의 남자' 신세로 전락한 모습은 대북 레버리지를 포기한 대한민국의 현주소를 여실히 보여주는 장면이다.

북한에 호의를 베풀고 지도부를 감동하게 한다고 해서 북한을 움직일 레버리지가 생기는 것이 아니다. 북한의 생존과 흥망에 영향을 미칠 힘과 의지가 없으면 한반도라는 자동차를 끌고 갈 엔진도 핸들도 없는 셈인데 이런 처지에서는 대리운전조차 불가능하다.

북한이 미국의 '대조선 적대정책' 철회와 '새로운 미·북관계' 수립에 모든 것을 거는 것은 북한 체제의 운명이 미국의 대북 정책에 달려있기 때문이다. 서글픈 현실이지만 한국은 이러한 미국을 움직일 힘만큼 '조수' 역할이라도 할 수 있다.

그러나 한반도 비핵화와 평화를 위한 촉진자 역할은 가능하다. 과거 북핵 6자회담에서 2005년 9.19공동성명과 2007년 2.13합의를 만들어내는데 한국이 주도적 역할을 한 사실이 이를 입증한다. 다만, 촉진자가 갖춰야 할 필수적 자질은 미·북 양측의 의도를 정확히 파악하고 양자 간 소통의 장애를 해소해 접점을 마련하는 외교적 역량이다.

그런데 핵 문제의 본질과 협상력의 작동 원리를 이해하지 못하면 촉진자가 아니라 방해자가 되기 쉽다. 문재인 정부가 촉진자 역할을 시도하였으나 아무 성과를 거두지 못한 것은 촉진자가 갖추어야 할 기본적 자질의 미비에 있다고 본다. 특히 북한 핵 문제에 대한 기초 지식과 경험의 부족이 양측과의 소통에 치명적인 장애가 되었다.

예컨대, 대통령 특사단은 2018년 3월 평양에서 김정은 국무위원장을 면담한 뒤 김정은이 "한반도 비핵화 의지를 분명히 했다"면서 언론에 발표하고 미국을 방문해 트럼프 대통령에게 직접 전했다. 그런데 미국이 바로 마이크 폼페이오(Mike Pompeo) 중앙정보국(CIA) 국장을 평양에 파견해 김정은의 의사를 직접 확인하기로 한 것은 정의용 특사가 전달한 김정은의 비핵화 의지에 대한 의구심 때문이었다. 김정은은 폼페이오 국장에게 끝내 비핵화 의지를 분명하게 밝히지 않고 "내 아이들이 평생 핵을 지고 살기를 원하지 않는다"라는 애매모호한 언급 이상은 하지 않았다고 한다.

북한의 비핵화 의지에 대한 오판이 부른 비극

북한은 "미국의 적대정책이 해소되면 핵을 보유할 필요가 없어진다"라고 하거나 "조선반도 비핵화가 수령님의 유훈"이라는 상투적인 궤변을 20년 이상 수없이 되풀이해왔다. 북한 외무성은 심지어 2006년 10월 9일 1차 핵실험 직후 발표한 성명에서도 핵개발의 최종 목표는 "조선반도의 비핵화"라며 "조선반도 비핵화를 반드시 실현하기 위하여 적극적으로 노력할 것"이라고 다짐했다. 핵실험조차 비핵화를 위한 것이라는 변증법적 논리로 포장할 수 있는 집단이 북한이다. 김정은이 폼페이오에게 한 언급은 핵개발을 정당화할 때 사용했던 상투적 표현의 변용에 불과하다.

정의용 특사가 김정은의 언급을 확대 해석하고 왜곡해 전달한 것이 미국을 오도하고 한국의 촉진자 역할에 대한 미국의 불신을 자초하게 된 결정적 계기가 된 셈이다. 김정은이 말한 '조선반도 비핵화'가 한미 양국이 생각하는 비핵화와는 전혀 다른 개념이라는 사실은 2018년 6월 싱가포르 미·북 정상회담에서 다시 한번 확인되었다.

　북한 핵 문제를 오래 다뤄온 전문관료들이라면 김정은의 언급에 대해 비핵화의 선결 조건을 제시한 것일 뿐 비핵화 의지를 표명한 것으로 단정하지는 않았을 것이다. 북핵 문제에 기초 지식이 있는 특사라면 김정은이 '조선반도 비핵화'를 언급할 때 흥분하기 전에 이의 정확한 개념과 조건부터 확인했을 것이다. "우리가 미국에 정확한 북측의 뜻을 전달해야 하니 조선반도 비핵화가 이루어지면 북측이 보유한 모든 핵무기와 핵물질, 관련 시설들은 해체·반출되는 것으로 이해하면 되는지, 그 조건으로 제시한 미국의 적대정책 포기란 구체적으로 어떤 조치를 의미하는지, 적대정책 포기가 비핵화의 선결 조건인지" 등을 먼저 차분히 질문했을 것이다.

　물론 김정은이 성의 있게 답변한다는 보장도 없고 트럼프 대통령을 만나게 해주면 자신이 직접 설명하겠다고 얼버무리고 넘어갈 수도 있다. 그럼에도 질문 내용과 북한의 반응 자체가 미국에는 정보 가치가 있고 한국의 촉진자 역할에 대한 신뢰를 얻는 데도 중요하다.

　결국 두 차례의 미·북 정상회담을 통해 확인된 것은 미국이 대북 적대정책을 포기하기 전에는 북한이 핵을 포기할 의사가 전혀 없다는 것과 적대정책 포기의 개념과 범위가 추상적이고 가변적이라는 것뿐이다.

미 · 북 협상의 종결자로 전락시킨 영변단지에 대한 과대평가

2019년 2월 하노이 미 · 북 정상회담의 파탄을 막는데도 문재인 정부는 아무런 역할을 하지 못했다. 북한이 버릴 준비가 되어있는 영변 핵시설의 가치를 과대평가함으로써 오히려 북한의 오판을 초래해 파탄의 원인을 제공했다는 의심을 받고 있다. 북한의 기대 수준을 높이는 것은 협상 타결 가능성을 낮추는 길이다. 무리한 요구를 해도 받아낼 수 있다는 환상을 심어주기 때문이다.

예컨대 1억 달러짜리 물건을 소유한 주인에게 중개인이 10억 달러는 족히 받을 수 있다고 우기면 주인은 정말 10억 달러를 받아낼 수 있다는 기대에 부풀어 무리한 값을 부르게 된다. 이는 거래를 성사시키는 것이 아니라 깨는 길이다. 대통령의 특보까지 나서서 영변단지가 북한 핵 자산의 80%나 된다고 주장하면 북한은 그만한 값을 받아낼 수 있다고 오판하고 바가지를 씌우고 싶은 유혹을 이길 수 없게 된다.

미국은 영변단지의 가치를 어떻게 평가할까?

북한이 핵무기와 핵물질 재고가 전혀 없다면 영변단지는 북한 핵 자산의 절반은 될 수 있다. 그러나 북한이 이미 최소 억지력을 유지하는데 충분한 핵무기 또는 이를 제조하는데 충분한 핵물질을 확보했다면 영변단지는 포기해도 아까울 것이 별로 없을 만큼 그 가치가 감소한 것이다.

북한이 영변 밖에 숨겨둔 시설에서 계속 핵을 만들어 핵무기 재고를 늘려갈 수 있는 상황에서 미국이 영변단지 폐기에 바가지요금을 지불할 리가 있겠는가? 트럼프가 박빙의 대선을 앞두고 아무리 외교적 성과가 절박하더라도 북한이 핵무력을 계속 증강하면서 그 속도만 줄이는 조건으로 핵심 제재를 다 풀어달라고 한다면 미국이 이에 응할 가능성은 애초부터 전무(全無)한 것이었다.

따라서 북한이 영변만 내어놓겠다는 입장으로 2차 미·북 정상회담에 나간 것은 파탄이 예고된 것이었다. 이러한 이치를 모르고 희망사항에 함몰되어 상식적 판단 능력을 상실하면 촉진자 자격을 상실한다. 영변단지의 가치뿐만 아니라 미국의 입장도 제대로 모른다면 입장의 차이를 줄일 방법도 찾을 수가 없다. 한미 간에 북핵 문제의 본질에 대한 인식이 근본적으로 다르고 소통조차 막혀 있다면 어떻게 비핵화를 촉진하는 방향으로 미국을 움직일 수 있겠는가?

김정은이 혹시라도 영변단지의 가치와 비중에 대한 문재인 정부의 평가에 고무되어 영변단지의 폐기만으로도 제재 해제가 가능할 것으로 믿고 하노이에 간 것이라면 문재인 정부는 결과적으로 한반도 비핵·평화 프로세스의 촉진보다는 종결에 더 기여한 셈이다. 김정은이 하노이 미·북 정상회담에서 돌아온 이후 2019년 4월 12일 최고인민회의 연설에서 문재인 정부의 '오지랖 넓은 중재자', '촉진자 행세'를 노골적으로 비난한 사실에서도 문 정부의 어설픈 '촉진자' 역할에 대한 북한의 불만과 분노를 엿볼 수 있다.

문재인 대통령은 하노이 2차 미·북 정상회담이 실패로 돌아간 이후 2019년 6월 30일 판문점 미·북 정상 회동을 앞두고 열린 트럼프 대통령과의 공동 기자회견에서도 "영변 핵단지가 폐기되면 실질적인 비핵화의 입구가 될 것"이라고 우기며 "그런 조치가 실행되면 국제사회는 제재 완화를 고민할 수 있을 것"이라는 주장을 굽히지 않았다. 문 대통령의 주장에 대해 트럼프 대통령은 "하나의 단계다. 중요한 단계일수도 아닐 수도 있다"라는 말로 공개적으로 면박을 주는 촌극까지 벌어졌다.

촉진자 역할을 제대로 수행하려면

그렇다면 문재인 정부가 촉진자 역할을 제대로 수행하려면 어떻게 했어야 할까? 우선 미·북 간 입장의 차이를 좁히고 기대 수준을 낮추며 앞길에 놓인 지뢰밭을 피하도록 안내할 수 있어야 했다.

김정은이 영변단지 폐기만으로 제재 해제를 받아내겠다는 심산으로 미·북 정상회담에 나가면 절대로 성공할 수 없는 이치를 알아야 하고, 이를 김정은에게 설득할 수 있어야 한다. 만약 북한이 영변단지가 핵 자산의 절반이 넘는다고 우기면 해결은 간단하다. 영변단지가 그렇게 소중하다면 비핵화 입구에서는 영변단지를 절대로 폐기하지 말고 최종단계까지 잘 지키도록 권유하고, 그 대신 핵무기와 핵물질을 포함한 영변단지 외의 모든 핵 자산을 먼저 내어주면 북한이 요구하는 모든 제재를 당장 풀어주고 안전보장 문서와 평화협정 협상도 즉각 개시하도록 미국을 반드시 설득하겠다고 약속하면 된다. 북한이 영변단지 외의 모든 핵 자산을 폐기하겠다는 공약만 한다면 미국도 싱가포르 정상회담에서 약속한 모든 조치의 이행을 즉각 개시하는 데 문제가 없을 것이다.

북한이 영변단지 밖에 숨겨둔 핵물질 생산시설을 포기할 생각이 없다면 우리 정부는 북한이 하노이 미·북 정상회담에 나가지 못하도록 설득했어야 한다. 2차 미·북 정상회담의 파탄은 그 자체로만 끝나는 문제가 아니라 이로 인해 미·북 협상의 동력이 죽게 되고 한번 꺼진 협상 동력은 되살리기가 너무 어렵고 시간도 많이 걸리기 때문이다.

파탄이 예고된 정상회담을 강행하는 것보다는 차라리 북한이 모든 핵물질 생산시설을 내어놓을 준비가 될 때까지 연기하는 것이 낫다. 미·북 양측을 무조건 대화로 떠미는 것이 능사가 아니라 실패할 정상회담을 막는 것이 더 중요하다.

북한이 핵무기 폐기도 개시하기 전에 핵심 제재가 해제되고 남북경협이 재개될 수 있다는 환상을 심어주는 것은 김정은을 희망고문하는 것이다. 제재 해제가 현실적으로 가능한 조건을 솔직히 설명하고 북한이 비핵화에 진정성을 보이지 않을 경우 남북관계의 진전도 불가능한 이유를 납득시켜야 했다. 또한 북핵 문제의 평화적 해결 노력이 실패할 경우 미국의 군사적 옵션을 정당화해줄 위험성도 인식시키는 것이 진정한 촉진자의 역할이다.

제2장

국방 전략

북핵 거부와 북한 안정화 역량 구축에 집중해야

북한이 핵을 포기할 가망이 보이지 않는 상황에서 국방 전략의 지상 과제는 북한의 핵무기 사용을 억지(抑止)·거부하고, 억지가 실패하는 순간이 올 때 국민의 생명과 안전을 지키는 것이다. 또 하나의 핵심 과제는 북한 체제가 누적된 실정의 무게를 버티지 못하고 무너질 경우에 대비하여 신속하게 안정화를 달성할 역량과 태세를 갖추는 것이다.

이 두 가지 과제를 감당하는데 있어 군 통수권자인 대통령에게 참고가 될 만한 사항을 정리해 보고자 한다.

1. 핵에는 핵뿐인가?

독자 핵무장론의 허와 실

북한 핵에 대해서는 핵으로만 억지하고 막아낼 수 있다고 주장하는 핵 담론이 무성하다. 독자 핵무장을 만병통치약으로 여기는 논객도 있고, 당장 핵무장이 불가능한 현실에서 미국의 전술핵을 국내에 재배치하거나 북대서양조약기구(North Atlantic Treaty Organization,

NATO) 방식의 핵 공유라도 추진해야 한다는 주장도 꾸준히 제기되고 있다. 북한의 핵무장을 악으로 여기면서도 남북한 간에 이미 통일이 이루어진 분야가 바로 핵무기 숭배 신앙과 핵 만능론이다.

북한의 핵무기에 대항하여 국민의 생명과 안전을 지키는 데 있어 우리의 독자적 핵무장이 최선의 방책이고 그 외에는 대안이 없다면 핵무장을 못할 이유는 없다. 핵무장을 위한 정치·안보적 명분은 차고 넘친다. 북한이 유엔 안보리의 거듭된 요구에도 불구하고 핵을 포기할 뜻이 전혀 없고 핵·미사일 증강과 기술적 고도화를 계속하고 있는 것만으로도, 한국은 NPT X조의 탈퇴 요건(본 조약상의 문제와 관련된 비상 사태가 자국의 지상 이익을 위태롭게 하고 있다는 것을 결정하는 경우) 을 충족하고도 남는다. 국민의 안위를 위해 불가피하다면 핵무장이 초래할 국제적 비난과 제재는 감수할 각오를 해야 한다.

핵무장 여부를 결정하는 데 가장 핵심적인 고려 사항은 핵무장이 가져올 안보적 실익이 핵무장이 초래할 경제적 손실을 보상할 수준이 되는지, 핵무장에 필요한 기술력은 확보하고 있는지 등이다. 핵무기가 안보에 도움이 된다고 비용도 따져보지 않고 무작정 핵무장에 나설 수는 없는 일이다.

핵무장에 관한 여섯 가지 착각과 미신

핵무장론은 대체로 여섯 가지의 착각과 미신에 바탕을 두고 있다.

첫째, 우리에게 북한을 억지할 핵이 없다는 착각이다. 북한의 핵 사용을 억지하는 데는 핵이 최고라는 데는 이론이 없다. 그런데 미국이 본토와 동맹국을 지키기 위해 보유하고 있는 3,800개의 전략 핵무기와 230개의 B61 전술핵은 무엇이며, 이것만으로는 북한을 억지하는데 모자란다는 말인가?

미국이 유사시 핵무기를 포함한 모든 가용 수단을 동원하여 대한민국을 지켜주겠다는 것이 확장억지공약이며, 한미동맹의 본질은 확장억지공약에 있다. 미국이 확장억지공약만 확실히 지킨다는 보장이 있다면, 미국이 한국 방어를 위해 사용할 핵무기는 우리 핵무기와 다를 바 없다.

북한이 우리를 핵무기로 공격할 때 미국이 확실하게 핵으로 응징 보복하도록 만들면 될 일을 우리가 굳이 중복 투자하여 이중으로 보유하는데 막대한 국력을 허비할 필요가 있을까? 미국이 보유한 핵을 우리가 보유한 핵처럼 필요할 때 차질 없이 사용할 수 있도록 동맹국 간에 신뢰를 유지하고 연합방위 체제가 정상적으로 작동하게 만들면 독자 핵무장 없이도 핵무기에 의한 억지에는 문제가 없다.

둘째, 미국의 대북 억지가 실패할 때 우리 핵무기로 억지에 성공할 수 있다는 착각이다. 미국의 억지력이 고장 날 가능성이 있고 억지력의 공백을 한국의 핵무기로 메우고 보완할 수 있어야 독자 핵무장은 안보적 부가가치를 가진다.

한국의 핵무기가 미국의 대북 억지력을 대체하거나 보강하는 효과를 발휘하려면 북한이 미국 핵보다 한국 핵을 더 두려워해야 한다.

북한이 핵 선제공격 외에는 연명할 방법이 없는 절체절명의 순간을 맞았을 때, 미국의 핵 응징 보복은 두렵지 않은데 한국의 핵 응징 보복에 대한 공포심 때문에 핵 사용을 포기할 가능성이 있다면, 독자 핵무장은 충분한 안보적 부가가치가 있다고 볼 수 있다.

그런데 그럴 가능성은 전무하다. 한국 핵무기가 미국 핵무기보다 성능이 떨어지고 수량이 적어서가 아니다. 북한 지도부의 인식 속에 미국은 '한다면 하는 나라'이고 결심만 하면 핵무기 사용도 불사할 '무법자'이고 '깡패국가'이다. 북한의 미국에 대한 공포심은 한국전쟁의 트라우마에 뿌리를 두고 있고, 지난 20여 년간 이라크, 아프가니스탄, 리비아 같은 나라에서 보여준 미국의 거침없는 군사 행동으로 더욱 증폭되어 왔다.

이와 대조적으로, 한국은 핵무기가 있더라도 사용할 배짱이 없고 "나쁜 평화가 좋은 전쟁보다 낫다"라는 평화지상주의와 패배주의에 함몰된 나약한 겁쟁이 집단이다. 북한의 핵 사용이 임박해도 직접 핵을 맞고 수만 명의 인명을 잃기 전에는 공격하면 안 된다고 주장하는 사람이 대통령으로 당선될 뻔한 나라다.

미국이 제2차 세계대전 종전 이후 핵무기를 사용한 적이 없고, 베트남과 아프가니스탄 등 비핵국가와의 전쟁에서는 핵을 사용해서 이기는 것보다 재래식 전쟁에서 패배하는 것을 선택할 만큼 핵 사용을 자제해왔다. 바이든(Joe Biden) 행정부는 '핵 선제 불사용'(No First Use, NFU) 원칙을 국가 핵정책으로 공식화하는 방안까지 검토하고 있다. 그런데도 북한이 비핵화의 전제 조건으로 무력 불사용 공약을 핵심으로 하는 미국의 안전보장을 집요하게 요구하는 것은, 미국의 핵 사용 가능성에 대한 공포심 때문이다.

1994년 제네바 기본합의에 따라 클린턴 당시 미국 대통령이 김정일 국방위원장에게 친서 형태로 제공한 안전보장은 "미국이 핵으로 북한을 공격하지 않는다"라는 공약에 초점이 맞춰져 있다. 2005년 6자회담 9.19공동성명에서도 미국은 "핵무기 또는 재래식 무기로 조선민주주의인민공화국을 공격 또는 침공할 의사가 없다는 것을 확인"했다. 향후 북한과의 안전보장 제공 협상에서는 이미 제시한 안전보장 공약이 토대가 될 것이다.

미국이 핵을 선제 사용하지 않겠다고 수백 번 다짐해도 북한은 이를 신뢰하지 못하지만, 한국은 유사시 핵을 사용하겠다고 호언장담해도 믿지 않을 가능성이 있다. 국민의 전쟁 공포증과 북한의 도발에 대해 응징 보복을 자제해온 군의 전통이 북한의 이러한 대남 인식 형성에 기여한 몫이 크다. 북한이 우리의 핵무기 사용 의지를 믿지 않는다면 우리가 아무리 많은 핵무기를 만들어도 미국의 대북 억지력을 보강하거나 대체하는 효과는 기대할 수 없다.

셋째, 미국이 한국을 지키기 위해 뉴욕이나 LA가 북한의 핵 공격을 받을 위험을 감수할 수 없을 것이라는 오해다. 이러한 주장은 두 가지 잘못된 전제를 근거로 하고 있다.

하나는 미국의 동맹국이 한국밖에 없다는 전제이다. 미국에는 NATO 회원국들과 일본이 한국보다 더 중요한 동맹국이다. 러시아와 중국의 위협에서 유럽과 일본을 지키는 것이 북한의 위협에서 한국을 지키는 것보다 더 어려운 일이다. 그런데 고작 수십 개의 핵무기를 보유한 북한의 보복이 두려워 미국이 북한의 핵 공격을 받는 한국을 보고도 핵으로 응징 보복을 못한다면, 핵무기 수천 수백 개를 보유한 러시아나 중국에 대한 미국의 억지력도 일거에 다 무너진다. 북한의 핵 사용에 미국이 핵으로 응징 보복을 하지 못한다면 미국의 모든 방위 공약은 하루아침에 휴지조각이 되고 미국의 동맹체제는 유명무실화한다.

북한이 핵무기 수십 개를 보유하고 있더라도 미국의 핵 응징 보복으로 핵·미사일 기지가 모두 파괴되고 나면 핵무기는 남아있을 가능성이 희박하다. 설사 한두 개의 핵무기가 남아있더라도 북한이 핵무기 한두 개로 반격하는 것이 두려워서 미국이 동맹 공약을 불이행한다는 것은 어불성설이다.

북한의 핵 공격을 받은 후 오히려 우리 정부가 핵 응징 보복을 만류해도 미국은 듣지 않을 가능성이 높다. 핵 공격에 대해 핵으로 응징하지 않는 선례를 남길 경우 미국의 동맹체제와 안보 전략에 미칠 여파를 감당할 수 없기 때문이기도 하지만, 미국 대통령은 대북 응징을 요구하는 미국 국내 정치권과 여론의 압력도 감당할 수 없을 것이다.

만약 북한이 핵미사일로 서울을 공격하면 서울 시민만 골라서 살상하는 것이 아니다. 서울에 거주하는 미국 외교관과 그들의 가족을 포함한 10만 이상의 미국인 가운데 수백 명의 사상자만 발생해도 미국의 응징은 어느 나라도 막을 수 없을 것이다.

또 하나의 오류는 북한이 핵무기로 미국 본토를 실제로 타격할 수 있다는 가정이다. 북한이 미국 본토까지 날아갈 ICBM을 보유하고 있고 유사시 그중 일부를 발사할 수 있다 하더라도 발사한 ICBM이 실제로 뉴욕이나 LA를 초토화할 가능성은 희박하다. 북한이 수십 기의 ICBM을 보유하더라도 액체연료를 고체연료로 대체하는 기술을 확보할 때까지는 발사 준비에 많은 시간이 걸린다. 그리고 북한이 미국을 공격해야 할 만큼 내부 위기가 긴박한 순간이 올 경우 미국의 대북 감시 정찰 자산이 정상적으로 작동한다면 북한의 ICBM 발사 준비 동향은 사전 탐지를 피하기 어렵다. 북한이 ICBM을 발사대에 장착하고 연료를 주입하는 단계에 도달하면 미국은 자위권 차원에서 이를 선제적으로 제거할 능력과 국제법적 근거가 있다.

북한이 설사 한 두 발 발사하는 데 성공하더라도, 알래스카 상공 2,000km에서 본토까지 미국의 다단계 미사일 방어망을 관통하여 실제로 뉴욕이나 LA를 타격할 확률은 극히 낮다고 볼 수 있다.

그렇다면 프랑스와 영국은 미국의 동맹국으로서 확장억지 혜택을 누릴 수 있는데도 왜 독자 핵무장을 선택했을까?

우선 이들의 적인 소련은 재래식 무력에서 NATO를 압도할 뿐 아니라 핵무기 수천 개를 보유하고 있었다. 소련이 핵무기로 서유럽을 공격할 경우 미국이 핵으로 응징 보복하려면 미국 본토가 잿더미가 될 각오를 해야 한다. 프랑스가 핵무장을 한 1960년대에는 초보적인 미사일 방어망도 없었지만 아무리 완벽한 미사일 방어망을 갖추어도 수천 개의 핵탄두를 모두 막아낼 방법은 지금도 없다. 미국이 유럽 동맹국들을 지키기 위해 본토를 희생하기 어려울 것이라는 드골 (Charles de Gaulle) 대통령의 판단에는 일리가 있었다.

미국이 소련에 대해 핵 응징 보복을 주저하거나 회피할 때를 대비하여 프랑스가 50개의 소련 도시를 완전히 초토화할 독자적인 2차 핵 타격 능력(second-strike capability)을 건설, 유지한 것도 바로 이러한 판단에 토대를 둔 것이었다. 영국은 1952년 첫 핵실험을 했지만 지금은 미국이 제조한 트라이던트(Trident) SLBM을 공동으로 사용하고 있다.

프랑스와 영국이 미국의 확장억지공약에만 전적으로 의존하는 데 느끼는 불안감의 저변에는 1, 2차 세계대전의 트라우마도 깔려 있다. 1, 2차 세계대전이 발발한 후 미국이 참전을 결정하는 데는 수년이 걸렸고 그사이 양국은 수백만의 인명을 잃었다. 물론 당시에 미국은 동맹국이 아니었으므로 참전할 의무는 없었다. 미국은 1949년 대서양동맹 결성과 이에 따른 NATO 설립을 계기로 소련의 침략에서 동맹국들을 보호해야 할 조약상의 의무를 갖게 된 것이므로 2차 세계대전 이전과 이후의 상황은 다르다고 볼 수 있다. 2차 대전 후 비로소 미국의 확장억지 혜택을 볼 수 있게 되었지만 두 번이나 패망의 위기에서 구사일생으로 살아난 국가의 입장에서는 미국의 방위공약에만 전적으로 의존하지 않고 독자 핵 억지력을 보유하는 것이 추가적 안보보험으로써 충분한 가치가 있다고 판단한 것이다.

북한은 러시아나 중국과 같은 핵 강국이 될 수는 없으므로 미국이 북한을 응징 보복하는 데 감수해야 할 부담은 핵 강국들에 느끼는 부담과는 본질적으로 다르다.

넷째, 핵무기는 선제 사용이 불가능하고 핵 공격을 받은 후 응징 보복에만 사용할 수 있다는 현실을 간과하는 오류를 범하고 있다. 'NFU 원칙'은 핵무기로 먼저 공격받지 않는 한 핵무기를 사용하지 않는다는 원칙인데, 아직 국제 규범으로 확립된 것은 아니지만 확립 과정에 있다. 이를 정책으로 선언한 나라는 중국(1964)과 인도(2003) 밖에 없지만 다른 핵무장국가들도 실제로는 이를 실천해왔다. 미국 은 1945년 8월 히로시마와 나가사키에 원자폭탄을 투하한 이후 한 국, 베트남, 아프가니스탄 전쟁 등을 거치면서 전세가 불리해지더라 도 핵무기를 사용해서 이기는 것보다는 퇴각이나 패배를 선택해왔 다. 소련도 1979년 아프가니스탄 침공 이후 10년간의 전쟁으로 경 제 파탄과 공산 정권의 붕괴를 자초했지만, 핵무기 사용으로 전세를 역전하기보다는 치욕적인 철군을 선택했다. 이스라엘은 1973년 욤 키푸르전쟁(제4차 중동전쟁)에서 이집트군의 기습공격으로 급박한 위 기에 몰렸지만, 핵무기 사용은 자제했다.

심지어 핵무장국가인 인도, 파키스탄 간에도 2019년 2월 공중 폭 격과 공중전이 벌어져 전투기가 격추되는 상황까지 벌어졌다. 하지 만 재래식 전투가 핵전쟁으로 확대되지는 않았고, 파키스탄이 지원 하는 무장단체가 인도 대도시에서 대규모 테러를 자행해도 인도가 핵으로 보복을 시도한 적은 없었다.

물론 이러한 국제적 관행이 북한의 핵 선제 사용을 막는 데 도움 이 되는 것은 아니다. 북한은 내부 변고로 존망의 갈림길에 섰을 때

핵 선제공격이 연명에 도움이 된다고 판단하면 국제 규범이나 국제적 비난에 신경 쓸 필요가 없다.

하지만 북한이 핵으로 선제공격을 할 수 있다고 해서 우리도 그렇게 할 수 있는 것은 아니다. 정상국가나 문명국가는 핵무기로 공격받기 전에는 핵을 사용할 수 없다. 핵 선제 사용의 정치·도덕적 부담을 감당할 수 없기 때문이다. 핵무기를 보유하고 있어도 대북 억지에 실패해 핵 공격을 받았을 때만 응징 보복으로 사용할 수 있다면 독자 핵무장으로 얻을 수 있는 안보적 실익이 있을까? 더구나 미국이 이미 응징 보복용으로 사용할 핵무기를 4천개 이상 보유하고 있고 북한의 핵 공격에 대한 응징 보복을 망설일 이유가 전혀 없다면, 이미 차고 넘치는 핵 자산에 우리가 수십 개를 보탠다고 얼마나 달라질까?

다섯째, 핵무장이 초래할 경제적 손실에 대한 무지와 오해이다. 농축 또는 재처리시설만 있으면 우리의 산업기술 수준으로 핵무기를 제조하는 것은 어렵지 않고 큰 비용이 드는 것도 아니다. 그런데 핵무장을 위해 NPT를 탈퇴하는 순간 한국에 원전 연료를 판매하는 것은 국제적으로 금지된다. 따라서 비축해둔 저농축우라늄 연료의 재고가 바닥나면 전력 생산의 약 30%를 차지하는 원전의 가동은 전면 중단된다. 원전이 모두 문을 닫으면 한국수력원자력과 한국전력이 연간 수십조 원의 손실을 입고 전기 요금이 대폭 오르는 것만으로 끝나는 것이 아니다. 전력 생산에 20% 정도의 차질이 발생하면 산업시설의 가동도 그만큼 줄여야 하므로 한국 경제는 재앙을 맞는다.

이러한 재앙을 피하려면 원전을 대체할 가스 복합화력발전소를 미리 건설해 두거나 원전 연료 자급을 위한 우라늄 농축시설을 갖추고 있어야 한다. 산업용 농축공장 건설에만 수십조 원이 소요될 뿐 아니라 농축기술 확보에서 농축공장 건설까지 최소 10년 이상의 시간이 걸린다.

미국이 어차피 실행할 대북 응징 보복을 이중으로 하기 위해 경제적 재앙까지 감수할 필요가 있을까?

끝으로 한국의 핵무장이 중국을 북한 비핵화에 더욱 적극적으로 나서게 자극하는 효과가 있을 것이라 기대하는 사람들도 있지만 이는 희망사항에 불과하다. 중국은 이미 4개의 핵무장국가들로 둘러싸여 있고 한국은 미국의 핵우산 아래 있다. 북한의 핵무장은 미국이 동아시아에서 미사일 방어망 확충 등 군사력을 증강할 빌미를 제공하지만, 한국의 핵무장은 중국의 전략적 입지에 근본적 변화를 초래하기 어렵다. 중국이 우려하는 것은 한국의 핵무장 자체보다는 대만이나 일본의 핵무장을 촉발할 위험성이다. 그런데 일본 내의 핵무장 반대 여론은 중국이 대만을 침공하거나 센카쿠열도(중국명: 댜오위다오)를 둘러싸고 일·중 간에 무력 충돌이 발생하지 않는 한 뒤집기가 어려울 만큼 공고하고 저변이 넓다. 대만이 핵무장 여부를 결정하는 데는 한국의 핵무장이 결정적인 변수가 될 수 없다.

설사 중국이 한국의 핵무장과 동아시아의 핵 도미노를 막기 위해 북한 비핵화에 열의를 보인다고 해도 북한의 정책을 바꿀 능력은 없다. 지금까지 중국이 북한의 핵실험이나 미사일 발사를 막는데 성공한 적이 없었는데도 중국이 여전히 북한을 움직일 비결을 갖고 있을 것이라고 믿는 것은 미신이고 환상이다.

미국 전술핵의 재배치가 대안이 될 수 있나?

독자 핵무장의 대안으로 1991년 철수한 주한미군의 전술 핵무기를 다시 국내에 들여오자는 주장도 핵무기가 북한을 억지하는데 만병통치약이라는 미신에 토대를 두고 있다. 이는 같은 미국 핵무기라도 한국 영토 내에 배치되어 위치가 노출된 핵무기가 바닷속에 숨어 있는 오하이오급 미국 전략핵잠수함(SSBN)과 폭격기에 적재된 핵무기보다 더 효과적인 억지력을 발휘한다는 착각에 근거를 두고 있다는 점이 특징이다.

전술핵 재배치가 대북 억지력을 강화하는 효과가 있을지 여부는 김정은이 오산과 군산의 미 공군기지에 배치된 핵무기를 미국 잠수함이나 폭격기에 실린 핵무기보다 더 두려워할 것인지에 달려있다. 김정은이 핵무기를 사용할 경우 미국 SSBN에서 발사될 SLBM이 북한에 가장 빨리 도달할 수 있다. 동해나 일본 근해에 숨어있는 SSBN에서 북한의 핵미사일 기지를 타격하는 데는 채 10분도 걸리지 않는다. 오산기지에서 미군 전투기가 B61 전술핵을 싣고 같은 기지에 접근하는 데는 30~40분은 족히 걸린다. 미국으로서는 북한의 선제공격에 취약한 공군기지에서 전투기에 전술핵을 싣고 출격하는 것보다 SSBN에 장전된 SLBM을 발사하는 것이 더 안전하고 용이하다.

김정은으로서도 어디에 있는지 알 수 없는 미국 잠수함에서 날아오는 SLBM보다 미군 전투기에서 투하되는 전술핵이 더 무서울 이유가 없다. 잠수함과 전투기에서 핵무기가 동시에 날아온다고 달라질 것도 없다. 그렇다면 전술핵 재배치가 북한을 억지하는 데 있어 부가가치가 있다고 볼 수 없다.

다만, 억지가 실패하여 북한이 핵 선제공격을 감행할 경우에는 전술핵이 배치된 미군기지부터 타격할 것이다. 바닷속에서 움직이는 미국 잠수함이 더 두렵지만 위치를 알 수 없고 이를 공격할 수단이 없는 반면, 오산과 군산 기지는 좌표가 확인된 표적이기 때문이다.

북한이 미군기지를 타격하는 데 소모할 핵미사일 수량만큼 수도권 인구 밀집 지역에 발사할 몫이 줄어드는 효과가 전술핵 재배치의 안보적 실익이다.

주한미군기지를 보호하기 위해 미국은 8개 포대(48개 발사대)의 PAC-3 저고도 미사일 방어 시스템을 배치하고 있어 북한이 미군기지를 파괴하는 데만 수십 발의 핵미사일이 필요할지 모른다. 그러나 그중 한 발이라도 요격에서 놓치면 미군기지와 그 주변 지역은 막대한 피해를 볼 것이다.

전술핵 재배치가 수도권을 보호하는 데는 도움이 되지만, 공군기지 주변의 지역 주민들은 북한의 일차적 핵 공격 표적이 되는 데 대한 불안을 느낄 것이다. 전술핵 배치에 대한 주민들의 극심한 반발은 반미·반핵 세력을 결집하게 하고 이들이 주한미군 철수와 동맹 해체의 숙원을 달성하는데 유리한 정치적 여건을 조성할 것이다.

수도권 방어의 부담을 줄이는 안보적 실익을 경시할 수는 없지만 이 때문에 전술핵 재배치가 주한미군 철수와 동맹 해체의 기폭제가 된다면 결과적으로는 우리 안보에 득보다 실이 더 많을 수 있다.

NATO식 핵 공유 가능한가?

NATO의 '핵 공유 제도'란 NATO의 일부 비핵 동맹국들이 핵무기 사용 계획 수립에 참여해 자국 영토 내에 배치된 미국의 전술핵을 자국 군용기에 탑재·운용하는 것을 말한다. 이를 위해 핵을 장착할 수 있도록 일부 전폭기를 개조하여 운용한다. 핵 공유에 참여하더라도 미국의 승인 없이는 자국에 배치된 전술핵을 사용할 수 없다. 미국이 전술 핵무기 운용을 동맹국에게 위탁하되 최종 사용권은 쥐고 있다.

그런데 핵 공유를 주장하는 사람들이 간과하는 것은 NPT 체제 아래에서 핵 공유가 제도적으로 불가능하다는 사실이다. NATO의 경우는 1970년 NPT가 발효되기 전인 1966년에 이미 핵 공유 체제가 수립되어 NPT가 이를 묵인한 것이지만, 한국의 경우에는 원칙적으로 NPT를 탈퇴해야 합법적인 핵 공유가 가능해진다.

또한 핵 공유는 미국 전술핵의 배치를 전제로, 핵 정책 결정과 핵 사용에 동맹국도 참여하는 개념이다. 따라서 한미 간에 핵 공유가 이루어지려면 미국의 전술핵 재배치가 선행되어야 하고 한국이 NPT 에서 탈퇴하는 절차를 거치는 것이 순리이다.

국제법 차원의 문제를 떠나 안보적인 부가가치만 따져보면 핵 공유가 전술핵 재배치보다 유리한 점은 있다. 핵 공유는 미국의 전술핵을 한국 공군기지에 분산 배치하여 우리 공군기가 핵무기 투하 임무를 수행하게 하는 것인데, 미 공군기지에만 배치하는 것보다는 두 가지의 장점을 갖고 있다.

하나는 우리 국민을 안심시키는 역할(reassurance)이다. 실제 한국이 사용권을 행사하는 것은 아니지만 핵 사용에 대한 한국의 주인 의식을 키워주고, 미국이 확장억지공약을 이행하지 못할 가능성에 대한 심리적 불안을 해소하는 효과는 있을 것이다. 다만, 미국이 핵 응징보복을 감행해야 할 상황이 발생했을 때는 한국 대통령의 반대로 한국 공군이 운용하는 핵무기를 사용하지 못할 가능성도 배제할 수 없다.

또 하나의 효과는 위험 부담의 분산과 경감이다. 전술핵 재배치든 핵 공유든 미국의 기존 대북 억지력을 강화하는 효과는 없지만, 억지가 실패하여 북한이 핵무기를 선제 사용할 때 우리가 입을 피해를 줄이는 데는 의미가 있다. 전술핵을 오산과 군산의 미 공군기지에만 배치하는 것보다는 한국 공군의 여러 전투비행단에 분산 배치하는 것이 인구 밀집 지역의 민간인 피해를 줄이는 데는 더 효과적이다. 전술핵을 배치한 기지가 많을수록 그리고 미사일 방어망의 요격 확률이 높을수록 북한이 전술핵 기지를 공격하는데 소모해야 하는 핵미사일 수량은 증가한다. 또한 북한이 한국의 전술핵 기지를 공격하는데 소모할 핵미사일이 늘어나는 만큼 민간인 밀집 지역을 공격하는 데 사용할 수 있는 몫은 줄어들게 된다.

2차 세계대전 중에 미국의 핵무기 개발 계획을 주도했던 Manhattan Engineer District가 진행했던 연구에 따르면, 나가사키 원폭 사상자의 대부분은 핵무기 투하 원점에서 반경 1.5km 이내에 집중되어 있었다. 특히 투하 원점에서 2km 거리 밖에서 사망한 경우는 전체 사망자 3만 9천명 중 129명(행불자 포함)에 불과했다. 미·일 공동 원폭 피해조사위원회의 보고서에 따르면 7,000피트(약 2.1km) 거리 밖의 치사율은 1.8% 정도였다.

기지 주변 인구가 가장 적은 전투비행단 순서대로 전술핵을 배치하고 이를 다층 미사일 방어망으로 보호하면, 북한이 보유한 핵미사일은 전술핵 기지를 타격하는데도 모자랄 수 있으며 몇 발이 떨어지더라도 민간인 사상자는 최소한으로 줄일 수 있다.

물론 북한이 미국의 SLBM에 의한 응징 보복을 어차피 피할 수 없다는 판단에 따라 한국에 배치된 전술핵 기지에 대한 선제공격(counter-force targeting)을 아예 포기하고 그 대신에 인구 밀집 지역에 대한 집중공격(counter-value targeting)을 선택한다면, 전술핵은 어느 기지에 배치하든 응징 보복을 위한 잉여 수단에 불과하다.

미국의 확장억지공약의 신뢰성을 높여야

북한이 핵을 사용하면 미국은 반드시 핵을 포함한 모든 가용 전력으로 응징 보복한다는 확장억지공약의 신뢰성을 확보하는 것이 대북 억지의 본질적 과제이다. 이를 위해서는 한미 양국이 새 정부가 출범할 때마다 정상 공동선언으로 확장억지공약을 재확인할 필요가 있다. 양국 통수권자들이 국방장관과 군에 내리는 전략 지침에도 핵 응징 보복의 요건과 절차를 명시하고, 북한의 핵 공격이 개시될 경우 연합사령관이 행사할 재량의 범위를 미리 설정해 둘 필요가 있다.

또한 한미확장억지위원회를 통해 유사시 핵 사용 계획과 교리에 대한 한국군 수뇌부의 이해를 높이고, 미국의 전략 자산이 북한을 즉각 타격할 수 있는 거리에 상시 배치되어 있다는 것을 북한에 수시로 보여주는 가시적 조치도 필요하다.

예컨대 전술핵을 적재한 미국 전략폭격기가 한국 전투기의 호위 하에 한반도 주변에 전개하는 훈련을 수시로 시행하고 동해에서 작전 중인 미국 전략핵잠수함이 주기적으로 부산항에 기항하면, 미국의 확장억지공약 이행 의지를 북한 지도부에 각인시키면서 동시에 우리 국민을 안심시키는 효과도 있다.

2. 독자 핵무장 잠재력은 확보해야

한미동맹이 건재하는 한 독자적 핵무장이 꼭 필요한 것은 아니지만 그렇다고 핵 옵션을 영구히 포기하자는 얘기는 아니다. 당장은 핵무장을 추구하지 않더라도 장차 동아시아의 안보 상황과 동맹관계에 돌발변수가 발생할 가능성에 대비하여 언제든 핵무장에 나설 수 있는 기술·산업적 기반을 갖춰 나가야 한다.

핵무기는 고농축우라늄이나 플루토늄을 원료로 사용하므로 고농축우라늄을 생산할 우라늄 농축시설이나 원전의 사용후핵연료(spent fuel)에서 플루토늄을 분리할 재처리시설이 있어야 핵무장이 가능하다. 농축기술이나 재처리시설이 없는 나라가 핵무장을 논하는 것은 부질없는 공리공론에 불과하다.

따라서 핵무장 여부를 논의하기 전에 핵 개발에 필요한 기술과 산업 인프라부터 갖추는 것이 순서다.

여러 측면을 종합적으로 고려해 볼 때 재처리시설 건설보다는 농축기술을 확보하고 농축시설을 건설하는 것이 유리하다.

재처리 옵션의 문제점

원전 부지마다 사용후핵연료가 저장 용량의 한계에 근접한 점을 들어 재처리가 시급하다는 주장을 하는 전문가들이 많다. 그러나 사용후핵연료의 저장 부지를 확보하거나 한미 공동으로 개발 중인 파이로 프로세싱(pyro-processing), 즉 사용후핵연료를 고열로 건식 재처리하는 기술이 실용화될 때까지는 부지 내에 건식 보관용기(dry cask)를 만들면 최소의 비용으로 저장 용량을 대폭 늘릴 수 있다.

플루토늄 추출을 위해서는 습식 재처리시설이 필요한데 이러한 시설의 건설이 현실적으로 불가능한 세 가지 이유가 있다.

첫째, 복잡한 법적 제약이다. 재처리할 핵연료를 연소한 원전의 원천기술 보유국과 연료 공급국의 사전동의가 있어야만 재처리를 할 수 있다. 원전 핵심 부품 공급국, 기술 보유국 등과 원자력협력협정을 맺을 때 사용후핵연료의 형질과 성분을 변경할 경우에는 사전동의를 받는다는 조건이 포함됐기 때문이다. 원자력협력협정에 포함된 사전동의제도는 재처리를 원천적으로 금지하기 위한 장치이다.

월성 중수로 원전에서 나온 사용후핵연료를 재처리하면 핵무기 수천 개 분량의 플루토늄을 뽑을 수 있지만, 중수로 공급국인 캐나다가 이를 허용할 리가 만무하다. 원전 연료 공급국 또는 원천기술 보유국들이 재처리에 동의해 줄 수 없는 이유는 재처리가 사실상 핵무장을 의미하기 때문이다.

한국은 비밀리에 플루토늄 추출을 위한 재처리 실험을 했다가 IAEA 사찰에서 탄로난 적이 있어 국제사회에서는 사실상 핵개발을 시도한 '전과자'로 인식되어 있다. 게다가 핵개발을 찬성하는 여론이 60%를 넘는 나라이다. 미국과 핵심 우방국들이 국제핵비확산체제를 무시하고 한국의 핵무장을 지원하기로 합의하기 전에는 재처리가 원천적으로 불가능하다. 그렇다고 원자력협력협정을 파기하고 국제 규범을 위반해 재처리시설을 건설하면 북한과 같은 불량국가로 낙인찍히게 되고 기존 원전의 가동에 필요한 연료를 더는 수입할 수 없게 된다.

둘째, 대한민국 영토 내에서는 재처리공장을 지을 부지를 구할 수 없다. 재처리공장은 원전이나 사용후핵연료 저장시설보다 방사능 오염 위험이 더 높은 혐오시설이다. 원자력발전이 탄소중립 목표 달성에 가장 효과적이고 최고의 경제성까지 갖춘 청정 에너지임에도 원전 증설과 사용후핵연료 임시 저장시설 건설도 어려운 나라에서 재처리공장을 어디에 지을 것인가?

끝으로, 재처리시설을 건설할 명분이 없다. 경제적 타당성이 없기 때문에 재처리를 평화적 목적이라고 포장하기도 어렵다. 플루토늄은 핵무기 제조 외에는 사실상 용도가 없으므로 재처리시설 건설의 목적이 너무 뻔해 보인다.

일본과 프랑스가 플루토늄을 연료로 사용하는 고속증식로(fast bree-der reactor) 연구에 수십 년을 매달렸지만 안전성 문제로 실패했다. 그리고 우라늄 연료 가격도 안정을 유지하면서 재처리를 통해 추출한 플루토늄의 평화적 용도 가치도 낮아졌다. 플루토늄과 우라늄을 혼합한 연료(mox fuel)를 원전 연료로 사용하는 것이 기술적으로는 가능하지만 저농축우라늄(LEU)을 사용하는 것보다 몇 배나 더 비싸다. 일본이 재처리공장을 건설하는데 30년간 200억 달러 이상을 투자했지만 여기서 추출한 플루토늄을 비축만 하고 있는 것도 사실상 경제성 있는 평화적 용도가 없기 때문이다.

농축이 답이다

재처리와 달리 우라늄 농축은 해 볼만 하다. 미국의 동의 없이 우리 정부의 의지만으로 추진이 가능하고, 에너지 안보와 원자력의 평화적 이용 차원에서 당당한 명분이 있기 때문이다. 농축에 사용할 천연우라늄을 미국에서 수입하거나 미국의 원천기술이 포함된 장비를 사용하지 않는 한 농축기술 개발과 농축시설 건설이 한미원자력협력협정에 저촉되는 것은 없다. 정치적으로 미국이 한국의 의도를 의심하고 문제를 삼을 수는 있지만 평화적 목적으로도 농축은 필요하므로 미국이 반대할 명분이 없다. 농축은 방사능 오염을 유발하지 않으므로 환경적으로도 안전하다.

에너지 안보 차원에서 농축을 추진할 명분은 누구도 시비할 수 없을 만큼 당당하다. 우리나라는 이미 25기의 원전을 가동하고 있고 전력 공급에서 원전이 차지하는 비중이 30%에 달하지만, 원전의 연료인 저농축우라늄은 전량 수입하고 있다. 에너지의 80% 이상을 해외에 의존하고 있는 대한민국에 에너지 안보는 바로 국가 안보와 직결되는 문제이기도 하다.

세계 10대 경제대국이 전력 공급의 3분의 1을 소수의 해외 농축 독과점업체에만 의존하는 것은 에너지 안보 차원에서 과도한 리스크라 할 수 있고, 경제적 명운을 이들의 손에 계속 맡겨 놓는 것은 무책임하고 무모한 도박이다.

한국은 국제 원전 연료 시장의 불안정에 대비하여 평화적 목적의 우라늄 농축이 필요한데도 불구하고 북한의 핵개발을 막기 위해 1991년 12월 부득이 농축과 재처리시설 보유를 금지하는 '한반도비핵화 공동선언'에 서명한 바 있다. 북한이 핵무기 연료를 생산할 농축시설과 재처리시설을 보유하지 못하게 하기 위한 고육지책으로 우리의 정당한 평화적 농축과 재처리 권리를 포기한 합의였다. 그러나 북한이 '한반도비핵화 공동선언'을 준수한 적이 없고 재처리시설에 이어 농축시설까지 건설해 핵무력을 계속 증강하고 있는 상황에서 우리만 일방적으로 평화적 농축 권리를 포기할 이유는 사라졌다.

우라늄 농축기술은 어떤 나라도 외국에 이전해주지 않으므로 농축기술 확보를 위한 독자적 연구 개발부터 시작해야 한다. 한국원자력연구원(KAERI)은 2000년에 레이저를 이용한 우라늄 농축 실험에 성공한 바 있지만, IAEA에 사전 신고 없이 비밀리에 진행한 사실이 2004년 IAEA의 사찰을 통해 확인되면서 IAEA 이사회는 한국의 안전조치협정 위반을 유엔 안보리에 보고하는 방안을 논의한 바 있다. 미국, 영국, 프랑스 등 핵심 우방국들조차 한국을 유엔 안보리에 회부하려고 시도하자 우리 정부는 이를 저지하기 위해 외교력을 총동원했고 일본과 독일의 지원으로 간신히 '불량국가'의 오명은 피할 수 있었다.

이 사건으로 국가적 외교 위기를 초래하고 국제적 오명을 얻게 된 한국원자력연구원은 그 이후 합법적 우라늄 농축기술의 연구 개발까지 포기하게 되었다. 이제 과거의 트라우마를 극복하고 농축을 원자력 분야 연구 개발의 최우선 국책 과제로 선정하여 이를 투명하고 당당하게 추진해야 한다.

한국원자력연구원의 레이저 농축 실험 성과를 토대로 경제적 타당성이 있는 레이저 농축시설을 건설할 노하우를 개발하거나 농축 선진국들이 이미 사용하고 있는 원심분리 방식의 농축기술을 자력으로 개발하는 것이 관건이다.

다만, 농축기술을 개발하고 인프라를 건설하더라도 원전 연료의 자급을 위한 평화적 목적으로만 사용할 것이며 핵무기 제조에 전용할 의사가 없음을 대외적으로 선언하고, IAEA와의 추가의정서(additional protocol)에 따른 포괄적 안전 조치와 불시 사찰을 당당히 수용함으로써 국제사회의 의구심을 해소할 필요가 있다.

대한민국이 농축시설에서 원전 연료로 사용할 저농축우라늄만 생산하더라도 언제든지 마음만 먹으면 수개월 이내에 핵무기용 고농축우라늄을 생산할 수 있다는 것은 비밀이 아니다. 농축 능력을 갖추면 일단 핵무장 문턱에 도달한 것이므로 국제적으로는 잠재적 핵무장국으로 간주된다.

따라서 농축을 추진하는 순간부터 정치권은 핵무장을 함부로 입에 올리는 일이 없도록 언행을 각별히 조심해야 하고, 기회 있을 때마다 한국은 오로지 평화적 목적으로만 우라늄 농축시설을 가동할 것임을 재확인해야 한다.

3. 대북 억지가 실패할 상황에 대비해야

대북 억지는 언제 실패하나?

북한의 핵무장이 대한민국의 안보에 제기하는 본질적 도전은 억지가 실패할 순간이 도래할 위험성이다. 핵 사용으로 잃을 것보다 얻는 것이 많으면 억지가 실패하는데, 모든 핵무장국가 가운데 유독 북한만 이러한 상황에 도달할 수 있다. 핵을 사용하면 모든 것을 잃고 사용하지 않으면 생존에 지장이 없는 나라 간에는 상호확증파괴(mutual assured destruction, MAD)에 의한 억지가 항상 작동하지만, 북한은 핵을 사용하지 않고도 망할 수 있고 핵을 사용하면 당장 망할 확률을 1%라도 줄일 수 있는 특이한 손익 구조로 되어 있다.

김정은 정권이 내부의 변고로 벼랑 끝으로 몰렸을 경우에는 외부의 군사 개입 저지 여부가 정권의 운명을 결정한다. 미국의 응징 보복이 두려워 핵 사용을 자제하다가 정권을 잃는 것보다는 핵 사용으로 외부의 군사 개입을 막고 무자비한 대량 학살을 통해 권력을 연장하는 길을 택할 수 있다. 공포의 균형에 기초한 억지 이론이 모든 정상적 핵무장국가에는 작동하지만, 북한에는 작동을 중지하는 순간이 올 수 있는 이유가 바로 여기에 있다.

거부 능력 확보가 시급한 이유

따라서 대북 군사 전략은 '응징 보복에 의한 억지'(deterrence by punishment)보다 핵 사용 '거부'(denial)에 우선 목표를 두어야 한다.

미국의 안보 전문가들은 대체로 북한이 핵을 계속 보유하고 있더라도 억지가 가능하다고 믿는 경향이 있다. 한국과 일본을 안심시키려는 의도도 있지만 실제로 미국의 억지력을 과신하는 경향이 있다. 또한 미국에 맞는 것이 한국에는 틀릴 수 있는 예외적 상황과 원리를 간과한 탓도 있다. 70년 이상 러시아와 중국을 억지하는 데도 성공해 왔는데 고작 핵무기 수십 개 보유한 북한을 억지 못할 이유가 어디 있겠느냐는 안이한 생각에 빠져 있기 때문이다. 미국에 대한 북한의 핵 사용은 억지하기가 쉽고 억지가 실패해도 겹겹이 구축한 미사일 방어망으로 막아낼 수 있다. 미국 전략사령관 출신의 존 하이튼(John Hyten) 당시 합참차장은 2020년 1월 16일 워싱턴의 전략국제문제연구소(CSIS)가 주최한 토론회에서 "북한의 핵미사일을 막아낼 능력에 대해 100% 자신한다"라고 장담하기도 했다.

미국이 북핵 문제 해결에 느긋한 자세를 보이는 데는 이러한 자신감의 과잉과 북한을 얕잡아 보는 오만(hubris)도 작용한다. 그러나 북한이 미국에 핵을 사용하지 못한다고 해서 한국이나 일본에 대해서도 사용하지 못하는 것은 아니다. 어느 나라든 자국의 안전만큼 동맹국의 안전에 신경 쓸 수 없다. 미국이 대북 억지력과 방어 능력을 과신한다고 해서 우리도 무조건 미국만 믿고 억지가 실패할 상황에 대한 대비를 소홀히 하면 낭패를 볼 수 있다.

　미국은 북한을 억지하는 데 필요한 핵무기는 충분히 보유하고 있지만, 억지가 실패하여 북한이 한국에 핵 사용을 시도할 경우 이를 즉각 물리적으로 저지하고 막아내는 데 필요한 재래식 자산에는 투자를 소홀히 해왔다. 세계 전략을 추구하는 미국으로서는 막강한 재래식 전력을 보유하고 있어도 여러 전선으로 동시에 투사해야 할 상황에 대비해야 하므로 기동성과 장거리 투사 능력을 갖춘 해·공군의 항공 전력에 대한 의존도가 높다.

　미국의 해·공군 전력이 막강해도 유사시 한반도 주변에 전개하는 데는 시간이 걸리므로 미국 해·공군의 증원 전력이 도착하기 전에 북한이 핵미사일을 기습적으로 발사할 경우 이를 저지하고 막아내는 데는 치명적인 문제가 있다. 그렇다고 한국에 충분한 타격 자산을 미리 배치해둘 여력이 있는 것도 아니다. 특히, 북한의 대규모 핵미사일 발사가 임박할 때 이를 즉각 선제적으로 제거하는데 필요한 탄도미사일 전력은 턱없이 부족하다.

　미국 육군이 보유한 탄도미사일은 대형수송기로 운송 가능한 에이테킴스(ATACMS) 전술지대지미사일밖에 없고, 주한미군에 배치된 수백 발의 ATACMS로는 북한의 미사일 발사를 저지하기에 턱없이 부족하다. 북한의 지하 미사일 기지를 완전히 제거할 관통력과 위력을 가진 GBU-57 벙커버스터는 B-2 스텔스 전략폭격기에만 적재 가능한데, B-2가 미국 본토에서 한반도까지 날아오는 데 시간이 너무 많이 걸린다. 미국은 벙커버스터 용도의 대형 탄두를 장착한 단거리 탄도미사일을 개발할 계획이 없고, 개발하더라도 충분한 수량을 주한미군에 배치한다는 보장도 없다. 미국이 전작권 전환의 조건으로 북한의 핵미사일에 대한 한국군의 초기 대응 능력 확충을 중시하는 이유도 여기에 있다.

한미 간 역할 분담 방안

그렇다면 한미 간 연합방위 체제를 유지한다는 전제하에 북한의 핵 사용을 원천 봉쇄하고 이를 막아낼 역할 분담 방안을 마련해야 한다. 가장 현실적인 역할 분담 방식은 미국이 응징 보복에 의한 전통적 억지에 일차적 책임을 맡고, 억지가 실패할 경우 북한의 핵 사용을 거부하는 데 한국이 일차적 책임을 맡는 것이다. 또한 거부 역할에서도 미국의 전략폭격기들이 한반도 상공에 도착할 때까지 북한의 핵·미사일 발사를 방해하고 저지하는 임무는 한국군이 주도하되 북한의 지하 핵·미사일 기지를 완전히 제거하는 임무는 이에 특화된 자산을 보유한 미국이 주도할 수밖에 없다.

4. 시급한 한국의 독자적 거부 역량 확보

'킬 체인'(Kill Chain)과 미사일 방어 체제

한국군의 향후 전력 증강은 북한의 핵 사용을 거부할 역량을 확보하는 데 최우선 목표를 두어야 한다. 거부 역량은 ①북한의 군사 동향을 실시간으로 감시할 정찰 자산, ②북한의 핵미사일을 발사 준비 단계에서 선제적으로 제거할 미사일 전력, ③선제공격에서 놓친 미사일을 요격할 미사일 방어망, 이 세 축으로 구성된다.

그동안 국방부가 추진해온 '킬 체인'(Kill Chain)과 '한국형 미사일방어체계'(KAMD)는 거부 역량 건설의 기본 개념과 방향을 설정했다는 점에서 평가받을 만하다. 그러나 거부 역량은 선정적 용어와 요란한 담론만으로 갖추어지는 것이 아니라 합리적 획득 우선순위 결정과 소요 예산 확보가 뒷받침되어야 현실화할 수 있다.

북한의 핵미사일 발사 준비 동향을 실시간으로 파악할 정보·감시·정찰(ISR) 자산은 거부 역량의 눈과 귀의 역할을 한다. 충분한 타격 전력을 보유하고 있어도 눈과 귀가 부실하면 소용없고 아무리 많아도 모자라는 것이 ISR 자산이다. 미국과 일본이 백 기가 넘는 정찰위성으로 북한의 동향을 감시하고 있고 한국도 2020년대 후반까지 대형 정찰위성 5기와 초소형 정찰위성 수십 기를 발사할 계획이 있지만 필요한 모든 정보를 실시간으로 수집하기에는 턱없이 부족하다. 글로벌 호크(Global Hawk) 고고도 무인정찰기도 이미 4대나 도입했지만 대북 정찰 사각지대는 아직도 너무 많다.

북한이 2021년 9월 15일 열차에서 탄도미사일을 발사하는 데 성공하면서 정밀 감시·정찰할 표적은 대폭 늘어났다. 미사일 기지와 주변도로뿐만 아니라 모든 열차의 이동을 추적하고 미사일 발사용 화차를 은닉할 수 있는 터널의 출입구도 실시간으로 밀착 감시할 대량의 스텔스 무인기(UAV)도 필요할 것이다.

북한의 미사일 발사를 물리적으로 저지할 타격 자산으로는 미사일이 가장 효과적이다. 특히, 고체연료를 사용하는 KN-23 등 최신형 단거리 미사일의 경우 발사를 막을 수단은 사실상 탄도미사일밖에 없다. 액체연료를 주입해야 하는 북한의 스커드나 노동 미사일보다 발사 준비 시간이 대폭 단축되기 때문이다. 고체연료 미사일을 장착한 북한의 이동식 발사 차량의 위치가 확인되면 우리 탄도미사일은 5~7분 이내에 표적에 도달할 수 있지만, 순항미사일이나 전폭기는 30분 이상이 소요된다. 순항미사일이나 전폭기가 탄도미사일보다 더 정밀하게 표적을 타격하는 장점은 있지만 북한 미사일을 발사 전에 타격하기에는 속도가 너무 느린 것이 문제다.

북한의 대규모 미사일 발사가 임박하면 이미 전개된 이동식 미사일 발사대뿐 아니라 미사일 기지도 파괴해야 하는데 최단 시간 내에 기지의 기능을 마비시키려면 지하 관통력을 갖춘 탄두 중량 2톤 이상의 대형 탄도미사일이 다수 필요하다. 미국의 B-2 폭격기에 적재된 GBU-57 초대형 벙커버스터로 북한의 지하 미사일 기지를 완전히 제거할 때까지 복구와 운용을 저지하려면 탄도미사일보다 더 정밀한 공대지 타격 자산도 필요하다.

순항미사일이나 F-35 스텔스 전투기에 적재할 수 있는 소형 벙커버스터는 북한의 지하기지를 파괴하기에는 관통력이 부족하다. F-15 전폭기에만 적재할 수 있고 6m 두께의 콘크리트를 관통할 수 있는 GBU-28 벙커버스터로 정밀 폭격해야 B-2 폭격기가 미국 본토에서 도착할 때까지 미사일 기지의 입구를 확실하게 봉쇄할 수 있다. F-15 전폭기가 북한에 진입하기 전에 북한의 방공망과 공항 활주로를 파괴하는 임무는 이에 특화된 기존의 미사일 전력과 F-35 전투기로도 수행할 수 있다. 북한의 '철도기동미사일연대'가 이용할 철교와 터널을 파괴하는데도 대량의 탄도미사일과 순항미사일이 소요된다. 이 모든 임무를 수행하는 데만 최소 5천 발 이상의 각종 미사일이 필요하므로 미사일 전력의 대대적인 확충이 급선무다.

1차 선제타격 이후 북한의 미사일 기지와 도로망을 감시하면서 이동식 발사대를 식별하는 대로 현장에서 제거하려면 미국의 리퍼(MQ-9) 수준의 무인 공격기도 많을수록 좋다. 2012년 미국과의 2차 미사일지침 개정을 통해 무인기(UAV) 카테고리를 신설해서 한국이 탑재 중량 2.5톤 규모의 대형 무인공격기를 개발할 수 있도록 합의한 것도 이러한 상황을 염두에 둔 것이었다.

2012년 3월 26~27일 개최된 서울 핵안보 정상회의에서.

2012년 10월 7일 청와대 춘추관에서 한미 미사일지침 2차 개정을 발표하는 저자.

북한의 잠수함발사탄도미사일 거부 방안

북한이 SLBM을 실전 배치하면 공중 ISR 자산만으로는 잠수함의 이동을 추적하기 어렵다는 점에서 SLBM을 게임 체인저로 보는 시각도 있다. 그러나 SLBM이 은닉에 유리한 것은 틀림없지만 이를 장착한 잠수함이 부실하면 여러 지하기지에 분산해둔 핵미사일보다 나을 것이 없다.

SLBM을 장착한 북한 잠수함을 잡는 방법은 북한 기지 앞에서부터 수중에서 밀착 감시하고 추격하는 길밖에 없다. 이를 위해서는 소수의 대형 잠수함이나 원자력추진잠수함보다는 정숙성과 은밀성이 뛰어난 다수의 소형 잠수함으로 북한 잠수함 기지를 포위하여 매복하는 것이 적은 비용으로 탐지 확률을 높이는 길이다.

잠수함은 몸집이 클수록 수심이 얕은 해안에 접근하기 어려우므로 3천톤급 대형 잠수함을 건조하는 예산으로 리튬 이온 배터리로 업그레이드한 '209급 잠수함'이나 '214급 잠수함'을 대량 건조하는 것이 북한 잠수함을 잡는데 더 실용적이다. '209급 잠수함'은 2004년 림팩(Rim of the Pacific Exercise, RIMPAC) 훈련에서 미국의 항공모함 전단을 격침하고도 훈련이 끝날 때까지 한 번도 탐지되지 않은 탁월한 정숙성과 은밀성을 보유하고 있다. 북한 잠수함의 길목에 수중 센서를 설치하여 감시 효율을 높이는 방안도 연구할 필요가 있다.

북한이 가장 소중한 전략 자산인 SLBM을 부실한 잠수함에 신고 미국과 일본의 잠수함과 초계기까지 출몰하는 공해까지 나와서 발사하는 대신 연안에서 쏠 가능성에 철저히 대비해야 한다. 미국의 원자력추진잠수함이 접근할 수 없는 저수심 연안은 북한의 SLBM 잠수함이 활동하기에 가장 안전한 해역이고, 수심 100m 이내의 북한 연안까지 침투할 수 있는 소형 잠수함은 한국만 보유하고 있다는 장점도 최대한 활용할 필요가 있다.

　SLBM을 적재한 북한 잠수함은 출항한 순간부터 언제든 발사가 가능하므로 수중에서 북한 잠수함을 탐지하면 자위권 차원에서 현장에서 처리할 수밖에 없다. 잠수함이 수중에서 격침되더라도 무슨 일이 있었는지 북한은 알 방법이 없다. 출항한 잠수함이 기일이 지났는데도 돌아오지 않으면 고장으로 수중에 좌초했는지 격침당했는지 알아낼 방법이 없고 실종된 잠수함을 찾거나 구조할 능력도 없다.
　지상에 배치된 북한 미사일이나 지하 미사일 기지를 타격하는 것은 전면전을 각오해야 하지만 수중에서는 영해냐 공해냐를 따지지 않고 쥐도 새도 모르는 은밀 작전이 가능하다는 결정적 이점이 있다. SLBM이 은닉과 생존에 가장 유리한 전략 무기라 하더라도 이를 발사할 플랫폼인 잠수함이 취약하면 제압할 방법은 있다.

선제공격의 국제법적 근거와 요건

대통령은 선제공격을 결심해야 할 상황에 대비해 국제법적 근거와 제약 사항을 숙지하고 있어야 한다. 선제공격이 전쟁으로 확대된다는 이유로 무조건 반대하는 것은 선제공격의 개념과 요건에 대한 무지 때문이다. 선제공격이란 전쟁이 어차피 일어날 수밖에 없는 상황에서 수만 명의 인명을 잃은 다음에 반격할 것이냐 아니면 인명을 잃기 직전에 선수를 쳐서 적의 공격을 먼저 제압할 것이냐를 선택하는 문제이다. 일어나지 않을 전쟁이 선제공격으로 일어나는 것이 아니다. 국내법에서 인정되는 '정당방위'와 유사한 개념이다.

북한이 핵미사일로 무장하지 않았다면 우리가 공격을 받아 수백 명의 사상자가 나온 다음에 반격할 수도 있을 것이다. 그러나 핵미사일은 단 한발로 수만 명을 살상할 수 있다는 점에서 재래식 무기와는 본질적으로 다르다. 국민의 생명과 안전을 중시하는 정부라면 적의 핵무기 공격이 임박한 상황에서도 먼저 공격을 받을 때까지 기다렸다가 실제 인명 피해 규모를 확인한 다음에 반격하는 어리석고 무책임한 대응을 선택할 수 없다. 국가 안보는 자선 사업과 다르고 오른뺨을 맞으면 왼뺨마저 돌려대는 정신 자세로는 국민의 생명과 안전을 지킬 수 없다.

그러나 선제공격(preemption)은 일정한 요건을 충족해야 합법성과 정당성을 인정받을 수 있다. 가장 중요한 요건은 ①적의 공격이 임박하고(imminent), 압도적(overwhelming)이어야 하고, ②이를 막을 다른 수단이 없어야 하며, ③적의 위협에 비례하는(proportionate) 범위 내에서만 무력을 사용해야 한다는 것이다.

이러한 임박성과 비례성의 원칙은 1837년 영국군이 미국 영토에 침입해 당시 캐나다 독립 세력을 지원하던 미국 선박 캐롤라인호를 공격한, 이른바 '캐롤라인호 사건'을 계기로 국제 관습법으로 확립되기 시작했다.

제2차 세계대전 이후 출범한 유엔 체제는 원칙적으로 국가 간의 무력 사용을 금지하면서 두 가지 명시적인 예외만 허용하였는데, 바로 헌장 42조에 따라 유엔 안보리가 승인한 경우와 51조에 따라 자위권을 행사하는 경우이다.

그런데 헌장 51조에 규정된 자위권에 선제공격이 포함되느냐를 둘러싸고 제한론자(restrictionist)와 반(反)제한론자(counter-restrictionist)가 대립해왔다. 자위권 제한론자들은 헌장 51조가 선제공격을 불법화하는 새로운 국제 규범이라고 주장하는데 반해, 반제한론자들은 '캐롤라인호 사건' 이후 선제공격을 허용하는 '예방적 자위권'(anticipatory self-defense)이 국제 관습법으로 이미 확립되었으므로 헌장 51조가 이를 제한하는 것은 아니라고 맞섰다.

그러나 이러한 논란은 유엔 안보리가 실제 무력 분쟁을 다루는 과정에서 자연스럽게 정리되었다. 1981년 이스라엘의 이라크 오시락 원자로 공습 사건에 대한 토의 과정에서 예방적 자위권을 부정한 이사국은 6개국에 불과했는데, 이스라엘을 비난한 국가들도 대부분 선제공격의 요건을 충족하지 못한 점을 문제 삼았을 뿐 예방적 자위권 자체를 부인하지는 않았다.

그런데 2001년 9.11테러 발생 이후 선제공격의 핵심 요건으로 공격의 임박성보다는 적의 능력과 목표를 더 중요한 기준으로 삼아야 한다는 주장이 대두되었다. 테러단체나 대량파괴무기(WMD)를 개발하는 불량국가의 경우 위협을 사전 탐지하기 어렵고, 때를 놓치면 엄청난 피해를 볼 수 있기 때문에 임박성의 기준을 완화하여 사실상 예방공격(prevention)도 용인되어야 한다는 논리였다.

이렇듯 1945년 유엔 체제로는 국제 평화와 안전에 대한 새로운 형태의 위협에 대처하기 어렵다는 논란이 가열되자, 코피 아난(Kofi Annan) 사무총장은 유엔 개혁 방안을 건의할 현인그룹(High-Level Panel on Threats, Challenges and Change)을 구성하게 되었다. 현인그룹은 2004년 12월 2일 유엔문서(A/59/565)로 배포된 보고서에서 '예방적 자위권'에 입각한 선제공격이 국제법상 가능하다는 결론을 내리고, 그 요건으로서 임박성과 비례성의 원칙을 재확인하였다. 다만, 임박하지 않은 위협에 대한 예방공격은 안보리의 사전 승인을 받아야 한다는 입장을 고수하였다.

북한의 핵미사일 공격이 임박한 정황이 확인되면 선제공격의 요건을 충족하는 데는 문제가 없다. 유엔 안보리가 2006년 이후 북한의 핵 보유와 탄도미사일 발사를 금지하는 법적 구속력이 있는 결의를 연이어 채택해 왔는데도 북한이 이를 지속적이고 고의로 위반하고 핵무기 공격에 사용할 다양한 미사일을 개발해온 것이 선제공격의 명분을 강화해주기 때문이다.

하지만 북한이 공격을 준비하는 정황이 보이지 않는 상황에서 선제타격에 나설 경우에는 임박성의 요건을 충족하지 못한 예방공격이라는 비난을 받을 수 있다. 그리고 북한의 공격이 임박하더라도 한미 양국이 재래식 정밀 타격 자산만으로 북한의 핵미사일을 충분히 제거할 수 있는데도 핵무기로 선제공격 하면 비례성의 원칙에 위배될 수 있다. 또한, 북한이 재래식 미사일 수십 발을 쐈는데 이에 대한 보복으로 핵무기를 사용하거나 북한의 모든 군사 목표물로 공격을 확대할 경우에도 비례성의 원칙에는 어긋날 수 있다.

대통령이 선제공격을 결심할 때 가장 중요한 고려 요소는 국민의 생명과 안전이지만 선제공격의 법리와 요건을 이해하는 것이 국제적으로 정당성을 인정받는데 도움이 된다.

미사일 방어망의 효용과 한계

미사일 방어망은 선제타격에서 놓친 북한 미사일을 막아낼 최후의 방패이다. 북한 동향을 실시간으로 탐지할 ISR 자산과 선제타격 능력을 아무리 확충해도 북한 미사일을 발사 직전 단계에서 모두 무력화(無力化)하는 것은 불가능하다. 미사일 발사대의 80%만 파괴해도 대성공으로 볼 수 있다.

북한이 한꺼번에 쏠 수 있는 미사일은 미사일 발사대 수량을 넘을 수 없다. 가령 북한이 미사일 천 발과 이동식 발사대(TEL) 200개를 보유하고 있다고 가정한다면, 북한은 발사대 160개를 잃고 나면 한 번에 40발 이상을 쏠 수 없다. 이동식 발사대를 장착한 대형 차량이 숨을 장소는 미사일 기지의 지하갱도, 발사장(BMOA), 기지와 발사장을 연결하는 도로, 그리고 화물열차밖에 없기 때문에 이들 표적을 실시간으로 모두 감시만 할 수 있다면, 발사대의 80% 정도를 선제적으로 제거하는 것이 기술적으로 불가능한 목표는 아니다. 이 경우 선제공격에서 살아남은 발사대에서 날아올 40발의 미사일을 막을 수단은 미사일 방어망밖에 없다.

미사일 방어망이 효용이 있는지를 따지는 것은 본질에서 벗어난 우매한 짓이다. 세상에 100% 완벽한 방어 시스템은 존재하지 않는다. 창과 방패는 서로 대치하면서 진화한다. 방패가 완벽하지 못하더라도 창을 막아내는 데 도움이 되면 갖고 있어야 한다. 미사일 방어망도 어떤 시스템을 몇 겹으로 구성하고 얼마나 조밀하게 배치하느냐에 따라 요격 확률이 달라질 뿐이다.

북한 미사일을 천궁-2와 PAC-3 등 하층 방어망만으로 요격하는 것보다는 중고도 L-SAM(장거리 지대공미사일)과 고고도 방어 체계인 사드(THAAD)를 결합해 고도에 따라 순차적으로 요격하면 격추 확률은 더 높아진다. 그리고 같은 종류의 요격 시스템도 조밀하게 배치할수록 더 많은 수량의 북한 미사일을 효과적으로 막아낼 수 있다. 또한 한미 미사일방어 지휘통제 체제를 통합해서 운용하는 것이 별도로 운영하는 것보다 효율적이다.

사드는 고도 40~150km에서 북한 미사일을 요격하는데 최적화된 시스템인데, 북한은 이를 피하고자 고도 40km 이하로 기동비행이 가능한 신형 미사일(MaRV) 개발에 성공했다. 그렇다고 고고도 방어를 포기할 수는 없다. 북한이 탄도미사일을 정상 각도로 발사하거나 고각으로 발사하여 초고속으로 수직 낙하할 수도 있으므로 모든 고도에서 요격할 다양한 시스템의 최적 조합이 필요하다. 북한의 미사일 기술이 고도화하는 만큼 미사일방어 기술도 진화할 것이다. 고출력 레이저 건(high energy laser gun)으로 북한 미사일을 격추하는 시스템도 실용화될 날이 머지않았다.

미사일 방어가 아무리 시급하고 중요하더라도 제한된 예산을 방어 역량에만 투입할 수는 없다. 방어에 투자하는 만큼 공격 자산에 투자할 재원이 줄어들기 때문에 동일한 예산으로 국민의 안위를 지킬 실효성과 가성비를 기준으로 '창'과 '방패'에 재원을 적정하게 배분해야 한다.

북한의 미사일 공격이 임박했는데도 정보 실패, 통수권자의 우유부단 또는 지휘관과 운용 요원의 자질 부족 등으로 선제타격의 기회를 놓쳐 북한이 모든 미사일 발사대에서 수백 발의 미사일을 일제히 발사하도록 방치한다면, 미사일 방어망을 여러 겹으로 촘촘히 구축해 놓아도 요격에서 놓칠 미사일이 많다. 그러나 북한이 운용할 수 있는 이동식발사대가 선제공격으로 80%가 파괴되고 20%만 남게 된다면 미사일 방어망으로 피해를 최소화하기 쉽다.

요격 미사일 한 발로 북한 미사일 한 발을 격추할 확률이 70%라면, 두발로 차례로 요격할 경우 격추 확률은 91%까지 올라간다. 고고도에서 저고도까지 3단계에 걸쳐 순차적으로 요격할 경우 97%까지 격추할 수 있다는 단순 계산이 나온다. 북한이 40발을 발사하는 데 성공하더라도 39발을 격추할 수 있다면 연간 2~3조 원 정도는 미사일 방어망 확충에 투자할 만한 가치가 있다.

사드와 레이더를 추가 배치할 것인지 여부도 중국이 좋아하느냐 싫어하느냐가 아니라 우리 국민의 생명과 안전을 지키는데 기여하는 정도와 부가가치를 기준으로 결정할 일이다.

미사일 방어망의 전략적 이점은 통수권자와 군 지휘부에 선제공격에 대한 심리적 부담을 덜어주는 효과에 있다. 미사일 방어망이 효과적일수록 선제공격의 필요성은 감소한다. 가령 북한이 미사일 100발을 한 번에 쏠 경우 우리가 97%를 격추할 수 있는 미사일 방어망을 갖추고 있다면 선제공격의 필요성은 91%를 격추할 수 있을 때보다 줄어든다. 만약 북한 미사일 200발 이상을 동시에 99% 막아낼 수 있는 미사일 방어망이 있다면 선제공격은 필요 없을 수도 있다.

미국의 사드 배치에 불만을 표하는 중국의 안보 전문가들과 토론하는 자리에서, 사드가 없으면 소량의 핵미사일을 발사하려는 북한의 동향이 탐지될 때 한미 양국은 선제공격을 감행할 수밖에 없는 데, 미국이 사드를 배치함으로써 대북 선제공격의 문턱을 높이는 것과 사드 배치를 포기해 선제공격의 문턱을 낮추는 것 가운데 중국은 어느 쪽을 더 선호하는지를 질문한 적이 있다. 중국의 전문가들은 미처 생각을 못해봤다고 얼버무리고 넘어갔는데, 이는 사드 배치를 반대하기 위해 대북 선제공격을 정당화할 수도 없는 중국의 딜레마를 보여준다.

미사일 공격과 방어 체계를 통합해야

현재 공격용 미사일은 육·해·공군이 각기 보유하고 있고 미사일 방어망은 공군이 운용하고 있다. 북한의 핵·미사일 위협에 기민하고 효과적으로 대응하려면 각 군에 분산되어 있는 미사일 공격과 방어 체계를 통합해 지휘 체계를 일원화 해야 한다. 이는 권명국 전 공군 방공포병사령관의 지론이기도 하다.

5. 북한의 변고에 대비한 군사적 역량도 확충해야

대북 억지가 실패하고 북한이 핵미사일을 사용하는 최악의 상황이 발생한다면, 이는 북한 체제가 자생력을 상실하고 사생결단의 마지막 도박으로 연명을 시도해보겠다는 의미가 된다. 이러한 도박은 김 정은 정권의 종말로 이어질 가능성이 높다.

북한의 앙시엥 레짐(구체제)이 무너지는 과정에서 핵무기와 핵물질을 색출하고 대량 학살과 인도적 재앙을 막기 위해서는 대규모 특수부대의 긴급 투입과 안정화 작전이 불가피하다. 따라서 향후 국군의 전력 구조도 북한의 핵미사일 사용을 거부하는 역량 확보에 최우선 순위를 두되, 대규모의 병력과 물자를 전광석화처럼 신속하고 효율적으로 북한 내 거점 지역에 투입할 역량을 확보하는 방향으로 개편해야 한다.

안정화 작전에 투입하는 병력과 자산이 많고 기동성이 높을수록 안정화 기간은 단축되고 인명 피해와 인도적 비용도 줄일 수 있다. 따라서 최대한의 인력과 물자를 최단 시일 내에 공수할 수 있고 지상 작전을 근접 지원하는 임무도 수행할 수 있는 대형 수송기와 이를 개조한 AC-130형 건십(gunship) 항공기가 많을수록 좋다. 또한, 대규모 상륙 작전과 함께 북한의 주요 항구에 인도적 구호물자를 운송하는데 필요한 상륙·수송함도 대폭 늘려야 한다.

안정화를 위한 지상 작전에는 무겁고 굼뜬 탱크나 장갑차보다 북한의 열악한 도로에서 신속하게 이동하면서 급조 폭발물이나 지뢰, 소총 공격 등으로부터 병력을 보호할 수 있는 경전차나 가볍고 민첩한 지뢰방호장갑차량(mine resistant ambush protected vehicle, MRAP) 수만 대가 더 유용할 수 있다. 이들 경전투차량은 공격헬기나 무인 공격기로 엄호할 수 있다.

6. 국방 포퓰리즘과 자군 이기주의를 경계해야

　현재와 미래의 도전과 위협에 효과적으로 대처할 군사적 역량을 구축하고 전력의 구조를 재편하는데 있어 대통령이 경계해야 할 병폐는 국방 포퓰리즘과 각 군의 자군 이기주의이다. 이는 획득 우선순위의 왜곡과 국방 예산 낭비의 주범이다.

　북한의 핵·미사일 위협과 내부적 변고 외에도 군이 중장기적으로 대비해야 할 도전은 한둘이 아니다. 북한의 핵·미사일 사용을 거부할 3축 체제를 내실화하고 급변 사태에 대비한 특수전과 안정화 역량을 구축하기에도 벅찬 상황에서 주변 강국의 위협에도 대비하고 우리 경제의 명줄인 해상수송로도 지켜야 한다. 전력 증강 예산을 아무리 늘려도 각 군이 제기하는 소요를 감당해 낼 수가 없다. 그러나 국방 예산을 무한정으로 늘릴 수 없는 상황에서 각 군은 더 많은 몫을 차지하기 위해 나라를 지키는 것보다 더 치열하게 싸운다. 결국은 국방에 기여하는 부가가치나 가성비를 따지는 대신 3군이 적정 비율로 획득 예산을 나눈 뒤 할당된 재원의 범위 내에서 획득 우선순위와 품목을 결정하는 데, 이때 각 군의 판단을 존중하는 관행이 정착되어 왔다. 물론 방위사업추진위원회와 전력소요검증위원회의 심의와 의결 절차를 거치게 되어 있지만 이는 요식행위에 불과한 경우가 많다.

각 군이 객관적 기준과 상식적인 우선순위로는 획득이 어려운 숙원사업을 추진할 때는 언론과 정치권을 상대로 맹렬한 물밑 로비를 벌이기도 한다. 그런데 국방에 전문지식이 없는 언론이나 정치인들에게는 대한민국을 세계적 군사대국으로 만들 수 있다는 과대망상이 신통한 마케팅 효과를 발휘하는 경향이 있다. 대통령을 오도하는 데 성공하는 경우도 있다. 언론과 정치권의 비전문성과 국수주의 정서를 악용한 국방 포퓰리즘이 국가 안보에 위험한 이유이다.

그 대표적인 사례로 해군의 경항공모함 사업을 들 수 있다. 삼면이 바다로 둘러싸여 있고 국가의 발전과 번영을 무역에 의존하는 해양국가로서 대한민국은 해군력의 확장과 강력한 기동함대가 반드시 필요하다. 이것은 언젠가 이루어야 할 꿈이라는 데는 이론이 없다. 호르무즈해협이 봉쇄될 때 우리 유조선과 LNG 수송선을 호송하고 이란과의 무력 충돌에도 대비하는데 있어 경항공모함과 이를 엄호할 기동함대는 분명히 도움이 된다.

그러나 경항공모함 사업이 북한의 핵 사용을 거부하고 급변 사태에 대비할 전력 확충에 더 긴요하게 사용할 수 있는 수십조 원의 재원을 투자해야 할 만큼 시급하고 가성비가 있는지는 엄밀하게 따져볼 일이다. 더 현실적인 대안도 찾아볼 필요가 있다. 경항공모함 전단이 대양해군의 부푼 꿈을 이루는 데는 상징성이 있겠지만, 한반도와 동아시아 지역에서 주변국과의 무력 충돌을 대비하는 데 얼마나 유용한지에 대한 깊은 연구와 고민의 흔적은 보이지 않는다. 중국이 남중국해와 서해에서 우리 선박의 항해 자유와 해양 주권을 침해하는 것을 막고, 러시아의 독도 영공 재침범을 막는 데 경항공모함 전단이 얼마나 유용할까? 중국과 러시아의 군사적 도전을 거부하는 데 있어 잠수함 전력이나 공중급유기의 지원을 받는 공군 전력으로는 불가능한 역할이 있다 하더라도 여기에 20조 원 이상을 투자할 만한 가치가 있을까?

남중국해 해상수송로를 지키는 데는 중국의 남중국해 도서 불법 점령의 피해 당사국인 필리핀이나 베트남과의 군사 협력을 통해 유사시 해군기지나 공군기지 사용권을 확보하는 것도 값싼 대안이 될 수 있다. 호르무즈해협이 봉쇄될 경우에도 고가의 항모 전단을 이란의 미사일이나 어뢰 공격에 취약한 해역에 배치하는 것보다는 아랍에미리트(UAE)와의 군사 협력 관계를 확대해 유사시 전투기 1~2개 편대와 해군함정을 주둔할 권리를 확보하면 경항공모함 전단 건조와 운용 비용의 10%도 안 되는 예산으로 우리 유조선과 LNG 운반선을 더 효과적으로 보호할 수 있을 것이다.

북한의 위협에 대응하는 데도 경항공모함에 적재할 F-35B 20대 가격으로 공군용 F-35A 28대를 도입하는 것이 훨씬 유리하다. F-35A 28대 도입 예산으로 미사일과 야포의 플랫폼으로 사용 가능한 AC-130 건십이나 C-130 수송기 15대를 도입하면 더 쓸모가 있을 수 있다. 경항공모함 전단을 건설하는 예산으로 첨단미사일 4천 발 이상을 늘릴 수 있고 이것만으로도 북한의 모든 미사일 기지, 장사정포 진지, 방공망, 비행장, 철도 등을 마비시킬 수 있다.

해군이 북한의 핵·미사일 사용을 거부하는데 기여할 수 있는 방법은 잠수함 전력 증강 외에도 육상 미사일 기지보다 가성비가 좋은 미사일 플랫폼을 보유하는 것이다. 미사일 200발씩을 싣고 다닐 수 있는 반잠수식 화력함(arsenal ship)을 다수 건조하는 것이 북한의 공격에서 안전하게 보호하기 용이할 뿐만 아니라 경쟁력도 있다.

20조 원 이상을 들여 항공모함 전단을 건설하면 우리도 드디어 항공모함을 갖게 된 것이 자랑스럽고 가슴 뿌듯한 국민들이 많겠지만 5천만 국민의 생명과 안전을 지키는데 기여할 부가가치를 기준으로 가성비를 따져본다면 예산 낭비의 대표적 사례로 지목될 가능성이 높다. 이러한 과시용 사업에 재원을 허비하는 만큼 더 엄중하고 급박한 안보 위협을 막아내는데 투자할 재원이 줄어드는 것이 문제다.

공군도 스텔스 성능을 갖춘 최첨단 전투기에 과도하게 집착하는 경향이 있다. 조종사의 안전을 가장 먼저 걱정해야 하는 공군의 입장을 이해 못하는 것은 아니다. 그러나 북한의 방공망과 비행장은 미사일로도 한 시간 내에 파괴할 수 있고, 북한의 방공망과 비행장이 파괴되고 나면 북한의 군사 목표물을 파괴하는 데는 스텔스 전투기보다는 오히려 폭장량이 많은 항공기가 더 효과적이다. F-35보다는 F-15K가 폭장량이 두 배나 되고 더 빨리 날아간다. F-15K에는 F-35에 적재할 수 없는 5천 파운드급 GBU-28을 장착할 수 있다. F-15K가 한번 출격으로 파괴할 수 있는 북한의 미사일 기지를, 2천 파운드급 GBU-27로 무장한 F-35는 여러 번 출격해도 쉽지 않다.

공군은 중부권 상공에서 타우러스(Taurus) 공대지순항미사일로 북한 표적을 타격할 수 있다고 자랑하지만 북한 영공에 진입하지 않고 안전한 거리에서 전투기보다 훨씬 속도가 느린 순항미사일을 발사할 것이라면 굳이 작고 비싼 전투기에 적재할 것이 아니라 그보다 몇 배나 많은 무장이 가능한 건십이나 대형 수송기가 더 유용하지 않을까? 이라크와 아프가니스탄 전쟁에서 안정화 작전에 가장 큰 공을 세운 미국의 군용항공기도 AC-130 건십이었다.

이런 말을 들으면 공군 출신들은 대한민국이 상대할 적이 북한만 있는 게 아니라고 강변할 것이다. 스텔스 전투기가 중국과 러시아를 상대하는 데 도움이 되는 것은 부인할 수 없다. 주변 강대국의 군용기가 우리 영공을 의도적으로 침범하면 가차 없이 격추하는 건 당연하다. 주변국이 우리 영공을 의도적으로 침범한 사례는 2019년 7월 23일 러시아가 동해에서 중국과 연합훈련하는 과정에서 독도 영공을 수차례 침범한 것이 유일하다. 당시 러시아 군용기를 격추하지 않은 것은 큰 잘못이었다. 우리 영공을 수차례나 침범한 러시아 군용기도 격추할 줄 모르는 나라가 스텔스 전투기를 많이 보유하고 있으면 달라질 수 있을까?

남북 통일이 이루어질 때까지 공군은 우리 영공을 제대로 수호하고 유사시 공군에 할당된 북한 표적을 가장 효과적으로 파괴하는 역량에 집중해야 한다. 중국이나 러시아 영공에 은밀히 침투하여 공격하거나 대규모 공중전을 벌여야 할 상황이 벌어지면, 한미동맹 차원에서 공동 대처해야지 한국 공군 단독으로 주변국 영공에 진입하는 것은 자제해야 한다.

　육군도 과잉 중복 투자에 예산을 낭비해왔다는 지적을 면할 수 없다. 북한의 전차 공격에 대비하기 위한 전력이 대표적이다. 북한 전차가 내려올 수 있는 길목마다 대전차미사일이 겹겹이 배치되어 있고, 탱크 파괴용 헬파이어미사일로 무장한 아파치 공격헬기 전력도 기존의 36대에서 72대로 증강하는 것을 추진 중에 있다. 물론 아파치 공격헬기는 전차 공격 외에 북한 안정화 작전에도 긴요한 자산이므로 그만한 투자 가치가 있다. 여기에다 국군의 주력 탱크들은 북한 탱크를 한 방에 날려 보낼 수 있는 강력한 주포로 무장하고 있지만 전면전이 일어나더라도 K-2 탱크가 전장에서 북한 탱크를 만날 가능성은 거의 없다. 여기에 공군은 북한 전차와 차량을 한 발에 40대까지 파괴할 수 있는 바람수정확산탄(WCMD) 수백 발을 보유하고 있고, 주한미군도 탱크 공격용 A-10 전폭기 24대와 최신형 아파치 공격헬기 24대를 운용하고 있다.

　북한의 위협 가운데 식별하고 제거하기 가장 쉬운 것이 기갑 전력인데도 한국전쟁에서 북한군 T-34 탱크에 속수무책으로 당한 트라우마가 아직도 육군의 전력 증강 정책을 지배하고 있는 것 같다.

　한미연합군은 북한의 모든 기갑 전력을 수십 번 전멸하고도 남을 전력을 보유하고 있다. 이에 비하면 북한 안정화 작전에 투입할 MRAP형 전투차량 확보에는 투자를 소홀히 해왔다. 새로운 위협과 군사적 수요에 맞추어 국방 획득 우선순위도 조정해야 예산 낭비를 최소화할 수 있다.

대통령은 국방부가 비싼 신규 획득 사업을 건의할 때 동일한 예산에서 더 효과적으로 북한의 핵미사일을 막아낼 대안과 북한 안정화 작전의 효율성을 높일 방안이 없는지를 꼭 확인해야 한다.

7. 민방위 방호 체제를 시급히 보강해야

완벽한 미사일 방어망을 구축하더라도 북한의 핵미사일을 모두 요격한다는 보장이 없으므로 요격이 실패할 상황에 대비하여 현행 민방위 방호 체제를 근본적으로 보강할 필요가 있다.

대도시의 건물과 아파트의 지하 주차장, 지하철역, 지하 쇼핑몰 등은 유사시 대부분의 민간인이 대피할 수 있는 충분한 공간을 갖고 있다. 따라서 이러한 장소를 대피소로 지정하고 민방위 훈련을 통해 국민이 대피 동선을 숙지하게 해야 한다. 대피소에는 식수, 구급약품, 비상식품 등을 보관할 시설도 만들어야 한다. 학교, 유치원, 공원과 대로변에도 2~3분 이내에 뛰어 들어갈 수 있는 지상 대피소를 건설하면 피해를 대폭 줄일 수 있다.

이스라엘의 경우 2001년 이후 하마스나 헤즈볼라 등 무장단체로부터 수만 발의 로켓포 공격을 받았지만, 사망자가 포탄 500발 당 1명 정도에 불과한 이유는 '아이언 돔'이라는 요격 시스템 덕분만은 아니다. 대피소도 큰 역할을 했다. 이스라엘은 로켓포탄 사정거리 안에 있는 모든 학교와 유치원 등에 포탄이 떨어지기 전에 뛰어들어 갈 수 있는 강화콘크리트 지상 대피소가 있고, 주택이나 아파트에도 대피소가 설치되어 있다. 심지어 아파트 거실에 설치할 간이 대피 장비도 시장에서 쉽게 살 수 있다.

우리나라는 안전불감증 부분에서는 문명국 가운데서 가히 챔피언 급이다. 국민의 안전을 위한 교육 훈련과 정부의 투자도 국민의 안전 의식 수준에 머물러 있다.

2016년 경주 지역에서 진도 5.8 규모의 지진으로 20여 명의 부상자가 발생하고 건물에 균열이 생기면서 한때 지진 공포증이 확산하자 곳곳에 지진 대피소가 생겼다. 하지만 한국전쟁 중 남한에서만 24만 명 이상의 민간인이 사망했고 지금도 북한의 핵미사일과 포탄이 국민의 안전에 가장 엄중하고 현실적인 위협이 되고 있는데도 유사시 민간인 피해를 줄일 대책을 세우는 데는 유난히 소홀하다. 수백 년에 한 번 인명 피해가 나올지도 모를 지진에는 요란하게 대비하면서도 북한의 위협에 국민의 생명과 안전이 방치된 것을 문제 삼는 국민이나 정치인이 보이지 않는 것은 참으로 신기한 현상이다.

북한의 핵미사일이 서울에 떨어지면 대피시설이 무슨 소용이 있겠느냐고 체념하기 쉽다. 그러나 어디서든 안전하게 숨을 수 있는 대피시설의 유무와 대피 교육 훈련의 빈도는 유사시 피해를 줄이는 데 결정적인 역할을 할 것이다. 아직 북한의 단거리 미사일에 핵탄두를 장착했다는 증거는 없지만 김정은이 전술 핵무기 개발을 공언한만큼, 언젠가는 KN-23급의 전술핵 미사일 개발에 성공할 가능성에도 대비해야 한다.

핵무기에 의한 피해를 최소화하는 데도 대피소의 유용성을 과소평가하면 안 된다. 1945년 8월 미국이 원자폭탄을 투하한 일본의 히로시마와 나가사키는 총 10만 5천명이 사망했는데 사망자의 대부분은 반경 2km 내에 집중되어 있었다. 당시 일본의 주택은 목조였기 때문에 핵폭발 후 화상과 건물 붕괴에 의한 희생자가 대부분이었다. 콘크리트 지하 대피시설로 피할 수 있었다면 사망자는 대폭 줄었을 것이다. 핵무기 투하 원점에 위치한 히로시마 돔은 철근 콘크리트 건물이었는데 골조와 벽은 대부분 그대로 남아있었으며, 나가사키에서는 투하 원점 인근 예배당의 벽돌담은 무너지지 않았다.

핵무기의 위력을 과소평가하려는 것이 아니라 지하시설에 대피하는 것과 지상에서 핵폭발의 열과 후폭풍을 그대로 맞는 것은 전혀 다르다는 사실을 강조하려는 것이다. 히로시마 원폭과 유사한 위력의 북한 핵무기가 날아올 경우 재난 메시지를 보고 신속히 지하시설에 대피한 국민들은 대부분 화상과 방사능에 의한 사망은 피할 수 있을 것이다.

하마스 무장단체의 로켓 공격에 대비해 설치된 이스라엘 유치원과 학교의 지상 대피소.

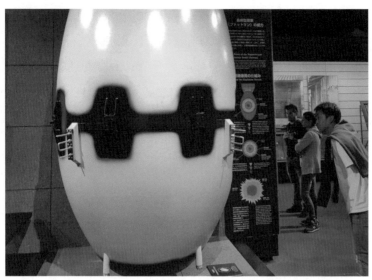

1945년 8월 9일 미국이 일본 나가사키에 투하한 원자폭탄의 모형(나가사키 원폭 자료관).

1945년 8월 6일 미국의 원자폭탄 투하로 히로시마는 폐허가 되었지만
철근 콘크리트 건물이었던 히로시마 돔은 골조와 벽이 그대로 남아 있다.

비핵 미사일의 위협도 과대평가된 측면이 있다. 2차 세계대전 이후 인구 밀집 지역에 떨어진 재래식 미사일의 평균 살상률은 1발당 3명에 불과하다. 가장 높은 살상률을 기록한 사례는 1988년 이란이라크 전쟁 당시 이라크가 스커드미사일로 이란의 수도 테헤란을 공격했을 때였다. 이라크가 발사한 118발의 미사일 가운데 86발이 전통시장 등 인구 밀집 지역에 떨어져 422명이 사망하고 1,579명이 부상을 입었는데, 1발당 평균 사망 4.9명, 부상 18.3명을 기록했다. 2017년 4월 미국이 시리아 공군기지에 토마호크 순항미사일 59발을 발사했을 때는 사망자가 14명에 불과했는데 이는 방호가 잘된 군사시설에 대한 공격이었기 때문이다. 1991년 1차 걸프전 당시 이라크가 이스라엘에 42발의 스커드미사일을 텔아비브와 하이파 등 대도시에 집중적으로 발사했지만 미사일의 직접적인 피해로 사망한 민간인이 3명에 불과했던 것은, 주민들이 공습 경보를 듣자마자 대피소로 피했고 아파트 건설에 강화콘크리트를 사용했기 때문이라고 한다.

북한이 KN-23, 24, 25 등 최신형 고체연료 단거리 미사일을 한국군의 전방 레이더 기지의 250km 밖에서 발사할 경우 12초 후 고도 3km에 도달할 때부터 레이더에 탐지되고 그때부터 탄도가 추적되며 서울까지 도착하는 데는 5분 전후가 소요된다. 레이더에 탐지되자마자 공습 경보를 울리고 재난 문자를 발송하면 미사일이 떨어지기 전에 지하시설로 대피할 시간이 있다. 이스라엘의 경우 하마스 무장단체가 지배하는 가자(Gaza) 지역에서 로켓포를 발사하면 가자 지역 경계선에서 불과 수 킬로미터 떨어진 마을에서도 주민들이 경보를 듣고 바로 지상 대피소로 안전하게 대피한다.

미사일의 파괴력을 결정하는 것은 정밀도, 탄두의 살상 효과, 그리고 표적의 취약성이다. 미사일의 정밀도는 보통 원형공산오차(circular error probability, CEP)로 표기하는데, CEP가 100m라면 표적의 100m 반경 내에 떨어질 확률이 50%라는 의미이다. 탄두 중량이 500kg인 미사일의 살상 반경은 통상 50~100m로 알려져 있다. 콘크리트 표적을 파괴하는 데는 CEP 20m 이하의 미사일로는 한 발이면 가능하고, CEP 100m 미사일은 13발이 소요된다.

세계적인 미사일 권위자인 마이클 엘레만(Michael Elleman) 박사가 2019년 10월 미국 스팀슨센터의 '38North'에 기고한 분석에 의하면, 북한의 KN-23, 24, 25 단거리 미사일의 CEP는 관성항법 장치를 사용할 경우 100~200m이고, 위성항법과 종말유도기술을 활용하면 이를 100m 이내로 줄일 수 있다고 한다. 500kg 탄두를 장착하고 위성항법으로 유도되는 KN-23급 미사일이 콘크리트 건물 하나를 파괴하려면 13발이 한미연합군의 미사일 방어망을 뚫을 수 있어야 한다. 군사적 효용에서는 KN-23 미사일 13발이 우리 군의 현무-2 한 발에 불과하지만, 민간인 살상용 테러 무기로는 가공할만한 위력을 지닌다.

그러나 북한이 모든 비핵 미사일을 군사 목표물 대신 민간인 밀집 지역에 퍼부어도 시민들이 지하 주차장에만 대피하면 인명 피해는 최소화할 수 있다. 북한이 비핵 탄도미사일 1,000발을 발사하고 우리 군이 선제공격과 미사일 방어에 실패한다는 최악의 상황을 가정하더라도 이스라엘 수준의 대피 시스템을 운영하고 교육 훈련이 되어 있다면 인명 피해를 100명 이내로 줄이는 것도 불가능하지 않다.

8. 전작권 전환은 미룰 일이 아니다

제반 상황을 종합적으로 고려할 때 전시작전통제권(전작권) 전환은 계속 미룰 일이 아니다. 전쟁 경험이 풍부한 미군보다 작전 지휘를 잘 할 수 있는 나라는 없고, 미국이 전작권을 계속 행사할 경우 최고의 작전 효과를 거둘 수 있다는 것은 의심의 여지가 없다. 그럼에도 불구하고 70년 이상 미국에 전작권을 맡겨 놓은 데서 초래되는 해악도 무시할 수는 없다.

전작권 문제는 70여 년간 우여곡절을 거쳐 오늘에 이르렀다. 이승만 대통령이 1950년 7월 14일 더글러스 맥아더(Douglas MacArthur) 유엔군 사령관에게 공한(公翰) 형식으로 전작권을 넘겨주었는데, 1978년 10월 한미연합사령부(CFC)가 창설되면서 유엔군 사령관이 다시 연합사령관에게 이양했다. 1994년 12월 노태우 정부에서 한국군이 평시 작전통제권을 환수한 데 이어, 2007년 2월 노무현 정부에서는 2012년 4월 17일까지 전작권을 전환하기로 미국과 합의한 바 있다. 그런데 전작권 전환 준비가 부진함에 따라 이명박 정부에서 전환 시한을

2015년 12월 1일까지 연기하기로 합의했는데, 박근혜 정부에 들어와 시기를 특정하지 않은 채 조건에 기반한 전환으로 변경하게 되었다.

한미 간에 합의된 환수 조건은 ①전작권 전환에 부합하는 한반도 및 역내 안보 환경, ②연합방위 주도가 가능한 한국군의 핵심 군사 능력, ③북한 핵·미사일에 대한 한국군의 초기 필수 대응 능력 등 3개 사항인데 단계적 검증을 거쳐 전환한다는 것이다. 향후 두 단계의 검증을 통해 한국군의 완전한 임무수행능력(FMC)이 확인되면 전작권 전환의 조건이 충족된다.

아직 전환의 조건을 충족하지 못한 주된 원인은 한국군의 군사적 역량과 작전 지휘통제 능력이 미흡한 데 있다. 작전 지휘통제 능력을 갖추는 데는 실전 상황을 가상한 대규모 연합훈련의 주기적인 실시가 필요하지만, 그동안 북한의 반발을 의식한 문재인 정부의 소극적인 자세로 훈련다운 연합훈련을 할 기회가 없었다. 전작권 전환을 앞당기려면 한국군의 군사적 역량을 강화하고 연합훈련을 통해 작전 지휘통제 능력을 검증받아 전작권 전환의 조건을 조속히 충족하는 길밖에 없다.

정치권 일각에서는 전작권 전환을 주권과 국가적 자존심의 문제로 인식하고 미국이 내어놓기 싫어서 온갖 꼼수를 부리고 있다고 의심하는 시각도 있다. 보수 진영에서는 전작권 전환이 주한미군 철수와 동맹 해체로 이어질 것을 우려하는 목소리가 있다. 이는 모두 전작권의 본질과 실체에 대한 오해에서 비롯된 것으로 보인다.

전작권은 전시에 누가 연합작전을 지휘통제하는 것이 임무를 더 효율적으로 수행할 수 있느냐가 본질적인 문제이지, 주권이나 국가 위신의 문제로 볼 일이 아니다. 누가 지휘하든 한미 양국의 통수권자와 국방장관이 합의한 전쟁의 목표와 이를 달성하기 위한 전략 지침에 따라 양국 대통령이 공동으로 위임한 작전 임무를 수행할 뿐이다. 미군 장성이 지휘한다고 대한민국 통수권자가 승인하지 않은 연합작전을 개시하거나 지휘할 권한이 없으며, 한국군 장성이 연합사령관이 되었다고 해서 미국 대통령이 반대하는 연합작전을 지휘할 수 있는 것도 아니다. 전쟁과 평화의 문제는 양국 문민 통수권자가 협의하여 결정하는 주권적 영역에 속하는 사항으로, 한미연합사령관의 권한 범위에서는 벗어나는 일이다.

영국, 프랑스, 독일 등 NATO 회원국들이 미국이 임명한 최고사령관의 지휘를 받는 것은 작전 지휘 능력이 없어서가 아니다. 통합적인 단일 지휘 체제가 작전 수행에 가장 효율적이고, 유사시 가장 강력한 전력을 제공할 미군이 전작권을 행사하는 것이 순리라고 믿기 때문이다. 미군 사령관에게 지휘권을 이양한 것을 주권의 문제로 보는 NATO 회원국은 하나도 없다. 주권은 통수권자들이 전쟁할 것인지 말 것인지를 결정하는 단계에서 얼마든지 행사할 기회가 있고, NATO 사령관은 회원국들의 주권적 결정에 무조건 복종하고 이를 군사적으로 집행하는 의무만 갖고 있으므로 주권 문제가 제기될 소지가 전혀 없다.

보수 진영 일각에서 전작권 전환이 주한미군의 철수와 동맹의 해체로 연결될까 우려하는 것도 기우에 불과하다. 미군의 철수나 동맹 공약의 이행 여부는 미국 대통령과 정치권이 국가 안보 차원에서 결정할 사안으로 군의 권한이 미치지 않는 영역이다. 연합사령관 직을 한국군 장성에게 넘겨준 사실만으로 미 국방부나 합참이 주한미군 철수를 건의할 합당한 명분을 찾을 수는 없다.

전작권 전환 이후에도 통합적 단일 작전 지휘통제 체제를 유지하기로 되어 있으므로, 전작권 전환으로 달라지는 것은 한미연합군 사령관을 한국군 4성 장군이 맡고 미군 장성이 부사령관을 맡는다는 것이다. 사령관과 부사령관이 바뀌는 것 외에 구성군 레벨로 내려가면 지상 작전은 한국군 장성이 사령관을 맡아 미 육군 증원군까지 지휘하고, 해상 작전과 공중 작전은 각각 미군 장성이 한국 해·공군까지 지휘하게 되어 있다. 양측이 각기 제공할 전력의 규모와 할당된 임무의 비중을 고려한 합리적인 지휘권 분담이라 할 수 있다.

미국이 한국군의 임무 수행과 작전 지휘 역량을 검증한 후에 전작권을 전환하겠다는 입장을 두고 전작권을 내어놓지 않으려는 꼼수로 치부할 일은 아니다. 전작권을 전환하게 되면 해·공군 작전은 미군 사령관이 지휘하더라도 한국군 장성 출신 연합사령관의 종합적 통제 아래에 있게 된다. 미국으로서는 전시에 동원할 60만 이상의 자국 군대와 해·공군 사령관을 능력도 검증되지 않은 연합사령관의 지휘 하에 두는데 일말의 불안을 느낄 수 있다. 더구나 미군에는 실전 경험이 없는 장성을 찾아보기 힘든 반면에 한국군에는 실전을 지휘해본 경험이 있는 장성이 한 명도 없다면 전작권 전환 조건 충족을 선결 조건으로 요구하는 미국을 원망하기도 어렵다.

핵으로 무장한 북한과의 전쟁을 수행하는데 능력이 부족하더라도 따지지 말고 무조건 연합사령관 직을 한국군 장성에게 빨리 넘기라고 강요한다면 미국은 지휘 구조를 이원적 체제로 전환하자고 할 것이다. 이원적 지휘 구조 아래에서는 미군 사령관이 미군만 지휘하고 한국군 사령관은 한국군만 지휘하게 되는데 통합적 단일 지휘 체제에 비해 작전의 효율성이 떨어질 수밖에 없다.

양국의 군사적 역량과 양국 장성들의 작전 지휘 능력만을 토대로 지휘통제 체제를 운영한다면 NATO처럼 경험이 풍부한 미군의 가장 유능한 장성에게 전작권을 맡겨 두는 것이 합리적이다. 경험이 부족한 한국군 장성이 연합사령관을 맡아 작전 지휘가 부실해지면 미국보다 대한민국의 안보가 더 위태로워진다. 그럼에도 불구하고 전작권을 조속히 환수해야 할 다른 이유가 있다.

하나는 대한민국에만 존재하는 정치적 이유이다. 정치권이 국가 안보를 최우선으로 여기는 실용주의적 접근을 한다면 한국군이든 미군이든 자질이 가장 우수한 지휘관을 골라 연합사령관 직을 맡기는 것이 순리이다. 그러나 전작권을 주권과 국가의 자존심 문제로 인식하는 정치 세력이 엄연히 존재하고 이들의 주장에 동조하는 국민들도 적지 않다. 잘못된 인식이라 해도 바로잡기가 불가능하다면 정치적 현실로 받아들이는 수밖에 없다.

고려가 몽골과 전쟁을 한 이후 7백 년 이상 전작권을 제대로 행사해본 적이 없는 나라에서는 전작권이 작전의 효율성 차원을 넘어 군사 주권을 상징하는 정치적 무게를 지닌다. 한국군 장성이 미군 장성들을 거느리고 60만 미군을 지휘한다는 것이 국가 안보에는 별로 도움이 안 되고 속 빈 강정에 불과하더라도 국민의 자긍심을 키우는 효과는 무시할 수 없다. 또한 전작권 전환이 정치 쟁점으로 부각되어 국민을 분열시키고 동맹에 대한 신뢰가 약화하도록 마냥 방치해 둘 수도 없다.

　또 하나의 이유는 전작권이 국방에 대한 우리 군의 주인 의식과 책임 의식에 미칠 영향이다. 미국에 전작권을 기약 없이 맡겨 두는 것이 유사시 미국이 우리를 지켜줄 것이라는 의타심을 조장하고 자주 국방에 대한 의지를 약화할 소지가 있다면 장기적으로는 우리 군의 도덕적 해이를 초래하는 주범이 될 수도 있다. 우리 군이 전쟁할 수 있는 군대가 아니라 행정 군대로 전락하고 있는 것도 전작권과 무관하다고 단정할 수 없다.

　작전 지휘 능력이 다소 미흡한 상태에서 전작권을 일단 받아온 다음에 보완책을 마련하는 것이 한국군이 완전한 능력을 갖출 때까지 전환을 무작정 연기하는 것보다 나은 선택이 될 수 있다. 조수석에 앉아서 수십 년 곁눈질로 운전을 배우는 것보다 직접 운전대를 잡고 교관의 지도를 받아 가며 실제 주행을 해보는 것이 더 빨리 운전 기술을 익힐 수 있는 것과 같은 이치이다.

제3장

대북 정책의 목표와 방향

1. 문재인 정부의 대북 정책은 무엇이 문제인가?

　문재인 정부는 북한과의 대화와 협력을 외교·안보 정책의 최우선 과제로 삼아 남북관계 발전에 심혈을 기울여 왔고 남북 정상회담도 세 번이나 개최했다. 그런데도 문재인 정부의 대북 정책은 총체적 실패로 끝났다. 2022년 3월 북한의 연이은 신형 ICBM 시험 발사는 문 정부 대북 정책 실패의 결정판이다. 무엇이 문제였고 왜 잘못되었는지를 냉철하게 진단하는 것이 해법을 찾는 출발점이다. 문재인 정부의 실책은 크게 네 가지로 요약할 수 있다.

대한민국을 북한의 지방정부로 격하

　첫째, 가장 근본적인 실책은 남북관계를 지방정부 대 중앙정부의 관계로 격하시키려는 북한의 술책에 넘어간 것이다.

　1992년 체결된 남북기본합의서는 전문에서 남북관계를 "나라와 나라 사이의 관계가 아닌 통일을 지향하는 과정에서 잠정적으로 형성되는 특수관계"로 규정했고 그 이후 남북관계에서 이러한 원칙은 철저히 준수되어 왔다. 남북은 공히 'One Korea' 원칙을 내세우며 각기 한반도의 유일한 정통정부로 자처해 왔는데 남북기본합의서를 계기로 상호 실체를 인정하고 평화적으로 공존하기로 한 것이다. 내부적으로는 각기 상대방을 통일의 대상인 지방정부로 취급하지만 상호 간에는 대등한 대화의 상대로 인정한다는 것을 남북관계의 대전제로 합의한 것이다.

이에 따라 남북 간에는 공동성명을 발표하거나 서로 공한을 주고받을 때만 각기 정식 국호를 사용하고 회담이나 행사에서 상대방을 지칭할 때는 항상 '귀측', '남측', '북측'이라는 호칭이 사용되었다. 서로 국가로 인정하지 않는다는 의미에서 국기를 일체 사용하지 않는 것도 철칙으로 준수되어 왔다.

그런데 2018년 9월 18일 문재인 대통령의 평양 방문을 계기로 북한은 이러한 원칙을 깨고 북한만이 한반도 전체를 대표하는 유일한 정통정부임을 과시하면서 대한민국을 북한의 지방정부로 폄훼하는 악의적인 의전을 연출했다.

그 첫 번째 사례가 문재인 대통령 환영 행사에서 북한 주민들을 인공기만 들고 나오게 한 것이다. 남북관계는 국가 관계가 아니라는 대원칙에 따라 그때까지 모든 남북 회담에서 일관되게 지켜져 온 관례를 파기한 것은 북한이 치밀하게 사전기획한 도발로밖에 볼 수 없다. 정부가 이에 항의하지 않았다면 이를 수용하거나 묵인한 것으로 해석될 소지가 있다. 남북 정상회담의 성사를 위해 북한이 남북관계의 근간을 허물고 대한민국을 북한의 지자체로 격하시키는 수모를 감수한 것이다.

또한 문 대통령이 9월 19일 능라도 '5월 1일 경기장'에서 열린 군중대회에서 연설하면서 자신을 '대한민국 대통령'이 아니라 '남쪽 대통령'으로 칭한 것도 북한의 요구를 수용한 것이든 자발적으로 저지른 실수든 결과적으로는 김정은을 민족 전체의 최고지도자로 격상시키고 자신을 '남쪽 지방정부'의 대표로 격하시켰다는 것이 문제의 본질이다. 여기에다 문 대통령이 조선노동당 청사를 방문했을 때 적화통일을 상징하는 당의 로고를 배경으로 기념촬영을 한 것도 우연으로 보기 어렵다.

평양 남북 정상회담 이후 문재인 정부를 '훈시'하고 겁박하는 김여정의 무례하고 오만한 자세도 남북관계에 대한 북한의 인식 변화의 일단을 보여준다. 2018년 6월 싱가포르 미·북 정상회담에서 트럼프가 김정은을 만난 것을 영광으로 생각한다는 말을 하고 그 이후 김정은을 절친이라고 자랑해 온 것이 북한의 대남 인식에 영향을 미쳤을 가능성이 있다. 즉 싱가포르 정상회담을 계기로 북한은 스스로 미국과 동급의 핵보유국 반열에 올라섰다고 판단해 미국의 '속국'인 '남조선'과는 격이 다르다는 자부심을 갖게 되었을 수 있다.

이러한 맥락에서 본다면 남북 정상회담을 통해 북한이 거둔 최대의 성과는 문재인 정부의 대화 열망을 교묘히 악용하여 북한 중심적 '하나의 조선' 원칙을 관철함으로써 남북관계를 '갑을관계'로 제도화한 것이라 할 수 있다.

판문점선언과 남북 군사합의서로 한반도 평화의 토대 약화

둘째, 한반도 평화의 토대를 현저히 약화한 것이다. 한반도 평화를 교란하고 파괴할 수 있는 북한의 능력은 지난 5년간 획기적으로 증강되었고, 한미연합훈련의 축소로 북한의 증대된 위협을 막아낼 대비 태세는 약화했다. 뿐만 아니라 남북 군사합의서로 북한의 군사적 동향을 탐지할 능력도 현저히 축소되었다.

북한의 평화 파괴 능력 증강을 막는 데 성공한 정부도 없고 대한민국 혼자서 할 수 있는 것도 아닌데 문재인 정부의 잘못으로 돌리는 것은 부당하다는 반론도 있을 것이다. 그러나 문재인 정부만큼 평화에 집착한 정부는 없었는데도 북한은 과거 어느 때보다 핵·미사일 능력의 증강과 고도화에 눈부신 도약을 이루었다. 문 정부는 국제사회가 북한의 비핵화를 위해 제재와 압박을 본격화하는 시기에 제재 완화를 집요하게 주장함으로써 국제 공조체제를 교란하고 비핵화 동력에 김을 빼는 데 집중했다.

북한에 한미연합훈련을 반대할 명분을 제공하고 북한의 군사적 동향을 실시간 탐지할 감시·정찰을 제약한 것도 평화의 토대를 약화하는 조치였다. 2018년 4월 27일 판문점에서 열린 남북 정상회담 직후 발표된 '한반도의 평화와 번영, 통일을 위한 판문점선언(판문점선언)'과 그해 9월 평양 남북 정상회담에서 합의된 '판문점선언 이행을 위한 군사분야 합의서(군사합의서)'가 한반도 평화에 새로운 이정표를 세운 획기적인 성과라고 믿는 국민이 많다. 그러나 화려한 미사여구와 엄숙한 약속은 평화를 강화하기보다는 오히려 더욱더 위태롭게 할 소지만 키웠다.

판문점선언 제2항은 군사적 긴장 상태 완화와 전쟁 위험 해소 방안을 다루고 있는데 "지상과 해상, 공중을 비롯한 모든 공간에서 군사적 긴장과 충돌의 근원이 되는 상대방에 대한 일체의 적대 행위를 전면 중지하기로 하였다"라는 문구를 포함하고 있다. 언뜻 보면 흠잡을 데 없는 내용 같지만 적대 행위의 개념을 '군사적 긴장의 근원'이 되는 행위로까지 확대한 것은 인류 역사에서 처음 시도된 일이다. 합의 하나로 '군사적 긴장의 근원'까지 금지할 수 있다면 남북 간에는 앞으로 서로 총부리를 겨눌 일뿐만 아니라 상대방의 심기를 거스를 일조차 없어져야 마땅하다.

하지만 북한이 겨냥한 것은 바로 군사분계선 일대에서의 대북 확성기 방송과 전단 살포, 그리고 한미연합훈련의 중단이다. 북한은 이 두 가지를 군사적 긴장과 충돌의 근원이 되는 대표적 활동으로 간주하기 때문이다. 판문점선언이 한미연합훈련을 반대할 근거를 북한에 제공했다는 점에서 북한의 핵 위협을 막아낼 군사적 대비 태세를 약화시킨 합의를 한 것으로 볼 수 있다.

우리에게 군사적 긴장과 충돌의 근원이 되는 북한의 대표적인 적대 행위는 핵무기 운반 수단인 미사일의 시험 발사다. 북한은 판문점선언에 구애받지 않고 어느 때보다 더 광적으로 각종 미사일 시험 발사에 매달려 있다.

9.19 평양 남북 정상회담을 계기로 양측 국방장관 간에 합의된 '군사합의서'는 남북 간 우발적 군사 충돌을 방지하기 위한 다양한 조치를 포함하고 있는데 그중에서 가장 우려되는 독소 조항은 군사분계선 일대에 비행금지구역을 설정한 것이다. 이에 따라 군사분계선을 기점으로 동부전선에서는 40km, 서부전선에서는 20km 이내에 고정익 항공기의 진입을 금지하고, 심지어 25km 이내에는 풍선조차 띄울 수 없게 한 것이다.

이로 인해 북한이 수도권을 향해 장사정포 기습 공격을 시도하더라도 우리 군의 정찰 자산으로는 탐지할 수 없는 사각지대가 대폭 늘어나게 되었다. 평화를 강화한 것이 아니라 북한의 평화 파괴를 용이하게 만들어준 것이다.

그뿐만 아니라 군사분계선 25km 내에서 북한의 군사 활동을 감시하는 기구(氣球)를 운용하거나 민간단체가 대북 전단 살포를 위한 풍선을 띄워도 북한이 이를 합의 위반이라고 주장할 근거를 마련해주는 어이없는 우를 범했다. 많은 국민들이 판문점선언과 후속 남북 군사합의서의 미사여구에 현혹되어 환호했지만, 자세히 들여다보면 한반도 평화를 증진하기보다는 북한의 평화 파괴를 용이하게 만들어준 이적성이 농후한 합의다.

북한의 도발 자제가 대북 정책의 성과인가?

그래도 북한이 천안함 폭침이나 연평도 포격과 같은 국지 도발을 자제한 것은 대북 정책의 성과가 아니냐고 반문하는 이도 있을 것이다. 이러한 인식에는 두 가지의 오류가 있다.

하나는 우리 정부가 북한에 무조건 굴종하고 북방한계선을 수호하는데 필요한 군사 훈련도 포기하고, 표류해간 우리 국민을 살해해도 북한에 책임을 추궁하지 않으면 북한이 도발할 이유가 없다. 정부가 북한의 잘못된 정책과 행동을 바꾸는 노력을 기울일 때 북한은 이에 저항하는 방법으로 도발을 선택한다. 우리 정부가 대북 정책을 북한의 입맛에 맞추어 바꾸면 북한은 시비하고 무력으로 행패를 부릴 필요가 없어진다. 아무리 악독한 조폭이라도 자신의 심기를 건드리지 않으려고 애쓰고 자기 편이 되어주려고 성심을 다하는 사람은 해치지 않는 것과 같은 이치이다. 그렇다고 북한의 도발을 막기 위해 영원히 북한의 비위만 맞추며 하수인처럼 살아갈 수는 없지 않은가.

또 하나의 오류는 북한이 핵·미사일 실험 등 전략적 도발에 집중할 때는 굳이 국지 도발까지 감행할 여력과 국내정치적 수요가 줄어든다는 사실을 간과한 것이다. 북한이 대량 살상 능력을 증강하고 고도화하는 데 집착하느라 국지 도발을 자제했다고 해서 이를 대북 정책의 성과로 호도하거나 견강부회할 일은 아니다.

거창한 평화 이벤트는 국민을 평화의 환상에 도취하게 만들어 북한의 핵 위협에 대한 경각심을 마비시키는 데는 탁월한 효과가 있지만, 북한의 평화 파괴 능력을 줄이는 데는 아무 소용이 없다. 많은 국민이 '평화쇼'에 들떠 있는 동안 북한은 안심하고 핵 능력을 증강해왔고 급기야 김정은은 2021년 1월 조선노동당 제8차 대회에서 첨단 전술 핵무기를 개발하겠다고 공언하기에 이르렀으며, 실제로 2022년에 들어와 3월까지 극초음속미사일에서 신형 ICBM에 이르기까지 11차례에 걸쳐 다양한 종류의 미사일 시험 발사를 진행해 왔다.

이렇듯 평화는 엄숙한 약속이나 주술로 이루어지는 것이 아니다. 당사국들이 모여서 "전쟁은 끝났다", "평화가 왔다"라고 선언하더라도 평화 파괴를 막고 평화를 강제할 실효적 담보가 없으면 달라지는 것은 없다. 영국 네빌 체임벌린(Neville Chamberlain) 총리는 1938년 9월 30일 나치 독일의 마지막 영토 요구를 수용한 뮌헨협정을 체결한 뒤 스스로를 전쟁의 위협에서 유럽을 구한 평화의 사도로 자처하면서 귀국 일성으로 "우리 시대를 위한 평화(peace for our time)를 가져왔다"라고 선언했다. 하지만 이로부터 독일의 폴란드 침공으로 제2차 세계대전이 발발하는 데는 채 일 년도 걸리지 않았다.

대한민국의 존재 이유와 근본적 가치 훼손

세 번째 실책은 남북 대화 재개의 가능성을 살리기 위해 대한민국의 존재 이유와 근본적 가치를 훼손한 것이다.

2020년 6월 4일 북한이 김여정의 담화를 통해 탈북단체들의 대북 전단 살포를 맹비난하고 우리 정부에 이를 막기 위한 근본적 대책을 세우라고 협박하자 통일부는 즉각 '전단 살포 금지 법안'을 준비 중이라고 밝혔고, 청와대는 "대북 전단은 백해무익한 행위"라고 했다. 여기에 국방부까지 가세해 전단 살포가 중단되어야 하는 이유를 설명했다. 북한의 요구에 순응하여 정부와 여당은 '대북전단살포금지법(개정 남북관계발전법)'까지 만들어 2020년 12월 14일 국회에서 통과시켰다.

이는 북한의 협박에 굴복하여 대한민국의 존재 이유와 기본 가치를 훼손한 수치스러운 처사이다. 북한 주민을 배신하고 김정은 폭압 체제의 편에 서서 세계 최악 학정(虐政)의 공범자가 되기를 선택한 것이다.

전단 살포는 외부 세계에 대한 정보를 북한 주민들에게 전달할 수 있는 다양한 수단 가운데 하나다. 북한 사회에 긍정적 변화의 기운을 불어넣을 수단이기도 하다. 따라서 전단 살포는 실효성 여부를 떠나 헌법이 보장한 표현의 자유라는 자유민주적 가치와 북한 주민들의 알 권리의 문제로, 대화 재개의 가능성을 살리기 위해 타협하거나 양보할 수 있는 사안이 아니다.

대북 정보 유입을 포기할 수 없는 이유

북한이 폭압 체제를 유지하는데 외부 정보보다 더 무서운 적은 없다. 외부 세계에 대한 북한 주민의 정보와 지식이 늘어날수록 아래로부터 변화의 압력이 커지고 북한 신정 체제의 통치 기반은 약화한다. 북한의 핵·미사일이 우리에게 실존적 위협이 되듯이 북한 체제에는 외부 정보가 코로나19보다 더 두려운 바이러스다. 북한이 2020년 12월 '반동사상문화배격법'을 제정하고 외부 정보에 대한 접근을 탄압하는데 정권의 운명을 거는 이유도 여기에 있다.

북한 주민들이 지금 겪고 있는 모든 고통과 불행의 원천이 수령 독재 체제와 이를 지탱하기 위한 핵·미사일 개발이라는 진실을 알게 하는 것은 북한에 변화의 기운을 불어넣는데 도움이 된다. 북한 체제의 변화가 북한 주민들이 압제에서 벗어날 수 있는 유일한 희망이다. 이러한 희망을 박탈하고 말살하는 것은 김정은 폭압 체제에서 신음하는 동족에 대한 씻을 수 없는 죄악이고 저주이다.

우리가 소중하게 여겨온 기본 가치를 희생해 가면서 김정은 정권에 호의를 베풀면 북한이 그 '은혜'에 보답하기 위해서라도 선뜻 대화에 나올 것 같지만 그렇지는 않다. 대화하지 않고도 북한이 대남 정책의 목표를 달성할 수 있다면 굳이 대화에 매달릴 이유가 없다. 대화는 목표를 달성하기 위한 수단인데 협박이 대화보다 목표 달성에 더 효과적인 수단이 되면 북한은 당연히 협박을 더 애용하게 된다. 대화가 이루어지더라도 더 많은 것을 얻어낼 수 있다는 기대가 무리한 요구를 하게 만들어 오히려 남북관계의 진전을 어렵게 한다.

북한이 이명박 정부에 대화를 구걸한 배경

이명박 정부가 대북 지원을 비핵화 진도와 연계하는 정책을 추진하자 북한은 이명박 정부와는 상종하지 않겠다고 공언하면서 온갖 악담과 비난을 퍼부었다. 그러나 천안함 폭침에 대한 보복으로 이명박 정부가 군사분계선 지역에서의 대북 확성기 방송과 전단 살포를 금지한 2004년 6.4합의를 파기하자, 북한은 오히려 막후에서 대화를 집요하게 구걸했고 실제로 비공개 회담이 여러 차례 열리기도 했다. 군사적 협박으로는 목적을 달성할 수 없게 되자 대북 전단 살포를 막을 유일한 방법은 대화뿐이라고 판단했기 때문이다. 북한이 천안함 폭침에 대한 책임 인정을 거부했기 때문에 회담은 진전되지 못했지만, 남북 대화에서 북한이 그때처럼 저자세로 나왔던 적은 없었던 것 같다.

우리 측이 전단 살포는 개인의 표현의 자유에 해당하는 일이라 정부가 규제할 법적 근거가 없다고 버티자, 북한은 군이 관할하는 민통선 내에서의 전단 살포라도 막아 달라고 읍소하기도 했다. 북한이 전단 살포 중단의 숙원을 달성한 것은 2018년 4월 27일 '판문점선언'과 2020년 12월 '대북전단살포금지법' 덕분이다.

표현의 자유와 국민의 안전이 충돌할 때

대북 전단 살포가 접경 지역 주민의 안전을 위협할 수도 있는데 주민의 안전을 위해서 이를 규제해야 하지 않냐는 반론도 있다.

표현의 자유와 북한 주민의 알 권리도 국민의 안전을 지키기 위해 불가피한 경우에는 제한할 수 있다. 전단 살포 행위에 북한이 무력으로 대응할 가능성은 희박하지만, 원점을 타격하겠다는 북한의 엄포를 무조건 무시할 수도 없으므로 우리 군도 군사적 대비 태세를 갖춰야 한다. 그러나 북한이 물리적 대응을 위협하는 대상은 공개적으로 벌이는 과시적 전단 살포 '이벤트'에 국한된 것이다.

북한이 인지할 수 없는 방법으로 전단을 보낼 방법이 있는데도 굳이 공개 이벤트를 벌이는 것은 불필요하게 북한을 자극하고 접경 지역 주민을 불안하게 만들기 때문에 이는 '집회및시위에관한법률(집시법)' 등으로 얼마든지 단속이 가능하다. 대북 전단 살포 자체를 포괄적으로 금지하는 법을 만들어 비공개로 전단을 보내는 활동까지 가로막는 것은 '빈대 잡기 위해 초가삼간 태우는' 과잉 입법이다. 이명박 정부에서도 '집시법'을 근거로 경찰을 동원해 공개적인 대북 전단 날리기 이벤트를 단속한 적이 있다.

북한 인권 문제에 대한 침묵과 방조

끝으로, 북한 인권 문제에 대한 문재인 정부의 침묵과 방조는 국제적으로도 지탄의 대상이 되어온 실책이다.

북한의 인권 침해에 대해 적극적으로 문제를 제기하고 국제사회가 관심을 갖고 추궁할 수 있도록 외교적 노력을 기울여도 모자랄 판에 서방의 자유민주주의국가들이 주도한 유엔 북한인권결의안에 연속 기권한 것은 동족의 고통을 외면하고 대한민국이 중시해온 인류의 보편적 가치를 부정하는 행위이다.

2016년 제정된 북한인권법에 따른 북한인권재단의 출범과 북한인권대사의 임명을 미루어온 것도 법을 시행할 의지가 실종되었음을 보여준다. 인권변호사 출신 대통령이 북한 주민이 겪고 있는 인권 탄압에 대해 이렇게 무심하고 야박할 수 있다는 것은 참으로 기이한 일이다.

더구나 미얀마 군부에 의한 인권 침해에 대해서는 즉각 강경한 입장을 표명한 정부가 북한에서 일어나는 더 악랄하고 조직적인 인권 탄압에 대해서는 눈을 감고 침묵하는 것은 북한 인권에 대한 '예외주의'를 여실히 보여주는 것이라 하겠다.

탈북자에 대한 부정적 인식과 냉대

탈북자에 대한 문재인 정부의 인식도 부정적이며 탈북자의 유입 자체를 거북하게 여기는 태도도 역력하다.

2019년 11월 2일 NLL을 넘어 귀순 의사를 표명한 북한 선원 2명을 흉악범이라는 이유로 귀순의 진정성을 부정하고 본인의 의사에 반하여 강제 북송한 사건은 남북관계의 원칙과 국내법에 반하는 조치라는 점에서 비난을 면할 수 없다.

헌법상 북한은 대한민국의 일부로 북한 주민이 우리 국민으로서 권리를 누리는 것은 탈북해 귀순 의사를 표시하는 순간부터 가능하다. 해외에 체류하는 북한 주민도 재외공관에 귀순 의사를 밝히고 대한민국의 관할 아래로 들어오는 순간 국민으로서 보호를 받지만 비자발적으로 우리 관할 구역으로 표류해 온 북한 주민은 자유 의사에 따라 북한으로 송환되어 왔다.

대한민국이 북한 흉악범의 도피처가 되는 것을 좋아할 국민은 없다. 그러나 흉악 범죄를 저지른 탈북자도 대한민국 국민의 자격을 얻고 난 뒤 국내에서 사법 절차를 거쳐 처벌할 일이지 북한의 송환 요구에 응한 것은 법적으로도 문제가 있다. 귀순의 진정성 여부가 의심되면 자유 의사를 중립·객관적으로 확인할 수 있는 유엔난민고등판무관(UNHCR) 대표나 국제적십자위원회(ICRC)에 판정을 의뢰하는 것이 확립된 관행이다. 북한의 부당한 요구를 수용하기 위해 우리 정부가 자의적으로 결정해 비밀리에 송환한 것은 지탄받아 마땅하다.

북한에서 간부를 지낸 탈북자들은 그간 국정원 산하의 국가안보전
략연구원 등 국책 연구소에서 북한 정세 분석과 연구에 귀중한 기여
를 해 왔다. 하지만 문재인 정부가 들어서면서 대북 정책에 비판적
인 고위 탈북자들 가운데 석연치 않은 이유로 퇴출당해 생계에 위협
을 받거나, 아니면 자리를 지키기 위해 정부의 눈치를 살펴야 하는
경우가 많아졌다고 한다. 고위 탈북자들을 대북 정책의 걸림돌로 인
식하거나 배신자로 여기는 태도는 대북 레버리지를 약화할 뿐 아니
라 통일의 대의에도 반한다.

2. 대북 정책은 왜 실패하나?

대북 정책이 실패하는 원인은 많지만, 그중 여섯 가지만 짚어보
겠다.

안보 자해 행위를 초래하는 위협 인식의 오류

첫째, 위협 인식(threat perception)의 오류이다. 북한의 핵무장이 한

반도의 평화와 대한민국의 안전에 위협이 되는지 위협이 된다면 얼마나 심각한 위협인지 판단하는 것이 바로 위협 인식인데, 이것이 외교·안보 전략의 출발점이다. 그런데 위협 인식에 고장이 나면 적과 동지를 구분할 수 없고, 누구와 손을 잡을지 누구를 경계해야 하는지에 대해 판단할 능력도 흐려진다.

문재인 정부의 대북 정책을 보면 한반도 평화에 대한 위협은 핵으로 무장한 북한이 아니라 이러한 북한을 적대시하는 미국의 정책에서 온다고 믿는 것이 아닌가 하는 의구심이 생긴다. 북한 핵을 위협으로 인식한다면 대북 정책의 최우선 목표는 북한이 핵을 포기하게 만드는 것이어야 하고, 이를 위해 모든 역량을 집중하는 것이 합리적인 선택일 것이다.

그러나 실제 행보를 보면 북한이 핵을 보유하고 있어도 미국이 대북 적대정책을 포기하고 종전을 선언하면 대한민국 안보에 실존적인 위협은 안 된다고 철석같이 믿고 있는 것 같다. 북한의 핵 포기보다 북한 지도부의 심기를 건드리지 않는 것을 더 중시하는 모습을 보이기도 한다. 2021년 3월 한미 외교·국방장관 회의(2+2)후 열린 공동 기자회견에서 정의용 외교부장관은 북한 비핵화보다 한반도 비핵화가 더 적절한 표현이라고 주장하는 촌극까지 벌였다.

대통령이 북한 핵을 가장 엄중한 위협으로 인식한다면 군 통수권자로서 북핵으로부터 국민의 생명과 안전을 지키는 것보다 더 중요한 사명은 없을 것이고, 외국 정상을 만날 때마다 대북 제재 강화를 설득하는 대신 제재 완화를 호소해 국제적 조소의 대상으로 전락했을 리가 없다. 주한미군의 고고도 미사일 방어체계 사드 배치도 방해할 것이 아니라 더 증강하고, 한미연합훈련도 중단할 것이 아니라 강화하도록 미국을 설득했을 것이다. 위협 인식에 오류가 없었다면 북한의 군사 동향을 실시간으로 밀착 감시할 능력을 늘려도 모자랄 판에 이를 축소하고 제한할 남북 군사합의서에 도장을 찍었을 리가 만무하다.

이러한 안보적 자해 행위는 북한을 정의(正義)와 선(善)으로 받들고 미국을 불의(不義)와 악(惡)의 대명사로 인식하면 피할 수 없다. 대북 정책을 둘러싼 동맹국과 우방국과의 끊임없는 이견과 마찰도 따지고 보면 위협 인식의 오류에 기인한다.

의도 중심적 접근법의 폐해

둘째, '능력에 기반한 접근법'(capability-based approach) 대신 '의도에 기반한 접근법'(intention-based approach)을 선택한 것이 문제다.

능력은 숨기기 어렵고 쉽게 변하지도 않지만 의도는 가변적일 뿐만 아니라 정확히 알 수도 없다. 북한이 평화를 파괴할 능력이 없으면 의도가 있어도 평화를 파괴하지 못한다. 그러나 능력이 있으면 의도를 위장하고 있다가 마음만 먹으면 평화를 파괴할 수 있다. 북한의 평화 파괴 능력이 비약적으로 증대되는 상황에서 언제 어떻게 변할지 모르는 북한 지도자의 선의에만 의존하는 평화가 위험천만

한 이유이다. 김정은이 비핵화 의지를 갖고 있다고 철석같이 믿었다가 북한의 획기적인 핵·미사일 능력 확장을 허용한 것은 '의도에 기반한 접근법'의 위험성을 입증하는 교과서적 사례가 될 것이다.

북한은 목적을 위해서는 수단과 방법을 가리지 않는 집단이고 약속을 어기는 데는 세계 챔피언 감이다. 북한의 실제 행동과 능력 대신 북한이 치밀하게 연출한 의도를 토대로 대북 정책을 수립하는 것은 실패를 예약하는 것이다. 북한의 의도를 무조건 의심할 필요는 없지만 진정한 의도는 행동을 보고 판단해야 실수를 줄일 수 있다.

희망적 사고와 확증 편향이 초래한 헛발질

셋째, 희망적 사고(wishful thinking)와 확증 편향이 대북 정책을 지배하는 현상이다. 대북 정책은 이념과 신앙의 영역이 아니라 국가의 안위와 사활이 걸린 실사구시의 영역이다. 협상에는 상대가 있고 특히 북한 문제는 우리 정부의 의도와 희망에 따라 우리가 원하는 시간표대로 풀릴 수 없다는 이치를 망각하면 헛발질만 계속하게 된다. 헛발질을 일삼는 정부는 신뢰를 상실하고 국제적으로 실없는 정부로 간주된다.

현실성이 없는 공약을 남발하면 우리 정부가 타당한 제안을 하더라도 무게가 없어지고 정당한 평가를 받기 어려워진다. 제재와 압박을 강화하여 대북 레버리지를 강화해도 모자랄 판국에 제재를 완화하여 레버리지를 약화하는 것이 비핵화에 도움이 된다고 주장하거나, 북한이 핵 능력 증강에 박차를 가하고 있는데도 종전선언을 하면 비핵화에 도움이 된다고 우기면 한국 정부는 북한의 '수석대변인'이라는 비아냥과 국제적 왕따만 자초하게 된다.

좋은 의도가 반드시 좋은 결과를 가져오는 것은 아닐뿐더러 대북 정책에서는 의도대로 되는 일이 거의 없다. 또한, 아무리 좋은 정책도 시의와 조건이 성숙하지 못하면 성공할 수 없다. 제재 해제나 종전선언도 적실성을 가질 시점이 올 수 있지만 때가 오기 전에 성급하게 추진하면 국제적 호응을 받을 수 없고 자칫하면 조롱과 능멸의 대상이 되기 십상이다.

대북 레버리지의 약화

넷째, 대북 레버리지의 약화가 대북 정책 실패의 근본 원인이다. 레버리지란 북한의 정책을 바꿀 힘을 말하는데, 북한의 생존을 어렵게 하거나 아니면 반대로 북한의 절박한 실존적 문제를 해결해줄 수 있는 능력과 의지에 달려있다. 북한의 레버리지는 대한민국과 미국을 해칠 능력과 의지에서 나온다. 북한에 호의를 보이고 환심을 사는 것이 대화의 분위기 조성에는 도움이 될지 몰라도 대북 레버리지를 강화하는 데는 소용이 없다.

북한이 우리 정부에 호감을 갖고 있더라도 북한이 원하는 것을 주거나 빼앗을 능력과 의지가 없으면 북한을 움직일 레버리지가 될 수 없다. 레버리지는 바로 협상력의 본질이고 협상의 결과는 레버리지의 균형에 의해 결정된다.

북한에 가장 절실한 것은 제재 해제를 통한 경제 회생, 미국의 대북 적대정책의 해소 및 안전보장 등 생존과 발전에 필수적인 것들이다. 정부가 대북 제재와 압박을 강화하거나 완화할 능력과 의지가 있으면 북한은 우리 정부를 극렬히 혐오하더라도 무시하지 못하고 공을 들인다. 우리가 북한의 핵무기를 막아낼 역량과 태세를 강화하는 만큼 북한의 레버리지는 줄어들고 한미 양국의 대북 레버리지는 늘어난다. 북한이 한미연합훈련을 결사 반대하는 근본적인 이유도 연합훈련이 북한의 레버리지를 줄이면서 한미 양국의 레버리지를 키우기 때문이다.

미국이 북한의 생존과 발전을 결정할 가장 중요한 수단을 보유하고 있는 상황에서 북한이 우리 정부를 통하지 않고 미국과의 직거래를 통해 실존적 문제를 해결할 길이 있다면 우리의 대북 레버리지는 약화된다. 반대로 우리 정부의 도움 없이는 대북 제재를 풀고 미국의 적대정책 포기와 안전보장을 받아낼 수 없다면 우리의 대북 레버리지는 강화된다. 즉, 한미 간에 긴밀한 교감과 공조가 이루어지고 미국이 한국 정부의 입장을 존중하면 우리의 레버리지는 증가하고, 한미 간 신뢰와 공조에 이상이 생기면 레버리지는 감소한다.

북한이 치열한 협상을 통해 달성해야 할 결과를 한국이 대화 재개의 마중물(primer)이나 인센티브로 제공해 대화에 대한 보상으로 허비해버리면 협상에서 사용할 레버리지는 그만큼 줄어들게 되고 목표 달성은 더 어려워지게 된다. 북한이 협상을 개시하기도 전에 원하는 결과를 선불로 받아낼 수 있다면 굳이 협상에 매달릴 필요가 없다.

'스톡홀름 신드롬'에 빠진 대북 정책

다섯째, 북한의 핵 인질 상태가 초래한 '스톡홀름 신드롬'이 대북 정책에 영향을 미쳤을 가능성도 배제할 수 없다. '스톡홀름 신드롬'이란 범죄심리학에서 인질이 인질범의 편을 드는 심리 현상을 지칭하는데, 1973년 8월 스톡홀름의 어느 은행을 점거한 강도가 은행 직원 4명을 6일간 인질로 잡은 사건에서 유래한다. 인질들은 납치범에게 동조하면서 풀려난 이후에도 경찰을 적대시하고 인질들을 옹호하는 비이성적인 행태를 보였는데, 스웨덴의 심리학자 닐스 베예로트(Nils Bejerot)가 이러한 현상을 설명하며 '스톡홀름 신드롬'이라 부르기 시작했다.

북한의 핵 인질 상태에서 인질범인 김정은에게 호감을 느끼고 대한민국을 인질 상태에서 구해줄 미국의 대북 적대정책은 걱정하는 심리가 '스톡홀름 신드롬'과 다를 바 없다. 김정은의 심기를 건드리지 않는 것을 국민의 생명과 안전보다 중시하고 북한이 우리 국유재산인 개성의 남북공동연락사무소를 폭파해도 배상 청구조차 할 엄두를 못 내며 김여정이 대북 전단을 금지하는 법이라도 만들라고 호통치면 말대꾸 한번 못하고 무조건 굴종하는 현상을 '스톡홀름 신드롬' 외에 달리 설명하기 어렵다.

"아무리 나쁜 평화도 전쟁보다는 낫다"라며 노예적 평화에 매달리는 현상도 '스톡홀름 신드롬'으로 설명할 수 있다. 인질범을 체포하거나 흉기를 내려놓게 하기 위해 강압적 수단을 사용하는 것보다는 영원히 인질로 살아가는 것이 오히려 편하고 안전하다는 심리에서 나온다.

성과에 대한 과욕과 조급증

끝으로, 임기 중 성과를 내 국내 정치에 활용하겠다는 조급증이 대북 정책을 망친다.

협상에서는 다른 조건이 동일하다면(ceteris paribus) 시간에 쫓기는 쪽이 불리한 법이다. 유리한 협상 레버리지를 갖고 있더라도 조급증이 이를 상쇄한다. 북한은 김일성 일가가 대를 이어 영구집권하는 절대왕조나 다름없어 대남 전략에서 임기에 구속되지 않고 일관성을 유지할 수 있지만 대한민국 대통령은 대북 정책에서 성과를 거둘 시한이 5년으로 한정되어 있다. 5년 이내에 남북관계에서 역사에 남을 이정표를 세우려고 과욕을 부리다보면 북한은 이를 자신의 대남 정책 목표를 달성할 기회로 역이용하려는 유혹에서 벗어날 수 없다.

북한과 대화가 이루어져도 우리 정부가 대화에 조급증을 보이면 북한이 쳐 놓은 덫에 걸려들고 북한에 더 유리한 합의를 해줄 위험성이 높아진다. 대화 금단 현상을 극복하지 못하고 대화를 끊임없이 구걸하는 것은 북한의 능멸과 농락의 대상이 되기를 자청하는 것이다. 남북 정상회담을 정치적 흥행의 소재로 삼고 여기에 정권의 운명을 거는 모습을 보이면 북한에 지방정부나 하수인 취급을 받는 굴욕을 당하더라도 정상회담을 거부할 수 없고 북한은 우리 대통령에게 '은혜'를 베푼 대가를 반드시 요구한다.

국내정치적 입지를 강화하기 위해 북한 정권에 빚을 지면 북한의 요구에 끊임없이 끌려다닐 수밖에 없다. 빚을 제때 갚지 않거나 '은혜'에 대한 보답이 미진하면 대한민국 대통령은 졸지에 '특등 머저리', '삶은 소대가리', '겁먹은 개' 등 온갖 모욕과 조롱에 시달리게 되고 남북관계는 제자리로 돌아간다.

3. 대북 정책의 목표와 방향

지난 5년간 대북 정책의 목표는 희미해지고 목표와 수단을 구별하기도 어려워졌다. 수단에 불과한 대화 자체를 대북 정책의 목표로 여기는 듯한 경향도 있었다. 차제에 남북관계에서 추구해야 할 목표를 분명히 재정립할 필요가 있을 것 같다.

비핵화를 통한 평화 결정권 회복이 최우선 목표다

대북 정책의 최우선 당면 목표는 북한의 핵 인질 상태에서 벗어나 한반도의 평화 결정권을 회복하는 것이다.

북한이 조건을 결정하는 굴욕적 평화, 즉 북한의 핵 인질 상태에서 인질범이 베푸는 자비에 의존하는 노예적 평화에 안주할 것이 아니라 북한의 평화 파괴 능력을 축소하고 평화 파괴를 거부할 능력으로 담보되는 지속 가능한 평화를 추구해야 한다. 북한의 완전한 비핵화가 이루어지기 전에는 이러한 평화는 신기루에 불과하다.

북한이 비핵화를 거부하면 정권의 존속이 더 어려워지고 핵을 포기하면 생존과 발전의 활로를 찾을 수 있게 북한의 전략적 손익 구조를 바꾸어야 비핵화의 가능성을 살릴 수 있다. 북한의 손익 구조를 바꿀 핵심 수단은 대부분 미국의 손에 들어있지만 한국도 무시할 수 없는 독자적 수단을 보유하고 있고 미국과의 공조를 통해 그 효과를 높일 수 있다.

북한의 핵무장 비용을 높일 수 있는 방법으로는, 북한이 우리 관할 해역과 항구를 제재 위반과 불법 활동의 안전지대로 더 이상 악용하지 못하게 우리 군의 작전구역(AO)을 통과하는 모든 북한 출입

선박들을 정선(停船)해 검색하고 불법 활동이 확인될 경우 처벌하는 방법이 있다. 이는 유엔 안보리 결의에 따른 의무이기도 하다. 심지어 영국, 프랑스, 독일 등 유럽 국가들도 북한의 해상 불법 환적을 단속하기 위해 동아시아에 해군 함정을 파견하고 있다. 대북 제재 위반에 대한 감시와 단속은 지리적으로 인접한 한국이 다른 우방국보다 더 유리한 위치에 있고 더 많은 감시 자산도 보유하고 있다. 또한, 국내 가상화폐 시장이 북한 해커들의 투기와 불법 거래의 온상이 되지 않도록 규제를 강화할 필요가 있다. 아울러 북한과의 불법 거래에 관여한 제3국 기업을 적극 색출하여 독자 제재, 즉 '세컨더리 보이콧'(secondary boycott)을 가해야 한다.

그리고 우리 정부는 대북 경제 지원 카드를 활용하여 북한의 핵폐기에 의미 있는 기여를 할 수도 있다. 대북 경제 지원에 한국만큼 많은 국가 예산을 지출할 수 있는 나라는 없다. 향후 북한이 경제 위기 탈출에 절박한 나머지 우리 정부에 대규모 경제 지원을 요구할 경우 이를 수용하되 지원 규모와 시기는 핵폐기 실적과 엄격하게 연계한다면 한국이 북한 비핵화에 의미있는 역할을 할 수 있다.

수십조 원이 소요될 도로, 철도 등의 교통망과 발전소 등을 건설해주기로 약속하더라도 핵폐기 이전에는 설계와 기반 공사에 한정하고, 완공은 핵폐기 이후에 가능하도록 진도를 조절해야 한다. 대규모 식량, 비료, 생필품 등의 지원도 핵물질의 반출이나 우리의 인도적 관심사와 반드시 연계해야 한다.

핵폐기와 연계되지 않은 경제 지원은 북한이 핵을 포기하지 않고도 살아갈 길을 열어주는 것이나 다름없으므로 핵폐기의 동기를 박탈한다. 그뿐만 아니라 핵폐기 이전에 도로와 철도를 건설 또는 개량해주면 북한이 미사일 발사 차량을 이동하고 은닉할 공간을 넓혀주는 것으로 오히려 평화 파괴 능력을 키워주는 자해 행위가 된다.

북한의 민주화를 대북 정책의 궁극적 목표로 삼아야

대북 정책의 궁극적인 목표는 비핵화를 넘어 북한 사회와 체제의 민주화를 통해 북한 주민을 노예 상태에서 해방하고 인간다운 삶을 누릴 기회를 보장하는 것이다. 통일은 민주화된 북한 주민들이 자유로운 의사 표시를 통해 자신들의 운명을 결정하는 자결권(自決權) 행사의 문제이다. 북한이 민주화되고 주민들이 자유와 인권을 누린다면 정치적 통일 대신에 별개의 독립국가로 존속하는 선택을 하더라도 문제가 없다.

남북이 별개의 독립국가로 남아있더라도 유럽연합(EU)처럼 경제적으로 통합되고 입국사증 없이 서로 자유롭게 왕래할 수 있다면 사실상 통일은 이루어진 것이다. 독일과 오스트리아는 같은 민족으로 같은 언어와 화폐를 사용하고 상호 인적·물적 이동과 취업에도 제약이 없지만 굳이 정치적 통일을 추진할 필요가 없는 것도 이들이 민주국가이기 때문이다. 따라서 향후 남북 간 교류와 협력은 북한 주민의 권익을 신장하고 북한 체제의 긍정적 변화와 민주화에 기여하는 방법으로 추진해야 한다.

북한 사회와 체제의 변화는 북한 주민과 엘리트의 의식 변화에서 시작된다. 북한의 민초들과 엘리트들이 자신들의 모든 고통과 절대 빈곤의 근원이 김일성 일가 중심의 수령 독재 체제와 이의 존속을 위한 핵무장에 있다는 사실을 알게 되면 아래로부터의 변화 압력은 커진다. 아무리 폭압적인 정권도 민심이 떠나고 엘리트들의 이반이 본격화되면 변신과 개혁으로 민심을 무마해야 살아남을 수 있다.

따라서 외부 정보에 굶주린 북한 주민들에게 정보 접근권과 선택권을 보장하는 것은 바로 북한 민주화의 출발점이고 자유 대한민국의 사명이다. 북한 정권의 정보 독점 체제를 허물고 주민들의 외부 정보에 대한 갈증을 해소함으로써 자유민주주의와 시장경제의 '바이러스'에 감염되도록 하는 것이 북한 내 변화의 동력을 키우는 최선의 길이다.

이를 위해서는 북한 주민들이 외부 세계의 소식을 접할 수 있는 수단과 방법을 늘리고 다양화해야 한다. 우선 북한 당국의 전파 방해를 압도할 수 있도록 대북 라디오 및 TV 방송의 채널과 송출 수단을 대폭 늘리고 출력도 높여야 한다. 또한 북한 내 정보통신 기기의 보급 확대에 따라 USB 등을 활용한 정보 유입 방법과 드론, 위성을 통한 와이파이(Wi-Fi) 서비스 제공 방안도 개발할 필요가 있다. 북한 정권과 체제를 직접적으로 비판하는 내용보다는 외부 세계와 일상 생활에 관한 유익한 지식과 정보를 제공하는 것이 더 효과적이다.

오늘날 있는 그대로의 북한은 최악의 북한이다. 변하지 않는 북한은 대한민국과 동아시아의 평화와 안전에 재앙을 초래할 시한폭탄이고 북한의 2천 5백만 동족에게는 거대한 감옥이다. 김정은 체제가 아직도 건재하는 비결은 정보 독점을 통해 정권 유지에 유해한 정보와 지식을 차단하고 주민들을 암흑 속에 가두어 두는 철저한 통제 체제에 있다. 북한이 2020년 12월에 '반동사상문화배격법'을 제정하여 한국 영상물 시청을 중범죄로 다스리는 것도 북한 정권이 외부 정보와 사상의 유입을 얼마나 두려워하고 있는지를 단적으로 보여 준다.

북한 언론과 출판물에 대한 규제도 풀어야

정보화 시대에 북한의 언론 보도와 출판물에 대한 국민들의 접근을 제한하는 것은 시대착오적이고 국민의 알 권리에도 부합하지 않는다. 외부 정보에 대한 북한 주민의 접근을 확대해야 하는 당위성과도 모순된다. 남북 간에 정보와 지식의 벽을 허물기 위한 선제적 조치로써 북한의 언론 보도와 출판물에 대한 국민의 접근을 자유화해야 한다. 원하는 국민은 누구나 조선중앙 TV도 시청할 수 있도록 하고 '우리민족끼리'와 같은 대남 공작용 인터넷 사이트에도 접속할 수 있어야 한다.

북한의 대남 공작과 선전 선동을 도와주자는 발상으로 매도할 사람도 있을지 모르지만 북한 언론과 출판물의 유해성 여부는 정보의 소비자인 국민이 스스로 판단할 사항이지 정부가 국민을 대신해 판단하고 강요할 시대가 아니다. 정부가 일반 국민보다 더 현명하고 성숙한 판단력을 갖고 있다는 보장도 없다.

또한, 주체사상의 세례를 받은 586 운동권 세력이 정치권의 핵심 요직에까지 진출해 있고 이들이 북한보다 더 지능적이고 효과적으로 북한 입장을 대변할 수 있는 자유민주주의국가에서 북한의 직접적인 선전 선동에 제약을 가하는 것은 아무 소용이 없다.

북한의 실상에 대한 무지와 북한 체제를 신비롭게 바라보는 낭만주의적 시각이 맹목적인 친북의 근본 원인이다. 보고 싶은 북한이 아니라 있는 그대로의 북한을 객관적으로 보게 된다면 북한에 대한 낭만주의와 신비주의는 사라지고 친북·종북 세력의 정치적 기반은 흔들리게 된다. 북한의 선전 선동 공세에 국민들을 질리게 하는 것이 종북 세력의 발호를 막는 데도 도움이 된다.

북한의 관제 언론과 출판물에 대한 통제를 풀어야 우리의 대북 정보 유입이 더 떳떳해지고 북한이 반발할 명분도 박탈할 수 있다. 북한을 치열한 정보 전쟁에 끌어들이는 것이 북한 주민을 암흑과 압제에서 해방하는데 결정적인 승기를 잡는 길이다.

국민의 자유로운 방북도 허용해야

남북 간에 인적 교류를 자유화하는 것이 북한의 변화를 촉진하는 데 결정적인 역할을 한다. 북한이 응할 가능성은 없지만 우리 국민의 방북을 일방적으로 자유화하는 것은 가능하다. 우리 정부가 국민의 방북을 자유화하더라도 북한이 방북 희망자를 다 받아들일 리는 없다. 북한은 입맛과 목적에 따라 엄격히 선별해 친북 성향이 있거나 북한의 대남 공작에 유용하다고 판단되는 이들을 먼저 받아들일 것이다. 그럼에도 불구하고 북한에 역이용당할 우려 때문에 방북을 규제하는 것은 소탐대실하는 것이다.

북한에 포섭되어 대남 공작원이나 간첩 훈련을 받고 돌아오는 이들도 있겠지만, 친북 세력이 대한민국에서 이미 행사하고 있는 영향력을 고려해볼 때 북한이 수천 명의 공작원과 간첩을 더 확보한다고 해서 뭐가 얼마나 달라질까?

그러나 매년 수십만의 국민이 북한의 방방곡곡을 돌아다니며 주민들과 접촉할 수 있다면 북한에 변화의 기운을 확산하는 효과를 가져올 것이고 이는 위험 부담을 감수할 만한 충분한 가치가 있다.

지리적으로 격리된 금강산에 수백만의 국민이 단체여행을 가는 것은 북한 정권의 금고만 채워줄 뿐 북한의 긍정적 변화에 기여하는 효과는 없다. 하지만 주민과의 접촉 면을 넓히는 개별 방북은 다르다.

북한 정권 대신 억압받는 북한 주민의 편에 서야

북한 주민의 가장 큰 적은 북한 정권이다. 북한 정권과 주민의 이익이 대립하고 충돌하는 경우에 대한민국은 당연히 주민의 편에 서야 한다. 북한 주민의 권익을 보호하고 신장하기 위해서라면 수단과 방법을 가리지 말아야 하고 북한과 대화·협력을 하기 위해 폭압 체제의 악행을 비호하고 압제를 지원하는 것도 해서는 안 된다. 이는 대한민국의 정체성을 부정하고 북한 정권의 압제와 반인도 범죄의 공범자가 되는 것이다.

북한 인권 문제는 우리가 북한 정권과 주민 사이에서 어느 편에 설 것인지를 가리는 시험대가 된다. 대화의 기회를 살리기 위해 북한 정권의 인권 탄압에 침묵하고 눈을 감는 것은 압제에서 신음하는 동족을 절망에 몰아넣는 반민족 행위이다. 북한의 인권 탄압을 추궁하고 이를 국제적 어젠다로 부각하는데 앞장서지는 못하더라도 우방국들이 유엔 인권이사회와 총회에서 북한인권결의안 채택을 추진할 때 공동 제안국으로 참여하고 찬성하는 데는 주저하지 말아야 한다. 북한인권결의안이 채택될 때마다 북한은 이를 미국의 대북 적대 정책과 고립 압살 정책의 증거라고 주장하며 격렬하게 반발하고 비난해온 것은 사실이다.

우리 정부는 남북관계에 미칠 파장을 우려한 나머지 북한인권결의안에 기권하는 경우가 많았지만 과거 결의안에 찬성했다는 이유만으로 남북관계가 파탄을 맞은 적은 없다. 2006년 노무현 정부가 북한인권결의안에 찬성한 데 대해 북한은 상투적 비난을 서슴지 않았지만 그것으로 끝이었다. 북한은 그 직후 열린 6자회담 남북 수석대표 회담에서 일언반구 문제를 제기한 적이 없었고 2007년 남북 정상회담으로 가는 과정에서도 걸림돌이 된 적이 없다. 남북관계에 일과성 악재가 될 가능성은 배제할 수 없지만 북한은 남북 대화에서 얻을 것이 있을 때는 이에 구애 받지 않고 대화에 응해왔다.

남북관계의 일시적 냉각을 우려하여 북한 주민의 항구적 권익을 옹호해야 하는 원칙과 대의를 포기하고 북한 정권 편에 서는 비겁한 행태는 반드시 청산해야 할 적폐이다. 북한인권법에 따른 북한인권재단도 정상화하고 북한인권대사도 지체 없이 임명하여 북한 인권 보호를 위한 국제적 공조체제를 정비해야 한다.

식량 등 인도적 지원 문제는 인권 문제보다 더 복잡하고 어려운 문제이다. 식량은 북한 주민을 위한 것이기도 하지만 정권을 도와주는 측면도 있기 때문이다. 북한의 식량 부족은 근본적으로 정권의 실책과 계획경제 체제의 구조적 문제에 기인하지만, 그렇다고 영양실조와 기아에 허덕이는 주민들의 불행에 눈을 감기도 어렵다.

북한의 식량 문제는 에티오피아 등 다른 나라의 식량난과는 본질적으로 다르다는 점을 간과해서는 안 된다. 자연재해가 근본 원인이라 하더라도 북한은 식량 문제를 해결할 대안이 있지만 다른 개도국들은 외부의 원조 외에는 해법이 없다.

북한은 핵과 미사일을 팔아 식량을 살 수 있지만 다른 나라는 국제시장에서 식량을 구입할 돈이나 현금화가 가능한 자원이 없다는 뜻이다. 북한은 이미 제조한 핵·미사일을 고스란히 지키면서 핵물질의 추가 생산만 포기해도 당장 1~2년간은 주민들이 먹고 살 식량을 확보할 수 있다. 이미 생산한 핵과 미사일까지 포기하면 향후 수십 년은 식량 걱정 없이 살 수 있을 정도의 보상을 챙길 수 있다. 핵과 미사일 능력을 계속 증강하면서 식량 문제까지 동시에 해결하는 것이 어려울 뿐이다.

북한 주민의 대량 아사를 방치할 수 없다면 핵·미사일 증강을 중단시키고 이미 보유한 핵·미사일 또는 핵물질을 유상 매입하는 방식으로 식량 지원을 추진해야 한다. 북한이 핵·미사일을 지키기 위해 주민의 대량 아사를 굳이 선택하겠다는 데도 대규모 식량 지원을 무조건 제공할 필요는 없을 것이다. 그리고 외부 세계가 북한에 식량을 지원하고 싶어도 북한 정권의 핵에 대한 집착 때문에 인도적 재앙을 자초하게 되었다는 사실을 북한 주민들도 모두 알게 해야 한다.

남북 대화는 구걸하지도 말고 피하지도 말라

남북관계가 좋으면 좋은 대로 나쁘면 나쁜 대로 남북 대화는 필요하다. 대화하면 북한 당국의 관심사와 우선순위, 이해 관계의 구조 등을 파악하는 데 필요한 정보를 얻을 수 있다. 남북관계에서 진전이 가능한 것과 불가능한 것을 판별하려면 북한이 가장 절박하게 필요한 것이 무엇인지를 알아야 한다. 북한의 악행과 도발에 대한 책임을 물어야 할 경우에도 대화를 통한 해결 노력을 다했을 때 명분이 강화된다.

따라서 대화의 문은 항상 열어 두어야 한다. 그러나 북한이 대화에 관심을 보이기 전에 대화를 애원하고 구걸할 필요는 없고 북한보다 대화에 더 열의를 보일 필요도 없다. 북한이 우리 정부의 도움이 필요하고 대화를 통해 얻을 것이 있다고 판단하면 반드시 대화에 나오게 되어 있다.

북한은 먼저 대화를 제의하거나 대화에 매달리는 인상을 주면 자신의 약점을 노출하고 입지가 약화할 수 있다고 생각해 우리 정부가 먼저 손을 내밀 때까지 기다리는 경향이 있다. 우리 정부의 소원을 들어주는 모양새를 연출하는 것이 협상의 주도권을 장악하기 위한 심리전 차원에서도 유리하다고 판단하기 때문이다. 이러한 전술에 말려들지 말고 북한이 먼저 대화를 제안할 때까지 느긋하게 기다렸다가 대화가 재개되면 북한이 하고 싶은 얘기를 차분하게 들어주고 북한이 원하는 것을 얻을 방법과 조건을 친절하게 알려주면 된다.

북한이 황당하고 무리한 요구를 하고 가끔 모욕적인 언사를 사용하더라도 흥분하거나 과잉 대응할 필요는 없고 아무 성과가 없는 대화라도 꾸준히 이어가는 것이 중요하다. 북한과의 대화는 대부분 무익하지만 쓸데없는 대화라도 계속 이어가다 보면 본심을 드러내는 순간이 오고 유용한 정보를 얻을 때도 있다.

대한민국은 생존하고 번영하는데 있어 북한에 신세 질 일이 별로 없지만, 북한은 아무리 허장성세를 부려도 한국의 도움 없이는 생존과 발전의 문제를 해결하기 어려운 치명적 약점을 안고 있다. 남북관계에서 대한민국은 원천적으로 '갑'의 입장에 있다. 그런데 '갑'이 '을'처럼 생각하고 처신하면 북한에 '갑질'을 허용하고 부추기게 된다. 북한이 대화를 거부하더라도 우리 정부가 초조해하고 안달할 필요가 없다.

우리 측이 대화 금단 현상을 이기지 못하고 스토킹하듯 대화를 애원하거나 구걸하는 인상을 주면 북한의 기대 수준만 높이게 된다. 북한은 이를 '몸값'을 올리고 '갑질'하는 데 악용하고 대화 재개 자체에 가격표를 붙이거나 대화에 나와서도 과욕을 부리고 싶은 유혹을 받는다. 대화를 구걸하는 것이 북한을 대화로 끌어내는 데는 도움이 될지 모르지만 대화에서 우리가 기대하는 성과를 거두기 어려운 이유도 여기에 있다.

대화에 목숨 거는 비굴한 자세는 북한 중심적 세계관에서 나온다. 대한민국의 위상과 흥망은 북한이 대화에 응하고 우리를 인정, 존중하느냐에 좌우되는 것이 아니다. 북한이 대화를 거부해도 대한민국은 건재하고 얼마든지 승승장구할 수 있다.

지구가 평양을 중심으로 돌아가고 북한이 우주의 중심이라는 착각에 빠지게 되면 북한 지도부의 언행에 일희일비하고 북한과의 대화에 정부의 운명을 걸게 되면서, 결국 북한의 계략에 농락당하는 신세를 자초하게 된다. 북한이 지구상에 존재한다는 사실을 잊어버린 듯 처신하고 남북관계 개선에 특별한 관심을 보이지 않는 것이 자나깨나 북한과의 대화 타령만 하는 것보다 대북 정책에서는 오히려 더 큰 성과를 거둘 수 있다.

북한은 우리를 해칠 능력을 빼고 나면 대한민국 정치의 블랙홀이 될 이유가 없다. 김정은 정권을 살리고 지켜주기 위해 대한민국이 목숨 걸고 지켜야 할 가치를 훼손하거나 학정의 공범자가 될 필요는 없다.

남북 군사합의서를 영공개방협정으로 대체해야

남북 간 상호 공중 정찰 강화를 통해 군사 활동의 투명성을 확보하는 것이 오판에 의한 군사적 충돌을 막고 전략적 불안을 해소하는 데 결정적인 역할을 한다.

비행금지구역 설정으로 정찰 활동을 제한함으로써 북한의 기습공격을 오히려 용이하게 만든 2018년 9.19 남북 군사합의서는 폐기하거나 개정하여야 한다. 북한이 미사일 발사로 유엔 안보리 결의를 위반하고 긴장을 조성하는 것만으로도 남북 군사합의서의 존속 이유는 사라졌다. 그 대신 NATO와 러시아 간의 영공개방조약(Open Skies Treaty)을 모델로 한 남북 간 상호공중정찰자유화협정을 체결해 군사적 신뢰를 구축하고 의도하지 않은 군사적 충돌을 예방할 필요가 있다. 대규모 군사 훈련을 실시할 경우에는 사전에 통보하고 상대방의 현장 관찰도 허용하는 것이 신뢰 구축에 도움이 된다.

우리의 군사 기지와 훈련 상황을 어떻게 북한에 보여줄 수 있느냐고 비분강개할 사람도 있을 것이다. 그러나 우리보다는 북한이 숨길 것이 더 많고 우리의 군사시설과 활동을 보여주는 대가로 북한의 미사일 기지를 밀착 감시할 수 있다면 안보 차원에서는 얻는 것이 잃는 것보다 압도적으로 많다.

물론 북한이 이에 응할 가능성은 별로 없지만 혹 반대하더라도 우리가 잃을 것은 없다. 북한이 영공 개방을 거부하면 북한의 군사 동향을 실시간으로 감시할 무인 정찰 자산을 일방적으로 배치 운용할 논리와 명분을 강화해주기 때문이다.

북한 급변 사태에 대비하는 것도 소홀히 하지 말아야

김정은 총비서를 수령으로 하는 북한의 '유일적 영도체계'는 확고히 정착되어 있고, 김정은의 제왕적 지위와 권력에 도전할 조직화된 세력이 현재로서는 존재할 여지가 없다. 김정은은 백두혈통의 후계자로서 정통성을 인정받고 있고, '김일성교'의 교주로서 북한 주민의 정신 세계까지 지배하고 있다. 또한 북한의 오너로서 누리는 세속적 권력 독점은 철저한 감시·통제 체제와 공포정치로 뒷받침되고 있다. 모든 군부대는 인민군 총정치국이 임명한 정치 군관이 지휘관을 지도·감독하고 있고 군사 작전뿐만 아니라 부대의 훈련이나 이동까지도 통제하고 있어 정치 군관과 군 지휘관의 공모 없이는 쿠데타나 반란도 원천적으로 불가능하다.

그러나 겉으로 안정되어 보이는 절대 권력도 민심의 바다 위에 떠 있는 배와 다를 바 없다. 아무리 철저한 전체주의 체제도 민심이 떠나면 흔들릴 수밖에 없다.

절대 권력이 무너지려면 두 가지 요건이 충족되어야 한다. 하나는 민초들과 엘리트들의 불만 수위가 폭발의 임계치에 도달하는 것이다. 참고 견딜만한 수준의 불만이라면 공포정치로 억누를 수 있지만 독재 권력에 저항하기 위해 목숨을 걸 민초들이 나오기 시작하면 임계치에 가까워지고 있다는 신호이다. 또 하나의 요건은 임계치에 도달한 민심이 폭발할 도화선이다. 아랍국가에 폭동이 일어나는 원인은 주로 빵값 인상이지만 2022년 정초 카자흐스탄에서 발생한 폭동의 도화선은 LPG 가격 인상이었다.

북한이 제재와 국경 봉쇄로 민생이 파탄나고 흉작으로 식량난이 악화하는 것만으로는 주민들이 목숨 걸고 정권에 대항할 용기를 내지 못할 것이다. 그러나 김정은 정권의 실패가 계속 누적되면 민생 문제 해결 능력이 불신받고 '최고존엄'의 가르침과 신통력에 대한 주민들의 신앙심은 흔들리게 된다. 김정은이 집권 직후인 2012년 4월 15일 김일성 탄생 100주년 기념식에서 "우리 인민이 다시는 허리띠를 조이지 않고 사회주의 부귀영화를 마음껏 누리게 하겠다"라는 엄숙한 약속을 했는데 날이 갈수록 그 꿈이 멀어진다면 최고지도자로서의 권위와 신뢰성은 점차 상실할 것이다.

자력갱생으로 미국의 제재와 압박을 정면돌파하겠다는 호언장담, 최신형 미사일과 신형 ICBM의 연이은 발사는 주민들의 지친 심신을 잠시 달랠 수는 있을 것이다. 그러나 자력갱생이 실패하고 민생문제 해결의 희망이 사라지면 핵과 미사일의 위력을 아무리 과시해도 민초들을 감동하게 하거나 불만을 무마하기는 어려운 상황에 봉착할 것이다. '반동사상문화배격법'으로 주민들의 사상 통제를 강화하는 데도 분명 한계가 올 것이다.

민초들의 불만이 한계점에 도달하면 조그만 불씨 하나가 폭발의 도화선이 될 수 있다. 북한 주민의 불만 수준이 임계치에 얼마나 근접해 있는지, 무엇이 폭발의 도화선을 제공할지는 북한 당국도 사전에 알 방법이 없고 외부 세계는 파악하기가 더 어렵다. 어제까지 대수롭지 않게 보이던 사소한 사건이 하루아침에 정권을 송두리째 삼키는 경우도 드물지 않다.

북한 체제가 현재로서는 안정되어 보이지만 언제 어떤 변고를 당할지는 알 수 없다. 변고가 일어나는 것을 우리 정부가 원치 않는다고 해서 이를 막을 능력이 있는 것은 아니다. 민심이 흉흉하면 가짜뉴스 하나에도 정권은 무너질 수 있다. 예상하지 못한 변고에 대응하느라 허둥지둥할 것이 아니라 북한 문제의 근본적 해결의 기회로 활용할 치밀한 전략을 미리 세워놓고 수시로 업데이트해 나가야 한다.

제4장

통일 정책

1. 표류하는 통일 담론

헌법 제3조는 "대한민국의 영토는 한반도와 그 부속도서로 한다"
라고 명시하고 있고, 제4조는 "대한민국은 통일을 지향하며 자유민
주적 기본 질서에 입각한 평화적 통일 정책을 수립하고 이를 추진한
다"라고 규정하고 있다. 헌법상 북한은 우리 영토의 일부이고 통일
은 헌법이 명시한 국가 목표임에도 불구하고 우리 사회의 통일에 대
한 관심은 식어가고 있다. 평생을 분단 상태에서 살아온 대부분의
국민은 오히려 분단 상태에 익숙해지고 이를 뉴노멀(new normal)로
받아들이고 있다. 통일이 초래할 경제·사회적 부담을 감수하기보다
는 차라리 별개의 독립국으로 살아가자는 정서도 확산하고 있다. 헌
법 수호의 책임을 지고 있는 대통령이 북한을 주권국가로 인식하고
지칭해도 언론이나 정치권이 문제삼지 않는 풍토도 정착되어 가고
있다.

분단의 상처가 잊혀가고 국가 어젠다에서 통일이 밀려나면서 통일
담론도 동력과 방향을 잃고 표류하고 있다. 그러나 통일은 국민의
관심과 의지와는 무관하게 예상하지 못한 북한 내부의 상황 변화에
따라 언제든 국가적 중심 현안으로 떠오를 잠재력과 폭발력을 갖고
있다. 향후 5년간 대통령이 통일에 대해 고민해야 할 일이 없을 것
이라는 안이한 생각으로 통일 전략 수립을 소홀히 하면 기회가 올
때 우왕좌왕하다 놓치거나 시행착오를 거듭하면서 엄청난 대가를

지불할 수 있다.

대북 정책을 추진하는데 있어 최종 목표와 그 종착점으로써 통일을 항상 염두에 두지 않으면 근시안적인 인기주의 정책으로 북한의 폭압 체제를 강화하는 우를 되풀이하기 쉽다. 따라서 여기서는 현실적인 통일 전략을 세우는 데 참고가 될 몇 가지 핵심 과제들을 짚어보겠다. 특히 통일의 시나리오와 방법론, 북한의 법적 지위와 대북 군사 개입의 근거, 통일 과정에서 해결해야 할 핵심 과제, 통일 외교의 목표와 방향 등에 대한 이해가 통일 전략을 세우는 데 기초가 된다.

2. 통일의 기회는 언제 어떤 방법으로 다가오나?

통일의 시나리오는 크게 세 가지로 나눌 수 있다. 각 시나리오가 제기할 도전과 과제를 중심으로 살펴보겠다.

남북 간 합의를 통한 평화 통일

첫째는 남북 간 합의를 통한 평화 통일이다. 가장 이상적인 통일 방안이긴 하지만 북한 체제가 건재하는 한 현실 세계에서는 이런 꿈 같은 통일은 기대하기 어렵다. 협상을 통한 평화 통일이란 쌍방의 양보와 타협을 통한 남북 간의 권력 분점을 전제로 한 것이다. 그런데 북한 전체를 사실상 소유하고 당·정·군의 모든 요직을 마음대로 임면(任免)할 수 있는 무소불위의 권력을 평생 독점하며 이를 자손에게 물려줄 수도 있는 김정은이 무엇이 아쉬워 대한민국에 권력의 일부라도 양보할 것인가? 통일의 최종 상태가 대한민국을 고스란히 접수하여 자신의 통치권을 한반도 전역으로 확대해 영구집권을 보장받는 조건이 아니라면 김정은이 통일에 흥미를 느낄 이유는 없다.

그러나 김정은 체제가 변고를 맞아 더 이상 존속이 어려운 위기 상황으로 몰리면 이야기가 달라진다. 체제 붕괴 과정에서 김정은 정권의 종식이 임박해지고 집권 세력이 신변 안전을 확보하고 권력의 일부라도 지킬 방법이 평화 통일밖에 없다고 판단한다면 김정은이 평화 통일을 수용할 가능성도 배제할 수는 없다. 하지만, 북한이 이러한 절박한 상황에 몰리더라도 김정은은 자발적으로 한국 주도의 평화 통일을 받아들이는 수모를 당하기보다는 핵무기 사용을 통한 '장렬한' 종말을 선택할 가능성이 크다.

그런데 절체절명의 순간에 만약 중국이 김정은에게 평화 통일을 수용해 후일을 기약하도록 압박한다면 달라질 수도 있다. 중국이 북한 정권의 운명을 되돌릴 방법이 없고, 한국 주도의 평화 통일 외에는 북한의 내부 혼란을 수습하고 대량의 난민이 중국으로 유입되는 것을 막을 대안이 없다고 판단할 때 일어날 수 있는 기적이다.

특히, 중국이 대만의 분리 독립을 막고 티베트에서 인도와의 대결에 군사적 역량을 집중하느라 북한 내부 사태에 개입할 여력이 없을 때 북한의 무정부 상태를 무한정 방치하는 것보다는 한국 주도의 통일이 낫다는 결론을 내릴 수도 있다.

1990년 10월 이뤄진 독일 통일은 서독이 동독을 흡수한 것으로 착각하는 이들이 많지만 형식과 절차에서는 동·서독 정부 간에 협상을 통해 이루어진 평화적 통일이다. 물론 통일의 원동력은 1989년 11월 9일 베를린 장벽을 무너뜨린 후 동독 공산 정권을 퇴진시키고 민주 정부를 수립한 동독 주민들의 통일에 대한 열망의 분출이다. 그러나 통독의 과정은 1990년 3월 자유 선거로 선출된 동독 정부가 서독 정부와 통일 조약을 체결하고, 동·서독 의회가 이를 비준한 데 이어 동독 의회가 10월 3일 독일연방공화국(서독)에 가입하는 결의를 채택하는 절차를 거쳐 완결된 것이다. 소련이 독일 통일을 막지 못한 것은 대세를 되돌릴 여력이 없었기 때문이다. 영국과 프랑스의 정상들도 통독을 막아보려고 발버둥쳤지만 미국이 지지를 선언하는 순간 통독은 기정사실로 되고 말았다.

북한도 민주화 세력이 폭압적 앙시엥 레짐(구체제)을 타파하고 김정은 정권을 몰아낼 수준으로 성장하면 이런 꿈같은 평화 통일은 현실이 될 수 있다. 중국이 김정은 체제를 지켜주고 싶어도 북한 주민들의 민의를 이길 수는 없다. 현 상황에서는 상상도 할 수 없는 일이지만 철옹성 같은 북한 체제에도 균열이 발생하고 김정은 정권이 흔들리기 시작하면 뜻밖의 상황이 전개될 수 있다. 조직화한 민주화 세력이 존재하지 않더라도 북한 주민들의 누적된 분노가 폭발하고 집권 세력 내에서 김정은을 퇴진시키고 비핵·개방 노선으로 위기를 돌파해 새로운 미래를 열겠다는, 구소련의 미하일 고르바초프(Mikhail Gorbachev)같은 개혁적인 인물이 등장한다면 평화 통일의 가능성이 생길 수 있다.

한국 주도의 흡수 통일

둘째, 한국 주도의 흡수 통일이다.

흡수 통일은 김정은 정권의 오판과 잘못된 선택이 누적되어 북한 체제가 실패의 무게를 더 지탱할 수 없는 임계점에 도달해 민초들의 불만과 분노가 폭발할 경우에 가능성이 열린다. 이런 상황으로 몰리면 김정은 정권은 권력을 지키기 위해 봉기하는 주민들을 대량 학살하는 것도 주저하지 않을 것이다. 그러나 만약 김정은 정권이나 그 후속 정권이 주민 봉기를 진압하는 데 실패해 무정부 상태가 지속되고 인도적 재앙과 대량 탈북 사태로 이어질 경우에는 흡수 통일의 기회가 생긴다.

북한 내에 대량 학살과 인도적 위기가 계속되면 유엔 안보리는 '보호책임'(responsibility to protect, R2P)의 명분을 내세워 양민 보호와 안정화 임무를 수행할 다국적군 파견을 결의할 가능성이 있다. 그러나 한반도에 전략적 이해 관계를 가진 강대국들 간의 대립으로 안정화에 필요한 수십만의 다국적군을 구성하는 것은 불가능에 가깝다. 그런데 대한민국은 유엔 안보리의 승인 없이도 독자적으로 개입할 법적 근거가 있고 북한 안정화에 필요한 대규모 병력을 신속하게 투입할 수 있는 유일한 국가다. 우리 정부가 아무리 군사적 개입을 피하려고 발버둥쳐도 북한에서 대량 학살이 계속되고 수백만의 탈북자와 국내 유랑민(internally displaced person, IDP)이 발생하는 단계에 도달하게 되면 동족이 겪는 참사를 강 건너 불 보듯이 무한정 방관만 할 수는 없게 된다. 국제사회와 국내 여론의 개입 압력을 더 버틸 수 없는 상황으로 몰릴 수 있다.

흡수 통일의 기회는 김정은이 갑자기 사망하거나 유고 사태가 발생하고 후계 문제를 둘러싼 권력 투쟁이 내란으로 치달을 경우에도 찾아올 수 있다. 현재로써는 백두혈통 가운데 당내 서열이 높고 국정 경험이 있는 김여정이 후계자로서 가장 유리한 위치에 있다. 하지만 김정은 노선이 실패하고 집권 세력 내에서도 백두혈통의 권위가 무너지면 권력 승계를 둘러싼 내분이 일어날 수 있어 한국의 군사 개입이 불가피한 상황으로 치달을 가능성도 배제할 수 없다.

그런데 국군이 북한 전역을 장악하여 안정화를 달성한다고 해도 반드시 흡수 통일이 이루어진다는 보장은 없다. 안정화 작전이 완료 단계에 들어가면 북한 주민들에게 한국과의 통일에 찬성하는지 여부를 묻는 주민 투표(plebiscite)를 실시하고, 그 결과에 따라 선택하는 통일이라야 국제적인 정당성을 인정받을 수 있다.

무력에 의한 통일

끝으로, 무력에 의한 통일이다. 흡수 통일과 결과는 다를 바 없지만 최악의 통일 방법이다. 그러나 가능성을 완전히 배제할 수는 없다. 무력 통일의 기회가 올 수 있는 시나리오는 두 가지로 집약된다.

하나는 미국이 북한의 핵·미사일 능력의 고도화를 더 방치할 수 없고 평화적 해결도 불가능하다는 결론을 내리고 최후의 수단으로 선제공격을 선택할 경우이다. 이에 대해 김정은이 미국과의 전쟁을 피하고자 보복을 자제하고 미국과의 협상을 통해 핵을 순순히 포기하는 조건으로 체제 안전을 보장받는 딜을 선택하면 무력 통일은 물 건너간다. 김정은이 미국과의 전면 전쟁으로 일시에 모든 것을 다 잃을 것이냐 아니면 우선 정권을 유지하면서 후일을 기약할 것이냐의 양자택일의 상황에 몰리면 체면과 권위의 손상을 각오하고 '사는 길'을 선택할 가능성이 있기 때문이다.

그러나 만약 김정은이 선제공격을 당한 수모를 견디지 못하고 핵 미사일로 보복을 시도하면 수일 내에 북한군은 궤멸하고 북한은 폐허로 변한다. 한미연합군이 북한 전역을 점령하고 무장 저항 세력을 진압하면 통일은 마무리 단계에 진입한다. 다만, 흡수 통일의 경우와 마찬가지로 군사적으로 북한을 장악하더라도 북한 주민들의 자유 의사를 확인하는 요식 행위 차원에서 유엔 감시 하의 주민 투표를 거치거나 아니면 자유 선거를 통해 수립한 정부의 동의를 얻어야만 국제적으로 통일의 정당성을 인정받을 수 있다. 북한 주민의 절대 다수가 통일을 반대하고 별도의 주권국가 수립을 선택하면 한미 연합군이 북한에 주둔할 명분은 사라진다.

북한이 핵미사일로 선제공격을 해 오거나 전면 남침을 할 경우에도 엄청난 인명 피해는 피할 수 없지만 그 결말은 한국 주도의 무력 통일이 될 것이다. 북한의 무력 통일 시도는 미국과의 전면 전쟁을 의미하므로 한미동맹이 건재하는 한 북한 체제의 종말이 보장된 집단자살 행위에 불과하다. 김정은에게 적화통일이 아무리 중요해도 3대를 이어온 정권의 종식을 자초할 위험까지 감수할 만한 가치는 없다. 이성적 계산으로는 김정은이 미국과의 전쟁을 선택할 수 없지만, 역사에는 지도자의 오판과 오기가 전쟁의 원인이 된 사례가 차고 넘친다.

모든 상황에 대비해야

위의 세 가지 시나리오는 개념적인 구분에 불과하며 실제 상황은 더 복합적으로 전개될 것이다. 당장 어떤 시나리오도 현실화할 가능성이 희박하다고 준비를 소홀히 할 수 없다. 통일의 기회가 기적처럼 찾아올 때 이를 놓치지 않는 치밀한 전략이 필요하다. 1871년 독일 통일을 완성한 비스마르크(Otto von Bismark) 총리는 "신이 역사 속을 지나가는 순간 뛰어나가 그 옷자락을 놓치지 않고 잡아채는 것이 정치가의 책무이다"라는 명언을 남겼다.

향후 신정부의 임기 5년 동안 북한 내에 어떤 상황이 발생할지는 아무도 모른다. 국제사회의 대북 제재로 북한의 외화 수입이 고갈되면서 당면 경제난은 더욱 악화되겠지만 북한 주민들은 상당 기간 '고난의 행군'으로 참고 버틸 가능성이 크다. 하지만 엎친데 덮친격으로 코로나19 사태로 인한 국경 봉쇄 조치가 장기화하면서 장마당 경제도 빈사 상태에 빠졌다. 이 상황에서 김정은이 정면돌파하기 위해 내놓은 정책마다 다 실패하고 설상가상으로 홍수나 가뭄 등 천재지변도 연이어 발생한다면 억눌린 민심의 불만과 분노는 임계치에 접근해 갈 것이다.

이런 위급한 상황에서 북한 정권이 핵 능력의 일부라도 포기해서 절박한 민생 문제부터 해결하기로 한다면 위기를 무사히 넘길 수 있을 것이다. 그러나 김정은이 핵을 지키기 위해 민생을 희생하고 주민의 대량 아사를 감수하기로 한다면 북한 내에 변고가 발생할 가능성은 커진다.

알바니아에서는 다단계 판매망의 붕괴가 공산 정권을 종식하는 도화선이 되었고, 2022년 초 카자흐스탄에서는 LPG 가격의 인상이 정권을 흔드는 폭동을 촉발했듯이 북한 민초들의 분노가 임계치에 도달하면 평상시에는 문제될 수 없는 사소한 사건이 민심 폭발의 뇌관이 될 수 있다.

2008년 이명박 정부가 비핵화를 압박하기 위한 수단으로 대북 지원을 중단하자, 북한은 경제 위기를 극복하기 위한 비상 대책으로 화폐 발행 확대를 선택했다. 화폐 발행이 살인적인 인플레이션으로 이어지자 북한 당국은 이를 수습할 궁여지책으로 2009년 11월 구권 100원을 신권 1원으로 교환하는 화폐개혁을 단행했다. 문제는 가구당 교환 금액을 제한하면서 나머지 현금은 당국에 빼앗기게 된 것이다. 그뿐만 아니라 개혁 초기에는 교환 비율에 따라 하락세를 보였던 물가가 급상승하면서 주민들의 분노가 하늘을 찔렀다. 결국 북한은 화폐개혁의 책임자인 박남기 노동당 계획재정부장 등 100여 명을 공개 총살하는 극약처방을 내리면서 가까스로 들끓는 민심을 무마할 수 있었다. 여기에 김정일의 뇌졸중까지 겹치면서 북한은 유례없는 복합적인 위기를 맞았다. 북한은 천안함 폭침과 연평도 포격 등 대남 도발을 통해 내부 결속을 다지는 방법으로 겨우 위기를 넘길 수 있었다. 당시에는 북한 주민의 분노가 임계치에 도달할 만큼 팽배하지 않은 것이 북한 지도부로서는 행운이었겠지만 북한 정권이 앞으로도 그런 요행을 계속 누린다는 보장은 없다.

북한 체제에 균열 조짐이 보이는 순간이 오면 대처하기에는 이미 너무 늦을 수 있다. 정부가 급변 사태에 일사불란하게 대응하지 못하면 결국 상황에 끌려다니면서 상황이 정부의 선택을 지배하게 된다. 준비된 통일은 국운을 바꿀 축복이 되지만 준비되지 않은 통일은 재앙으로 변할 수 있다.

3. 북한의 법적 지위와 남북관계의 성격

남북관계의 성격과 북한의 지위는 국내법과 국제 현실 사이에서 괴리와 모순이 존재한다. 북한의 특이한 이중적 지위를 이해하지 못하면 유사시 북한 급변 사태에 대응하는데 혼선이 발생하고 동맹국과의 공조에도 차질이 생길 수 있다.

'One Korea' 원칙과 국제 현실 간의 괴리

남북은 정부 수립 이후 공히 "한반도에 하나의 국가만 존재한다"라는 즉 'One Korea' 원칙을 일관되게 고수해왔다. '1민족 1국가 원칙'은 통일의 염원과 당위성을 상징할 뿐만 아니라 남북관계를 규정하는 정신이다. 대한민국 헌법 3조의 영토 조항 및 4조의 평화 통일 원칙과 조선로동당 규약 전문의 적화통일 노선은 그 목적과 방법은 다르지만 'One Korea'를 지향한다는 점에서 공통성이 있다.

'One Korea' 원칙을 전제로 만들어진 현행 법제 하에서 북한 정권은 대한민국 영토의 절반을 불법 점거하고 국가를 참칭하는 '반국가 단체'다. 그러나 북한 지역을 70년 이상 실효적으로 지배하며 한국과 공존해 왔다는 점에서 정치적으로는 주권국가 수준의 자치권을 누리는 '무허가 광역지자체'라고 할 수 있다. 또한 정전협정에 서명한 '교전 당사자'의 자격도 보유하고 있다.

그런데 국제적으로는 한반도에 두 개의 주권국가가 병존한다는 현실이 점차 굳어짐에 따라 'One Korea' 원칙이 설 자리는 더욱 좁아지고 있다. 특히, 1991년 9월 17일 남북한의 유엔 동시가입은 국제적으로 한반도에 두 개의 코리아가 존재하는 현실을 공인했다는 점에서 남북한이 각기 고수하는 'One Korea' 원칙과 극명하게 대립된다.

아직도 대한민국만이 한반도의 유일한 합법 정부로 유엔의 승인을 받은 것으로 알고 있는 사람들이 있는데, 남북한의 유엔 동시가입으로 그런 주장을 하기가 더 어려워졌다. 물론 1948년 12월 12일 채택된 제3차 유엔총회 결의 195(III) 2항은 1948년 8월 15일 수립한 '대한민국'(ROK) 정부만을 유엔 감시 아래 자유 선거로 선출된 유일한 합법 정부로 승인했다. 유엔 감시 하의 자유 선거를 거부하고 9월 9일 38선 이북 지역에서 수립된 '조선민주주의인민공화국'(DPRK)에 대해서는 명시적으로 합법 정부로 승인한 바가 없다. 그런데 유엔헌장 제4조는 유엔 회원국의 자격을 주권국가로 한정하고 있다. 따라서 남북한의 유엔 동시가입은 DPRK를 주권국가로 인정한 것으로, 이를 대표하는 북한 정부를 공식 승인하는 절차는 생략

했지만 사실상 그 합법성을 인정한 것이다.

유엔총회가 대한민국을 유일한 합법 정부(lawful government)로 승인할 때도 사실 유엔 감시 하에 자유 선거로 수립된 합법 정부는 한반도에 대한민국밖에 없다는 의미였지, 북한을 포함한 한반도 전체를 대표하는 유일한 합법 정부로 인정한 것은 아니다. 총회 결의가 대한민국의 관할권을 자유 선거가 실시된 38선 이남으로 한정한 사실에 주목할 필요가 있다. 다만 유엔 임시위원회(The Temporary Commission)의 감시 아래 자유 선거가 이루어진 38선 이남에 한반도 인구의 절대다수가 거주하고 있다는 사실을 적시한 것은, 유엔이 추구하는 통일 정부 수립의 주체로서 대한민국에 정치적 정통성을 부여했다는 의미가 있다. 그럼에도 DPRK가 북한 주민의 자유 의사에 따라 수립된 합법 정부인지에 대해서는 유엔이 언급을 자제했다. 소련과 북한의 방해로 38선 이북 지역에서는 유엔 감시 하의 자유 선거가 불가능해 DPRK의 합법성 여부를 판단할 위치에 있지 않았기 때문이다. 이 문제의 정확한 이해를 위해 제3차 유엔총회 결의 195(III) 2항 원문을 인용해 보겠다.

"Declares that there has been established a lawful government (the Government of the Republic of Korea) having effective control and jurisdiction over that part of Korea where the Temporary Commission was able to observe and consult in which the great majority of the people of all Korea reside; that this Government is based on elections which were a valid expression of the free will of the electorate of that part of Korea and which were observed by the Temporary Commission; and that this is the only such Government in Korea."

남북한의 유엔 동시가입 이전에도 국제사회가 북한 지역에 대한 대한민국의 관할권을 인정하지 않은 것은 상기 유엔 결의에 근거를 두고 있다. 대표적인 사례가 한국전쟁 당시 유엔군이 38선을 돌파한 이후 북한 지역의 법적 지위에 대한 미국과 유엔군의 입장이다. 대한민국 정부는 헌법 정신에 따라 북한을 대한민국의 수복 영토로 간주하려고 했지만 미국은 한국의 관할권을 부정하고 유엔군의 점령 지역으로 간주했다. 1950년 10월 30일 이승만 대통령이 평양을 방문할 때도 미국과 유엔군은 대한민국 대통령의 자격으로 방문하는 것을 거부하고, 유엔군 사령관의 허가를 받아 개인 자격으로 유엔군의 점령 지역을 방문하는 형식으로 이루어졌다.

1965년 한일청구권협정 체결 당시에도 한국 측은 대일 청구권자금이 북한 주민들의 몫까지 포함하는 것으로 해석하려고 했지만 일본은 이를 거부했다. 일본이 북한에 대한 대한민국의 관할권을 인정했다면 북한과 별도의 청구권 협정을 통해 추가적 예산을 낭비할 필요가 없을 것이다. 그럼에도 불구하고 일본은 예산 절감보다는 법적 원칙을 고수하는 선택을 한 것이다.

이렇듯 대한민국 정부 수립 직후부터 북한의 법적 지위에 대한 우리 정부의 입장은 국제사회에서 인정받지 못했고 1991년 남북한의 유엔 동시가입은 'Two Korea' 체제가 더욱 굳어지는 결정적인 계기가 되었다.

1991년까지 북한이 남북한의 유엔 동시가입에 결사반대한 논리도 동시가입이 영구분단을 고착화한다는 것이었다. 그런데 중국이 한국의 주도 아래 1991년 APEC에 가입하게 되면서 한국의 단독 유엔 가입에 거부권을 행사하지 않겠다는 입장을 북한에 통보하자 북한 입장이 돌변하게 된 것이다. 북한은 한국만 유엔에 단독 가입하는 사태를 막기 위해 한국보다 한발 먼저 유엔 가입신청서를 제출해 결국 남북한의 가입 신청은 패키지로 동시 처리되었다. 여담이지만, 당시 한국과 APEC 가입 교섭을 맡은 중국 외교부의 국제사(國際司)는 유엔 업무도 관장하고 있었기 때문에 한중 간에는 남북한의 유엔 동시가입 절차에 대한 긴밀한 사전 협의도 이루어졌다. 남북한 유엔 동시가입은 한중 양국이 사전 양해된 방식으로 실현되었다고도 볼 수 있다.

남북관계의 법적 혼란 정리한 남북기본합의서 체제

남북은 유엔 동시가입에도 불구하고 'One Korea' 원칙을 포기할 생각이 없었다. 국제사회에서 공인된 'Two Korea' 체제와 남북이 각기 고수한 'One Korea' 원칙 간의 충돌과 모순을 해소하기 위한 궁여지책이 바로 1991년 12월 13일에 남북 총리회담에서 서명되고 1992년 2월 18일 발효한 남북기본합의서다. 합의서는 유엔 동시가입 이후 남북관계의 본질과 원칙을 재정립한 가장 중요한 역사적 문서인데 그 전문에서 남북관계를 "나라와 나라 사이가 아닌 통일을 지향하는 과정에서 잠정적으로 형성되는 특수관계"로 규정했다.

특수관계는 무엇을 의미하는가? 세계 모든 나라가 남북을 별개의 주권국가로 인정하더라도 남북 간에는 서로 주권국가로 인정하지 않는다는 뜻이다. 자신만이 한반도의 유일한 주권국가라는 대전제를 바탕에 깔고 있으면서 통일이 이루어질 때까지 상대방을 한시적으로 평화롭게 공존할 정치적 실체로 인정하기로 한 것이다. 주권국가가 아닌 정치적 실체라면 지방정부나 임시행정특구와 다를 바 없다. 다만 중앙정부의 통제를 받지 않고 무제한의 자치권을 누린다는 점에서 사실상 주권국가에 준하는 특별지자체라 할 수 있다.

이는 상대방이 관할 지역을 안정적으로 통치하는 동안에는 자치권을 존중하지만 만약 자치 능력을 상실하면 중앙정부의 자격으로 자치권을 회수하고 직할 통치를 할 수 있는 근거를 남겨주었다는 점에서 심오한 의미를 가진다.

4. 대북 군사 개입의 법적 근거

한국만 보유한 개입 근거

북한 체제가 붕괴해 자치 능력을 상실할 경우 대한민국만이 유엔 안보리의 승인 없이 안정화를 위한 국군 병력을 북한 지역에 투입할 수 있는 근거도 바로 남북기본합의서에 있다. 우리 정부가 헌법 3, 4조를 근거로 북한에 군사적 개입을 할 경우 다른 나라들이 시비할 수 있다. 제3국의 입장에서 볼 때 북한은 독립 주권국가이기 때문에 자위권의 범위를 벗어나는 군사 개입은 안보리의 사전 승인을 받아야만 합법성을 인정받을 수 있기 때문이다. 그러나 남북 간 양자 조약 형식의 기본합의를 통해 상대방을 주권국가가 아닌 지방정부에 준하는 단체로 인정하기로 했다면 북한 내부의 변고는 국내 문제가 된다. 따라서 대한민국 중앙정부가 지자체의 내부 혼란을 수습하기 위해 군사 개입을 감행하는 것이 되어 제3국이 시비할 근거가 없어진다. 대만이 독립 선언을 할 경우 중국이 개입할 권리를 주장하는 것과 일맥상통하면서도 다른 점은 한국의 개입 권리는 남북 간 합의를 통해 간접적으로 북한의 인정을 받았다는 것이다.

물론 국내 문제라 하더라도 이로 인해 안보 이익을 침해당하는 국가는 한국의 개입을 시비할 구실을 찾겠지만 남북 간 합의에 근거를 둔 군사 행동은 국제적으로 정당화하는 데 부담을 덜 수 있고 이에 대한 시비에도 법적·논리적으로 당당하게 반박할 수 있다. 특히, 남북기본합의서가 남북한의 유엔 동시가입 이후에 발효한 사실은 '후법(後法) 우선의 원칙', '특별법 우선의 원칙'에 따라서 우리 입장을 강화할 근거를 제공한다.

그러나 남북기본합의서가 제공하는 법리는 대한민국이 중앙정부 자격으로 신속하고 효과적으로 북한 지방정부의 자치권을 회수하고 직할 통치를 기정사실로 할 능력을 보유할 때 진가를 발휘할 수 있다. 만약 러시아가 우크라이나를 침공하는 방식으로 중국이 먼저 북한을 침공해 점령해버린다면 이는 국제법상 명백한 불법이지만 항의하고 철군을 요구해봐야 중국이 불응하고 버티면 이를 되돌릴 마땅한 방법이 없다.

제3국의 개입 근거

북한 체제가 붕괴해 공권력이 마비되고 인도적 재앙이 발생할 경우 외부 세계가 합법적으로 무력 개입을 할 수 있는 근거로는 두 가지가 있다.

하나는 유엔헌장 51조에 규정된 집단적 또는 개별적 자위권이다. 북한의 핵·미사일 위협을 받는 나라들은 북한의 군 지휘통제 체제가 마비되면 안보리의 사전 승인 없이 개별적으로나 집단적으로 핵·미사일의 제거와 안전 확보를 위한 선제적 군사 행동에 나설 수 있다. 핵·미사일을 장악하는 세력이 이를 함부로 사용하거나 국제 테러단체 또는 불량국가에 유출할 위험성이 분명하고 급박해지기 때문이다. 다만, 이러한 자위권 차원의 행동은 원칙적으로 북한 내 모든 핵·미사일 기지의 제거, 핵탄두와 이를 운반할 미사일의 색출과 해체, 핵물질의 반출과 생산시설의 폐기, 화학무기의 폐기 등에 국한되어야 정당성에 대한 시비를 차단할 수 있다.

북한 급변 사태에 관한 관련국 간 비공개 협의 과정에서 중국 군부 인사들은 북한의 핵무기 프로그램 해체에 자신들도 참여해야 한다고 주장하면서, 미군이 북한 핵·미사일 폐기 완료 후에도 다른 명분을 내세워 계속 북한에 잔류할 가능성에 대해 우려를 표한 바가 있다. 북한 핵이 중국을 겨냥한 것이 아니라는 점에서 중국이 자위권을 발동할 근거는 없지만 이를 확대 해석하여 군사적 개입의 빌미로 이용할 가능성은 있다.

또 하나의 개입 근거는 유엔 안보리의 승인이다. 한국 외의 모든 국가는 자위권의 범위를 넘어 북한 안정화를 목적으로 군사력을 투입하려면 원칙적으로 안보리의 사전 승인이 필요하다. 다만, 이러한 절차에 예외가 늘어나면서 원칙이 흔들리고 있다. 1990년대 구유고 내전에 NATO가 안보리의 승인 없이 집단 안보 차원에서 개입한 선례가 있고, 코소보 사태에서도 러시아의 반대로 안보리의 승인을 받지 못하자 NATO가 이를 무시하고 개입을 강행한 바 있다. 러시아가 2014년 우크라이나 영토인 크림반도를 점령하고 병합한 것도 코소보 사태의 선례를 교묘하게 악용한 것이다.

중국의 경우 1961년 체결한 '조·중 우호협력 및 상호원조 조약에 따라 북한이 외부의 무력 공격을 받을 경우에는 중국의 지원 의무가 발생한다. 중국 외교부는 북한 정권의 붕괴로 발생하는 내부 사태에는 군사적으로 개입할 조약상의 근거가 없으므로 이를 위해서는 안보리의 사전 승인이 필요하다고 해석해왔다. 북한 급변 사태에 관한 관련국 간 비공개 협의에서도 이를 확인한 바 있다.

그러나 이러한 해석은 '정당한 안보 이익을 지킨다'는 구실을 내세워 언제든 자의적으로 바꿀 수 있고 남중국해 분쟁에서 보여주듯이 국제법을 거부하는 것도 어렵지 않다. 중국 군부의 입장에서는 대만이 독립을 선언할 때 동원할 전력도 모자라는 판국에 한미 양국과의 충돌을 각오하고 북한 내부 혼란을 수습하는데 수십만 병력을 투입해야 하는 상황을 반길 수는 없을 것이다. 그럼에도 불구하고 북한의 불안정 사태가 장기화하고 수백만의 북한 난민이 중국으로 유입되면 안보리 승인 없이 군사 개입을 강행할 개연성이 있다.

5. 'One Korea' 원칙을 포기할 수 없는 이유

이렇듯 남북기본합의서가 보장하는 'One Korea' 원칙은 어떤 시나리오 하에서 통일의 기회가 오더라도, 우리 정부에 선택의 폭을 넓혀주고 우리의 의지에 따라 통일의 기회를 살려 한민족의 새로운 미래를 열어가게 할 비장의 열쇠다. 'One Korea' 원칙을 포기하는 것은 사실상 통일을 포기하는 것이다.

천만다행으로 북한도 'One Korea' 원칙을 쉽게 포기할 수 없다. 적화통일이 북한의 정체성과 존재 이유를 규정할 뿐 아니라 '남조선

지방정부'가 자치 능력을 상실하고 내부 혼란에 빠질 경우 북한도 군사적 개입을 통해 적화통일의 숙원을 달성할 수 있다는 미련을 버릴 수 없기 때문이다. 2021년 1월 8차 당대회에서 개정된 조선로동당 규약이 전문에서 당의 최종 목적을 한반도 전역에서 "공산주의 사회를 건설하는데 있다"라고 명시한 것도 남북기본합의서의 정신과 원칙에 입각한 적화통일 목표를 재확인한 것이다.

북한이 'One Korea' 원칙에 따른 적화통일 노선을 일관되게 고수하는 것이 대한민국에 꼭 해로운 것은 아니다. 오히려 남북기본합의서 체제에 따라 한국 주도의 통일에 정당성을 부여한다는 점에서 '가장된 축복'(blessing in disguise)이고 북한에는 돌이킬 수 없는 자충수라 할 수 있다.

만약 북한이 적화통일 노선을 포기한다면 'One Korea' 원칙과 남북기본합의서 체제는 설 땅을 잃게 되고, 유사시 독자적인 대북 군사 개입을 할 명분과 정당성은 치명적인 타격을 입게 될 것이다.

평화적 정권 교체의 전통이 확립되어 있고 자유 선거를 통해 주기적으로 정권을 교체할 수 있는 대한민국에서는 원천적으로 북한이 군사적으로 개입할 수준의 무정부 상태가 발생할 수 없다. 그러나 김정은에게 모든 권력이 집중되어 있는 북한의 '유일적 영도체제' 아래에서는 최고지도자의 유고가 체제의 유고로 비화할 개연성이 있다는 측면에서 남북기본합의서 체제는 유사시 우리에게 압도적으로 유리하다.

6. 'One Korea' 원칙에 대한 도전은 어디서 오나?

그럼에도 불구하고 앞으로 김정은 정권이 연명한다면 시간이 흐를수록 'One Korea' 원칙은 퇴색하고 '1민족 2국가 체제'가 굳어질 것이다.

'One Korea' 원칙에 대한 일차적 도전은 남북한 내부의 통일에 대한 의지와 기류의 변화에서 온다. 한국의 진보 세력은 이미 북한을 주권국가로 인식하고 대우하려는 경향이 있다. 심지어 북한이 자신만이 한반도의 유일한 주권국가임을 과시하고 대한민국을 지방정부로 폄하하려는 악의적인 의도를 드러내도 문제를 제기하는 진보 인사를 찾아볼 수 없다.

문재인 대통령은 2018년 9월 평양 방문 당시 북한이 인공기로 환영하는 모욕적인 의전을 연출했는데도 항의는 고사하고 능라도 군중대회에서 대한민국의 국호조차 사용하지 못하면서 자신을 '남쪽 대통령'으로 비하하는 치욕까지 자청했다. 그러나 이는 북한이 악의적으로 쳐놓은 덫에 걸려든 의전 참사이지, 이를 우리 정부가 북한 중심적 'One Korea' 원칙을 공식적으로 수용한 증거로 보기는 어렵다.

종북 세력 일각에서는 대한민국을 '태어나지 말았어야 할 나라'로 매도하고 북한을 한반도에서 정통성을 가진 유일한 정부로 받드는 듯한 언행을 보이는 경우도 있지만, 진보 세력의 주류는 여전히 적화통일에 반대하고 남북이 별도의 주권국가로서 평화롭게 공존공영하는 것을 선호하는 것 같다.

그런데 북한을 주권국가로 간주하는 경향은 진보 진영에만 국한된 현상이 아니다. 보수 언론과 논객들도 무의식적으로 북한을 국가로 지칭하는 일이 일상화되고 있다. 'One Korea' 원칙은 점차 구시대의 잔재로 인식되고 통일 담론에서조차 실종되어 가고 있다.

특히, 미래의 주인이 될 2040 세대에서는 남북이 서로 간섭하지 않고 별도의 주권국가로 공존하는 것을 당연시하는 기류가 지배적이다. 2021년 통일연구원이 실시한 통일의식조사에서 통일이 필요하다는 여론은 25.4%에 불과했다. 특히 밀레니얼 세대(20~40대)는 12.4%로 조사 세대 중에 가장 낮았다.

북한은 통일을 원할까?

북한의 적화통일에 대한 정치적 의지도 약화해왔다. 김정은이 2021년 1월 조선로동당 제8차 대회에서 통일을 언급하고, 개정된 당 규약에서도 "전국적 범위에서의 공산주의 사회 건설"을 당의 최종목표로 설정하고 있다. 하지만 이는 3대에 걸쳐 견지해온 당의 불변 목표에 대한 상투적인 립 서비스(lip service) 수준에서 벗어나지 못하고 있는 인상을 주고 있다.

김일성이 1960년 남북연방제 통일 방안을 제안한 이래 북한은 공식적으로 입장을 바꾼 적은 없지만 냉전 종식 이후에는 점차 통일에 대한 수세적인 자세를 보여 왔다. 1991년 남북기본합의서도 소련과 동구 공산 진영의 해체 이후 고립무원 상태에 처한 북한이 한국에 의한 흡수 통일을 막기 위한 방패로 삼으려는 것이었다.

당시 북한의 연형묵 총리가 남북기본합의서 협상을 위한 남북 총리회담과 1991년 10월 3일 유엔총회 기조연설에서 "먹고 먹히는 식의 통일"에 반대한다는 입장을 공개적으로 표명한 사실에서도 독일 통일 이후 흡수 통일에 대한 북한의 공포감을 확인할 수 있다.

연형묵 총리가 유엔총회 연설에서 제안한 남북연방제 통일 방안도 흡수 통일을 저지하기 위한 수세적 대안으로 봐야 한다. 남북이 별개의 제도와 정부를 유지하면서도 적화도 북침도 용납하지 않는 통일 방안이라고 선전한 것을 보면 실제로는 연방제와는 거리가 먼 국가연합을 의미한다고 볼 수 있다. 2000년 김대중 대통령과 김정일 국방위원장이 정상회담에서 합의한 6.15공동성명에서 "남측의 '연합제안'과 북측의 낮은 단계의 '연방제안'이 서로 공통성이 있다고 인정"한 것도 이와 궤를 같이한다.

북한이 연방국가의 모든 권력을 영구히 독점한다는 보장이 없다면 연방제는 오히려 북한에 유리할 것이 별로 없고 자칫 한국에 흡수될 위험만 키운다. 외부 정보의 유입을 차단하고 한류 '바이러스'의 침투를 막아내는데 정권의 운명을 걸어야 하는, 이를 위해 '반동사상

문화배격법'을 제정해야 할 만큼 주민들의 사상적 해이를 막는데 절박한 정권이라면 어떤 형태의 통일도 받아들이기 어렵다.

느슨한 형태의 국가연합이라 하더라도 대한민국의 문화적 경제적 침투 및 지배에 대한 취약성만 더욱 키울 뿐이다. 말로는 외세의 간섭 없는 자주적 통일을 주장하지만 내심으로는 통일이 초래할 내부적 변화와 체제에 대한 도전을 감당할 자신이 없을 것이다. 그렇다고 북한이 3대에 걸쳐 60년 이상 고수해온 대남 전략을 과감하게 폐기하고 2국가 체제로 전환하자는 제안을 먼저 내어놓을 자신도 없을 것이다. 물론 한국 측이 제안하면 이를 노선 전환의 호기로 삼아 호응해올 가능성은 있다.

대북 안전보장이 통일에 제기할 도전

'One Korea' 원칙에 대한 또 하나의 도전은 미·북 간 비핵·평화 협상이 진전되어 미국이 북한에 약속한 평화체제 수립과 안전보장이 실현될 때 제기된다.

물론 북한이 비핵화를 완료하기 전에는 평화체제와 안전보장이 발효될 수 없지만 북한이 핵 포기 결단을 내리는 기적이 일어날 때는 미국도 약속을 지켜야 한다. 대북 안전보장을 제공한다면 핵보유국들이 1994년 12월 5일 '부다페스트 메모랜덤'(Budapest Memorandum)을 통해 우크라이나, 벨라루스, 카자흐스탄 3개국에 제공한 안전보장(security assurance)이 선례로 원용될 가능성이 크다.

이들 3개국에 제공한 안전보장에는 핵을 포기하는 조건으로 무력 불사용, 국경선의 불가침, 정치적 독립을 존중하는 내용이 포함되어 있는데, 이를 토대로 북한에도 동일한 수준의 안전보장을 제공한다면 'One Korea' 원칙에 입각한 통일과는 정면으로 배치된다. 물론 'One Korea' 원칙과 통일보다 비핵화가 더 중요하고 시급하므로 북한에 영토와 주권의 불가침을 약속하는 대가를 지불하더라도 비핵화가 보장된다면 이를 마다할 수는 없다. 미국의 대북 안전보장에 한국이 구속되는 것은 아니지만 동맹국의 공약이 유사시 우리의 선택을 제약할 수 있다.

러시아가 1994년 우크라이나에 제공한 안전보장을 완전히 무시하고 2022년 2월 24일 침공을 감행하는 것을 보면서 북한은 이를 교훈삼아 미국에 의회의 동의를 받은 법적 구속력이 있는 안전보장을 요구할 것이다.

한국의 평화협정 참여가 자승자박이 될 가능성

기존의 정전협정을 대체할 평화협정에 북한의 주권과 영토의 불가침을 규정하는 조항이 들어갈 수 있다. 만약 이런 조항이 평화협정에 포함된다면 'One Korea' 원칙을 부정하는 것이므로 미·북 간에만 체결하고 한국과 중국은 당사국에서 빠지는 것이 바람직하다. 한국이 이에 서명하는 것은 유사시 자승자박을 자초할 수 있기 때문이다.

평화협정 서명을 피할 수 없을 때는 남북 간 별도의 부속서나 양해각서를 통해 남북관계가 국가 간의 관계가 아니라는 남북기본합의서 전문을 재확인하고 평화협정에서 이러한 원칙과 배치되는 내용은 남북 상호 간에는 적용되지 않는다는 단서를 추가할 필요가 있다. 미·북 평화협정에 참여하는 것을 자랑스럽게 여길 것이 아니라, 참여할 경우 유사시 우리의 선택을 제약할 위험성이 없는지를 면밀히 살펴보고 경계해야 한다.

중국이 당사국으로 참여하면 북한에 변고가 발생해 한반도 평화가 위태로워질 때 중국이 평화협정을 근거로 북한에 개입할 빌미를 줄 수 있다. 북한이 중국의 평화협정 참여에 강력히 반대해 온 것도 민족 내부 문제에 중국의 개입을 허용하지 않겠다는 의지를 반영한 것이다. 중국의 참여를 배제하는 데는 남북 공조도 필요하다.

한중 및 미·중 간에는 이미 외교 관계가 수립되어 있으므로 새삼스럽게 전쟁 상태를 종료하는 평화협정을 체결할 필요가 없다. 국교 수립은 전쟁 상태의 종식과 평화 상태의 회복을 전제로 하기 때문이다.

'One Korea' 원칙의 불안한 미래

제반 상황을 고려할 때 'One Korea' 원칙은 계속 고수해 나갈 충분한 가치가 있다. 따라서 대한민국이 먼저 함부로 포기해서는 안

된다. 당장 북한에 급변 사태가 발생할 가능성이 희박하고 급변 사태가 발생하더라도 군사적 개입을 고려할 처지가 아니라는 이유로, 미래에 가용한 옵션을 포기하는 것만큼 어리석은 일은 없다. 미래는 불확실하고 예측하기도 어렵다. 북한에 언제 어떤 상황이 발생할지는 북한 정권조차 알 수 없는 일이고, 따라서 급변 사태가 발생하면 우리 정부가 선택할 수 있는 행동의 범위는 넓을수록 대처하는 데 유리하다.

군사적 개입을 피하고 싶어도 도저히 피할 수 없는 상황이 발생할 때 유엔 안보리의 승인을 받아야 개입할 수 있게 된다면 거부권을 가진 중국과 러시아의 손에 한반도의 운명을 맡겨 두는 것과 같다. 남북기본합의서가 보장한 'One Korea' 원칙을 원용하면 주변국의 '결재'와 간섭 없이 독자적으로 개입할 방법이 있다. 그런데도 이런 천금 같은 옵션을 자발적으로 포기한다면 통일의 기회가 코앞으로 찾아와도 이를 놓치는 천추의 우를 범하는 것이다.

그러나 남북기본합의서 체제가 제공하는 이러한 결정적 장점에도 불구하고 북한이 먼저 '하나의 조선' 원칙에 따른 적화통일 노선을 포기하고 '1민족 2국가' 체제로 전환하자고 제안한다면 현실적으로 거부하기는 어렵다. 진보 세력은 기다렸다는 듯이 쌍수를 들고 환영하면서 김정은의 '계몽군주'다운 '선견지명'과 '영도력'에 대한 칭송을 아끼지 않을 것이다. 보수 진영에서도 2국 체제가 한반도의 미래에 약인지 독인지 결론을 내리지 못하고 우왕좌왕하다가 대세를 추종할 가능성이 크다.

2국 체제가 국민과 정치권의 압도적인 지지를 받고 또 정부가 2국 체제의 함정을 국민에게 납득시킬 능력이 없다면 헌법 3, 4조의 영토 조항과 통일 조항을 삭제하는 국민 투표를 통해 국론을 통일하는 수밖에 없다. 이는 'One Korea' 원칙에 입각한 통일의 문을 닫아버리는 것이지만, 남북관계가 두개의 정상적 주권국가 관계로 전환된다고 해서 세상의 종말이 오는 것은 아니다.

남북이 정치적 통일을 이루는 것은 불가능하겠지만 교류·협력의 폭을 다른 이웃나라만큼 넓혀 가면서 민족의 동질성을 회복하면 조약을 통해 경제 통합을 이룰 가능성은 열려 있다.

7. 통일 준비를 위한 핵심 과제

경제중심적 통일 담론의 문제점

지금까지 통일 담론을 지배해온 쟁점은 경제적 득실이었다. 박근혜 정부의 '통일대박론'도 통일이 가져올 경제적 실익에 초점이 맞춰져 있었다. 경제적 득실이 아무리 중요하더라도 2천 5백만 동족이 세계 최악의 압제에서 해방되어 인간다운 삶을 누릴 기회를 찾는 것보다 어떻게 더 소중할 수 있나. 통일이야말로 사람이 먼저다.

통일 비용도 정해진 금액이 없다. 천문학적인 가상 숫자를 정해 놓고 미리 겁먹을 필요가 없다. 결혼식 비용이 많이 든다고 결혼을 포기할 것이 아니라 형편에 맞게 하면 된다. 통일 비용도 무엇을 어떻게 하느냐에 달려있고 우리의 능력과 형편에 따라 부담하면 된다.

북한 경제를 대한민국 수준으로 끌어올리려면 엄청난 비용이 들어가는 이치는 대한민국을 서울 수준으로 통일하거나 서울을 서초구나 강남구 수준으로 통일하는데 천문학적 비용이 들어가는 이치와 다를 바 없다.

가장 중요한 것은 통일 이후 북한 주민의 생활이 지금보다 훨씬 더 나아질 수밖에 없고 손해 볼 남한 주민도 별로 없다는 것이다. 그리고 북한 개발에 투자하는 재원보다 그 투자에서 거둘 이익이 더 많아지거나, 또는 북한의 자산 가치가 투자 비용 이상으로 상승한다면 경제적으로도 결국 '대박'이 될 수밖에 없다. 북한의 토지 소유 제도만 그대로 유지한다면 북한 개발은 국유지를 개발하는 것과 다를 바 없다.

경제적 손익을 따지려면 기업의 인수합병 모델이 유용할 것이다. 통일은 방대한 부동산을 보유하고 있으면서도 신용과 운영 자금이 없어 파산한 부실기업을 삼성전자와 같은 우량 대기업이 인수합병하는 것과 유사하다. 인수 조건이 피인수 기업의 고용을 유지하고 최저 생계를 보장하는 것이라면, 새로 취득한 부동산에 첨단 반도체 공장을 지어 인수 자금을 회수하고 막대한 이익을 남기는 것도 가능할 것이다. 국가 주도로 북한 국유지를 공공개발해 임대하거나 매각하면 손해 볼 일이 없다.

영국 치하의 홍콩이 관세가 없는 자유항으로서 세계에서 가장 낮은 법인세와 소득세제를 유지하면서도 가장 효율적인 행정과 공공 서비스를 제공한 비결은 국유지 임대 수입 덕분이었다. 북한의 국유지 개발에서 얻을 수 있는 수익은 통일한국의 재정 건전성을 담보할 버팀목이 될 것이다.

통일 비용을 산출하는 데 있어 정부의 재정 부담과 기업의 투자는 엄연히 구별해야 한다. 정부의 일차적 책임은 도로, 철도, 항만, 공항, 산업단지 등 사회 인프라를 건설하고 이에 따라 이주할 주민들에게 주택을 제공하는 것이다. 물론 그 외에 북한 주민들에게 교육과 의료 혜택을 제공하고 기본소득을 보장하는 것도 정부의 몫이다. 통일 이후 북한 재개발과 주민들의 최저생계 보장에 소요되는 예산은 우리 경제력으로 감당 못 할 이유가 없다.

국내 사회간접자본(SOC) 건설 예산의 2/3 이상은 토지 보상비로 나간다. 단순 계산만 해봐도 한 해 중앙정부의 SOC 예산(2022년 28조 원 규모)을 모두 북한 개발에 사용한다면 3배 이상의 사업을 할 수 있다는 의미다. 국내의 불요불급한 SOC 예산을 절감하고 복지 포퓰리즘을 자제해 북한 국유지 개발에 투자해도 북한 전역은 공사장으로 변할 것이다. 20년간 집중적인 개발을 통해 세계 최고 수준의 SOC가 완비된다면 북한은 민간기업들에 새로운 엘도라도(El Dorado)가 될 것이다. 투자는 시장 원리에 따라 토지, 임금 등 생산 요소 가격이

저렴하고 양질의 노동력이 풍부하며 정치적으로 안정된 지역에 몰리게 되어 있다. 북한 국유지의 공공개발과 민간기업의 대북 투자 열풍은 수많은 새로운 일자리를 창출할 것이며, 북한 개발 특수는 수십 년간 통일한국의 경제 성장을 견인할 것이다.

재정 건전성이 통일기금 적립이다

통일을 위한 경제적 준비는 재정 건전성 강화가 최선의 방안이다. 재정의 부실화가 통일의 가장 큰 적이고 여야 간 무상복지 확대 경쟁은 통일 저지 경쟁이나 다름없다는 사실을 정치권은 명심해야 한다. 북한 내 인프라 건설 비용을 조달하는 것은 어렵지 않지만 우리의 복지제도를 북한으로 확대하는 데는 천문학적인 비용이 들어갈 수 있다. 독일 통일에 들어간 비용의 80% 이상이 복지제도에 따른 소득 이전이었던 사실을 타산지석으로 삼아야 한다.

우리의 국가채무비율이 다른 선진국에 비해 낮다고 무작정 늘릴 수 없는 이유는 통일이 이루어질 때 재정 지출이 폭발적으로 늘어날 상황에 대비하고 있어야 하기 때문이다. 통일 이후 20년 동안은 국내총생산(GDP) 대비 국가채무비율이 40~50% 늘어나도 이를 소화할 만한 재정 건전성을 유지하고 있어야 통화가치와 국가신용등급을 안정적으로 유지할 수 있다. 국가채무비율을 50% 이하로 억제할 수 있다면 굳이 통일기금을 미리 조성할 필요가 없다.

북한을 경제 · 행정특구로 지정하는 특별법부터 제정해야

향후 5년 이내 북한 체제가 붕괴할 가능성이 거의 없다 하더라도 정부는 항상 예기치 않은 비상 사태에 대비하고 있어야 한다. 즉 법적 · 제도적 장치부터 미리 갖추어 놓아야 시행착오와 혼란을 줄일 수 있다.

현행 헌법 체제에서는 대한민국이 북한 지역에 대한 행정권을 접수하는 순간부터 대한민국의 법과 제도를 수복 지역에서 그대로 시행하게 되어 있다. 이는 심각한 행정적 혼란과 경제적 후유증을 초래하고 통일 비용은 천문학적으로 늘어날 것이다. 북한 주민의 근로 의욕을 저하하고 대북 투자를 위축시켜 북한 지역의 재개발과 경제적 도약도 지연될 수 있다.

따라서 정치적 통일 이후에도 일정 기간은 북한을 행정 · 경제특구로 지정해 별도의 법과 제도를 시행하는 '1국양제'(一國兩制)를 유지할 필요가 있다. 이를 위해서는 북한의 수복 지역에서 시행할 특별법을 통일 이전에 미리 제정해 두어야 한다. 남북 간 정치 · 경제 · 사회 제도의 통합을 달성하는 데는 최소한 10~20년이 소요될 것이므로, 이 기간에 한시적으로 북한 지역에서 시행할 별도의 법과 제도는 반드시 필요하다. 1984년 영국과 중국 간의 홍콩반환협정에 따라 영국은 1997년 중국에 홍콩을 반환했지만, 2047년까지 50년 동안은 홍콩의 기존 법과 제도를 유지하도록 합의했다.

한국의 현행법을 그대로 북한 지역에 적용할 경우 발생할 혼란의 단적인 예가 바로 최저임금제도다. 한국의 시간당 최저임금은 북한 시장에서 거래하는 실효 환율로 환산할 때 북한 근로자의 한 달 평균 소득보다 높다. 한국의 최저임금을 북한 지역에 그대로 적용하면 북한의 임금은 일거에 수백 배 상승하게 돼 고용창출 효과가 큰 노동집약적 산업일수록 대북 투자의 이점은 상실하게 되고 북한 근로자들의 근로 의욕도 떨어질 수 있다. 한국의 기초생활수급보장제도도 북한의 실정에 맞게 조정해 단계적으로 시행해야 하는데 북한 주민들이 통일국가의 미래에 대한 신뢰와 희망을 품게 할 수준의 기본소득 지원은 불가피할 것이다.

8. 북한 안정화의 과제

최우선 과제는 주민 이동 최소화

북한 체제의 붕괴에 따른 혼란을 수습하고 안정을 회복하는 과정에서 가장 큰 도전은 민심의 동요를 막고 주민들의 이동을 최소화하는 것이다. 식량 수급 체계의 마비는 국내 유랑민과 탈북 난민의 양산으로 이어지고 민심이 흉흉해질수록 반군 세력이 준동할 공간은 커진다.

따라서 대규모 식량을 최단 시일 내 북한 전역으로 수송해서 창고를 채워 식량 수급에 대한 북한 주민의 불안을 해소하는 것이 급선무다. 말단 행정 단위에 이르기까지 도로 및 하천 정비 사업 등 긴급 일자리 창출 프로젝트(crash project)를 동시다발적으로 진행하고 여기에 참여하는 주민의 노임을 식량 쿠폰으로 지불하면 모든 주민들은 거주지에서 단순노동만으로도 당장 필요한 식량을 충분히 확보할 수 있다.

또한 북한 주민을 부동산에 묶어 두는 것이 국내 유랑민의 발생을 줄이는 데 결정적인 역할을 할 수 있다. 예컨대, 기존 농지의 경작권과 주택 거주권은 실제 경작하는 농민과 실거주자에게만 보장하고 타지역으로 이주하면 상실하는 제도를 시행하면 다른 지역에서 더 좋은 일자리를 구할 때까지는 주민들이 이동을 자제할 것이다.

인민군 무장 해제가 안정화의 관건

북한 안정화는 국군의 진주에 저항하는 무장 세력을 제압하고 소탕해야 완료된다. 궁극적으로는 인민군의 무장 해제가 이루어져야 무장 저항 세력이 발붙일 틈도 없어진다. 인민군을 무력으로 제압하여 강압적으로 무장을 해제하는 것은 무모한 일이다.

무장 해제 과정을 순탄하게 관리하고 인명 손실을 최소화하려면 인민군 장교들의 자발적인 전역을 유도할 파격적인 인센티브 제공이 필요하다. 장교들의 자존심과 명예가 상처입지 않게 격에 맞는 전역식을 거행하도록 배려하고 계급에 따라 국군 장교와 차별 없는 연금과 퇴직금을 보장해야 한다. 그러면서 북한 재개발 사업의 관리 직에 재취업할 수 있도록 지원해 통일국가 건설에 기여한다는 자부 심과 보람을 공유할 수 있도록 해야 한다.

막대한 재원이 소요되겠지만 강제 전역을 시도하다가 북한 안정화 가 지연되고 막대한 인명 손실을 초래하는 것보다는 훨씬 낫다.

정치적 통일보다 어려운 사회 통합

장기적으로 가장 어려운 과제는 남북 주민 간의 사회 통합이다. 한국 내의 사회 통합에도 빈부의 격차, 세대 간의 차이, 지역 감정 등 걸림돌이 산적해 있지만 70년 넘게 전혀 다른 세계에서 격리되어 살아온 남북 주민 간의 이질성과 위화감 극복은 이보다 훨씬 더 어 렵다.

사회 통합 차원에서 중요한 것은 전환기 정의를 실현한다는 명분 으로 북한 폭압 체제 운영에 종사해온 실무 관료들을 인도에 반한 범죄 가담자나 적폐 세력으로 몰아 가혹한 처벌을 하는 것에 신중을 기하는 것이다. 전쟁 범죄와 인권 탄압의 주범들은 단죄하더라도 민 족 화합 차원에서 사면의 범위를 최대한 확대할 필요가 있다. 북한 전역에 세워진 김일성·김정일 부자의 동상들도 북한 주민들이 스스로 철거할 때까지 함부로 손 대지 않는 것이 좋다.

잉글랜드와 스코틀랜드는 1707년에 통일했다. 하지만 300년 이상이 지난 2014년 국민 투표에서 스코틀랜드 주민의 44.7%가 영국에서 분리 독립하는 것을 찬성했다. 이는 잉글랜드와 스코틀랜드가 정치적 통일은 이룩했지만 사회 통합에는 실패했다는 것을 보여주는 것으로, 사회 통합이 얼마나 어려운 과제인지를 실증적으로 보여주는 사례이다.

통일 이후 북한 주민들이 분단 상태에서는 상상도 못한 경제적 번영을 누린다고 하더라도 통일한반도에서는 차별당하고 이등국민으로 전락했다고 느낀다면 사회 통합은 불가능하다. 배고픈 국민이 줄어들어도 배 아픈 국민이 늘어난다면 정치·경제적 통합이 사회 통합으로까지는 이어질 수 없다. 사회 통합은 남북 주민 간의 마음의 통합이다.

9. 통일 외교의 목표와 과제

통일은 근본적으로 남북 직접 당사자 간의 문제이지만, 동아시아의 전략 지형을 근본적으로 재편하고 역내 세력 균형에 심대한 영향을 끼치는 국제 문제이기도 하다. 한반도가 주권과 영토를 지킬 독자적 역량이 없고 외교·안보 전략이 부실할 때마다 외세의 침탈과 지배를 당한 것은 동북아의 지정학적 요충을 차지하고 있는 나라의 숙명이었다. 분단도 태평양전쟁 이후 한반도를 둘러싼 강대국 간의 경쟁과 타협의 산물이었다.

한반도에 전략적 이해 관계를 가진 국가들은 통일이 각각 자국의 전략적 입지를 약화하는 방향으로 이루어지는 것을 막기 위해 가용 수단을 총동원할 것이다. 이해 당사국들의 간섭과 방해를 차단할 방법은 남북이 자주적으로 통일 방안에 합의하고 이를 순탄하게 이행하는 길밖에 없다. 남북이 합의하면 통일에 반대하는 나라도 이를 저지할 실효적 방법이 없다. 자국에 불리한 통일을 막기 위해 외교적 평화적 노력을 다할 뿐이지 수십만의 인명 손실을 각오하고 남북한과 전쟁까지 할 나라는 없다.

독일 통일은 제도적으로 제2차 세계대전 이후 동·서독을 분할 점령한 4개국(미국, 소련, 영국, 프랑스)의 동의가 필요했다. 동·서독이 4대국의 점령 아래에서 주권의 제약을 받고 있었기 때문에 동·서독이 통일에 합의해도 소련이 거부권을 행사할 수 있었다. 한반도의 경우 그런 제약 없이 남북 당사자 간의 합의만으로도 통일이 가능하다는 점에서 그나마 다행이다. 통일을 제약할 지정학적 현실은 있어도 최소한 법적·제도적 측면에서의 제약은 없다.

그러나 현실 세계에서 남북 간 합의에 의해 통일이 깔끔하고 순탄하게 이루어질 가능성은 거의 없다. 관련국들의 복잡한 이해 관계가 첨예하게 충돌하는 가운데 뜻하지 않은 우여곡절과 유혈 사태를 겪을 가능성이 농후하기 때문에 치밀한 외교 전략과 사전 정지작업(整地作業)이 필요하다. 통일에 대한 확실하고 강력한 지지 세력을 확보하는 동시에 반대 세력을 무마하고 방해 책동을 저지할 전략도 필요하다.

미국의 확고한 지지 확보가 우선이다

통일 외교에서 미국의 확고한 지지와 협력을 확보하는 것보다 중요한 과제는 없다.

중국의 개입을 막는 것이 통일의 관건이라고 믿는 사람이 많은데 중국의 개입을 막을 수 있는 나라는 미국밖에 없다. 미국이 미·중관계의 파탄을 넘어 무력 충돌까지 각오하고 통일을 지원할 자세를 보인다면, 중국은 북한에 군사적으로 개입할 엄두를 낼 수 없다.

미국은 굳이 무력 충돌을 각오할 필요도 없다. 중국이 북한에 개입하면 미국은 그 틈을 이용해 대만의 독립 선언을 유도할 것이라는 의도만 보여도 중국은 개입을 단념할 것이기 때문이다. 중국은 대만 독립을 막는 것이 대북 군사 개입보다 훨씬 더 중요하다. 그뿐만 아니라 대북 군사 개입은 대만이 독립을 선언할 때 이를 무력으로 저지하는 데도 결정적인 족쇄가 된다. 대만을 무력 통일하기에도 부족한 병력을 북한에 분산할 여력이 없기 때문이다.

굳이 대만 카드까지 흔들지 않더라도 중국이 군사 개입에 나섰다가 가혹한 경제 제재를 자초하여 수천억 달러의 경제적 손실을 감수해야 한다면 북한을 포기할 가능성이 높다. 한국 주도의 통일을 막는 일이 중국 경제의 파탄을 각오하면서까지 달성할 만한 가치는 없을 것이기 때문이다. 우리 정부가 아무리 열심히 친중 사대주의 노선에 집착해도 미국과 동맹국들의 경제 제재만큼 중국을 움직이는 효과를 발휘할 수는 없다.

미국이 통일에 반대할 이유는 없다. 자유민주주의와 시장경제가 북한 지역으로 확대되고 북한 주민을 폭압 체제에서 해방하는 것은 미국적 가치의 승리이고 중국과의 전략적 경쟁에서도 유리해지기 때문이다. 한반도 통일은 이를 성사한 미국 행정부의 정치적 치적이 되기 때문에 득표에도 호재가 된다. 우리에게는 미국이 얼마나 강력한 정치적 의지와 뒷심을 갖고 한반도 통일을 위해 발 벗고 나서주느냐가 중요하다.

이를 위해서는 통일한국이 중국의 패권적 질서에 편입할 것이라는 의구심을 불식하고 동아시아와 인도·태평양 지역에서 미국의 전략적 입지를 강화하는데 도움이 될 것이라는 확신을 주는 것이 중요하다. 미·중 사이에서 이중 플레이하거나 중국 지도부의 심기를 건드리지 않기 위해 동맹의 이익에 반하는 처신을 반복하면 미국은 한반도 통일에 열의를 보이기 어려울 것이다.

중국의 우려를 해소하는 데도 성의를 보여야

통일의 기회가 올 때 미국만 흔들림 없이 발 벗고 나선다면 문제가 없겠지만 그렇다고 중국을 무시해도 된다는 의미는 아니다. 중국이 적극적으로 방해하지 못하도록 통일한국의 출현에 대한 중국의 핵심적 우려를 가능한 범위 내에서 해소할 필요가 있다.

그간 중국 군부와의 비공식 전략 대화를 통해 확인한 중국의 최대 관심사는 통일 이후 북한 지역에 미군이 주둔하고 군사 기지를 건설하느냐 여부로 집약된다. 특히 중국은 유사시 북한 안정화 작전을 한국군 단독으로 수행하는지 미군과 합동으로 할 것인지에 촉각을 세우고 있다. 한국군 단독으로 북한에 진입할 경우는 중국이 개입 여부를 고민할 정도의 위협으로 보는 것 같지 않다. 그리고 통일한국이 중국에 적대정책을 선택할 가능성에 대해서도 심각하게 우려하는 것 같지 않다. 오히려 한국의 개입을 반대하는 것이 중국의 대만 통일 논리와 모순되는 측면이 신경 쓰일 수 있다. 한국군의 진입 자체보다는 진입 이후에 안정화가 부진하여 난민이 계속 중국으로 몰려올 가능성을 우려하는 시각도 있다.

미군의 북한 진입과 주둔에 대한 중국의 위협 인식은 한국전쟁 이후 근본적으로 달라진 것이 없다. 한국전쟁 당시에도 중국은 유엔군의 38선 이북 진입을 참전 여부 결정의 레드 라인으로 설정하고 주중 인도대사를 통해 이를 미국 측에 전달한 바 있다. 실제로 1950년 10월 4일 유엔군이 38선을 돌파해 북진을 감행하자 중국은 4일 후 참전을 결정했다.

다만, 지난 40여 년간 근본적으로 달라진 것은 중국 경제가 세계 경제와 통합되어 있다는 사실이다. 중국에 미국과의 전쟁은 미국뿐만 아니라 미국 동맹국들과의 경제 관계 파탄, 즉 중국 경제의 몰락을 의미한다. 따라서 미군의 북한 진입에 대응해 중국이 군사적으로 개입하는 것은 한국전쟁 때보다 훨씬 어려울 것이다.

그럼에도 불구하고 중국 지도부의 오판과 오기에 의한 군사적 개입 가능성을 배제할 수는 없다. 따라서 중국의 의심과 오판을 방지하기 위해서라도 안정화 작전은 한국군 단독으로 수행하며 미군은 자위권 차원에서 수행하는 핵·미사일 제거 등을 위한 특수 작전이 완료되는 대로 철수할 것이라는 공약을 한미 공동으로 제공할 필요가 있다. 우리 정부도 북한 안정화 작전에 미국의 지원을 받겠다는 생각을 버려야 한다.

중국은 또한 통일 이후 한미동맹 해체와 통일한반도의 중립화를 희망하고 있겠지만 이는 타협의 대상이 될 수 없다. 다만, 동맹 조약의 적용 범위에서 대만을 제외해 주는 방안은 우리 측의 다른 요구와 연계하여 패키지 딜의 대상으로 고려해볼 수는 있을 것이다. 중국 측의 요구는 1964년 '조중변계조약'에 따라 획정된 북한과의 현존 국경선의 존중, 통일한국의 비핵지대화, 북한 내 중국의 투자 및 경제적 이권 보호 등일 것으로 예상되는데 중국의 대북 불개입 공약을 이행하는 조건으로 고려해볼 만하다.

중국은 통일 이후 북한 주민에게 통일에 찬성하는지 여부를 묻는 주민 투표 구상에 의외로 민감한 반응을 보인 바 있다. 북한 주민의 자결권 행사가 대만, 연변 조선족 자치주, 신장, 티베트 등 소수민족 자치구의 향방에 미칠 파장을 우려하는 것이다. 이 문제는 유엔 감시 하의 자유 총선을 통해 통일 정부를 구성하기로 한 1947년 유엔 총회 결의를 존중하면서 국제적으로 확립된 원칙에 따라 해결하는 수밖에 없다.

일본의 영향력을 과소평가하지 말라

통일을 달성하는데 일본의 역할을 무시하거나 과소평가해서는 안 된다. 일본의 가장 큰 힘은 미국을 우리가 원하는 방향으로 움직일 정치력이 있다는 것이다. 우리 정부의 능력만으로 불가능한 것도 한일 양국이 공동으로 요구하면 미국이 거부하기 어렵다. 중국의 대북 군사 개입을 막기 위해 미국이 얼마나 강단있게 나갈 것인지를 결정하는 데는 일본의 입장이 최우선으로 고려될 것이다. 일본이 중국군의 북한 진입을 일본 안보에 대한 실존적 위협으로 간주하고 이를 막는데 미·일동맹의 운명을 걸겠다는 자세로 나오면 미국은 선택의 여지가 없다.

일본이 가장 엄중한 당면 안보 위협으로 인식하고 있는 북한의 핵

·미사일 문제를 원천적으로 해결할 수 있는 길이 바로 한국 주도의 통일이라는 확신을 갖게 하는 것도 중요하다. 일본 정치권이 한반도의 통일은 일본의 안보와 미·일동맹의 강화에 도움이 된다고 미국 조야를 설득한다면 미국은 주저하지 않고 한반도 통일에 발 벗고 나설 수 있다.

또한 일본에는 유엔사령부 산하의 7개 후방기지가 있다는 사실을 망각하면 안 된다. 유엔사(UNC)와 일본 정부 간의 별도 협정에 따라 한국이 북한의 무력 공격이나 공격 위협을 받을 경우 미국은 일본 정부의 사전동의 없이 이 기지들을 한국 방어를 위해 사용할 수 있게 되어 있다. 실제 유사시 수십만 미군 증원군이 사용할 장비와 탄약은 이들 7개 기지에 비축되어 있고, 증원군의 전개와 동시에 부산항으로 들어오게 되어 있다.

통일 과정이 북한의 무력 사용으로 촉발할 경우 일본은 한미연합군의 후방기지로서 통일을 군사적으로 지원하고 담보하는 데도 결정적인 역할을 할 것이다.

러시아의 훼방을 차단해야

러시아는 통일에 긍정적인 역할보다는 훼방꾼 역할에 더 능할 것이다. 러시아는 기본적으로 유럽에서 NATO의 확장을 막고 과거의 위상과 영화를 회복하는 데 대외 관계의 최우선 순위를 두고 있다.

230

러시아는 이를 위해 중동과 지중해에서 입지를 강화하는 데 공을 많이 들이고 있다.

냉전 종식 이후 러시아의 대외 관계에서 북한은 경제적으로나 정치적으로 핵심적인 비중을 차지한 적이 없지만, 러시아의 우크라이나 침공을 규탄하는 2022년 3월 2일 긴급유엔총회 결의에서 러시아 입장을 지지한 4개국의 명단에 이름을 올렸다. 러시아의 동맹국인 벨라루스와 시리아를 빼고 나면 러시아 편을 든 나라는 북한과 에리트레아뿐이다. 러시아가 외교적으로 최악의 궁지에 몰려있을 때 북한에 큰 빚을 지게 된 것은 향후 러·북관계에 새로운 변수가 될 수 있다.

방해꾼(spoiler)으로서 러시아의 능력과 순발력은 타의 추종을 불허한다. 러시아가 한반도 통일 자체에 사활적 이해 관계를 가진 것은 아니지만, 우크라이나에서 미국과 서방 동맹국들에게 당한 원수를 갚을 기회가 오면 놓치지 않을 것이다. 미국에 복수도 하고 북한에 진 빚을 갚기 위해 한반도 문제에서 어떤 행보를 보일지 알 수 없다. 대북 군사 개입은 자제하더라도 동해에서 중국과 대규모 무력 시위를 벌여 미국을 견제하고 통일에 대한 미국의 군사적 지원을 방해할 수는 있다.

러시아의 방해꾼 역할을 막기 위해서는 러시아의 한반도에 대한 경제적 이해 관계를 최대한 활용할 필요가 있다. 러시아가 북한을 경유하는 천연가스 파이프라인, 송전망, 철도 등을 건설하면 막대한 경제적 실익을 챙길 수 있다. 러시아는 이명박 정부 당시 한러 정상회담에서 이러한 사업에 지대한 관심을 표시한 바가 있지만, 결국 북한 리스크 때문에 포기하게 되었다. 통일은 이러한 사업의 결정적인 걸림돌이 제거된다는 것을 의미한다. 따라서 경제적 숙원사업 성사에 대한 러시아의 관심을 통일에 대한 지지를 유도하는데 활용할 필요가 있다. 시베리아 천연가스는 이미 LNG 형태로 도입하고 있지만 파이프라인을 건설하여 도입 물량을 대폭 확대하고, 연해주의 수력발전소에서 생산되는 세계에서 가장 저렴한 전력을 도입하면 통일 이후 북한 지역의 에너지 문제를 해결하는 데도 큰 도움이 된다.

유엔 안보리의 개입을 막아야

끝으로, 통일 과정에서 유엔 안보리의 개입을 막는 것이 중요하다. 한국전쟁 당시 안보리가 북한의 침략을 격퇴하기로 결의한 것은 당시 소련이 중국의 대표권 문제로 안보리를 보이콧한 덕분에 일어난 기적이었고 신생 대한민국의 천운이었다. 러시아뿐만 아니라 중국까지 상임이사국으로 버티고 있는 현재의 안보리에서 그런 행운을 기대할 수는 없으며, 따라서 우리에게 불리한 결정이 나오는 것을 막는 것이 더 중요해졌다.

중국과 러시아가 북한 급변 사태를 안보리에 끌고 온다면 그 의도는 필시 한미 양국의 대북 군사 행동의 자유를 제약하고 방해하기

232

위한 것이다. 한반도의 운명을 결정하는 과정에 우리와 이해 관계가 대립하는 나라가 발언권을 행사하면 우리의 국익에 해롭거나 우리 정부의 손발을 묶는 결정이 나올 위험성이 높아진다. 중국과 러시아가 공모하여 북한 문제를 안보리에 제기하고 의제로 채택하는 것을 막을 방법은 없다. 따라서 우리 정부가 해야 할 일은 P-3(미국, 영국, 프랑스 3개 상임이사국) 및 핵심 우방국과의 긴밀한 공조를 통해 중국과 러시아의 개입 여지를 차단하고 우리의 독자적 행동을 제약할 결의가 채택되는 것을 막는 것이다.

우선 안보리에서 북한 사태가 논의될 상황에 대비하여 핵심 우방국들이 남북기본합의서에 따른 한국의 독자 개입 권리를 이해하도록 미리 설득하고, 통일이 기정사실화될 때까지는 일단 북한 안정화를 한국에 맡기게 해 안보리의 개입을 막는 것이 중요하다. 안보리가 북한 급변 사태에 중국과 러시아가 개입할 문을 열어주는 순간 한반도의 운명은 그 주인인 한민족의 손을 떠나 강대국들의 이해 관계와 힘의 논리에 따라 결정되는 비운이 또 되풀이될 수 있다.

이렇듯 통일 과정에서 이해 관계가 대립하는 주변국이나 안보리의 힘을 빌리는 것은 자칫 재앙을 초래할 수 있다.

제5장

미 · 중관계와 외교 전략

1. 진실의 순간을 맞은 한국 외교

인도·태평양 지역의 전략 지형은 미국과 중국 간의 패권 경쟁이
과열되면서 심하게 요동치고 있다. 미·중 간 경쟁과 대결이 격화되
고 전선이 확대될수록 한국은 양국 사이에서 선택을 요구받는 사안
이 많아진다. 미·중 간에 펼쳐질 세기의 '그레이트 게임'(Great Game)
전개 과정과 그 결말은 대한민국의 역내 입지뿐만 아니라 미래의 안
전과 번영에도 결정적인 영향을 미친다.

또한 미·중 사이에서 한국이 어떤 선택을 하느냐에 따라 동아시
아의 전략적 판도도 달라진다. 한국의 경제력과 군사력은 21세기
'그레이트 게임'의 향방과 승부에 무시 못 할 영향을 미칠 수 있는
체급에 도달했다. 다만, 외교·안보 전략을 구사할 능력과 지혜는 국
력만큼 성장하지 못한 것이 문제다.

110여 년 전 나라를 잃은 비운을 당시의 빈약한 국력 탓으로만 돌
릴 수는 없다. 천하의 대세를 잘못 읽고 전략적 안목도 없이 우왕좌
왕하다 잘못된 선택을 한 것이 나라의 운명을 되돌릴 수 없게 만들
었다. 지금 동아시아에서 전개되고 있는 지정학적 게임은 주역이 바
뀌었을 뿐 19세기 말 20세기 초에 벌어진 열강의 각축만큼 위태롭
고 불길하다.

미·중 사이에서 길을 잃고 헤매는 대한민국의 모습을 보면 체급

은 높아지고 세상은 달라졌지만 국가 지도자들은 메이저리그에서 경쟁할 수준의 국제적 안목과 식견을 갖추지 못한 것 같다.

외교가 국운을 결정하는 몫이 대한민국만큼 큰 나라는 많지 않다. 그런데도 외교를 대한민국만큼 경시하고 소홀히 하는 나라도 찾아보기 힘들다. 나라의 하드 파워(hard power)만큼 소프트 파워(soft power)가 성장하지 못했고 1세기가 지나도 지도자들의 전략적 DNA는 크게 진화하지 못했기 때문인 것 같다.

대한민국의 생존과 번영을 위한 대외 전략을 올바로 세우려면 한반도 주변에서 벌어지는 지정학적 게임의 실체와 본질을 이해하는 안목부터 키워야 한다.

2. 중국의 굴기와 '중국몽'이 재편하는 인 · 태 지역의 안보 지형

국제 관계란 원초적으로 힘이 지배하는 세계이다. 국제법과 국제 규범도 중요하지만, 국가의 생존과 운명이 걸린 문제를 최종적으로 결정하는 것은 힘이다. 신흥강국이 등장하면 기존의 패권국가는 위협을 느끼게 되고, 둘은 필연적으로 대립 · 충돌하게 되어 있는 것이 천하의 이치다. 미 · 중 경쟁과 갈등도 중국의 굴기(屈起)와 이에 따른 지정학적 판도 및 역학 관계의 구조적 변화에 기인한다고 볼 수 있다.

중국의 경제적 도약과 이를 바탕으로 한 군사력의 증강 자체만으로도 미국과 인도·태평양 지역의 중국 주변국들은 공연히 불안을 느끼게 되어 있다. 덩샤오핑(鄧小平)은 중국의 부상이 미국과의 대립을 초래할 위험성을 미리 내다보고 1992년 도광양회(韜光養晦, 자신을 드러내지 않고 때를 기다리며 실력을 기른다)를 대외 정책의 기조로 설정해 향후 100년간 미국과 충돌하지 말라는 유훈을 남겼다. 이에 따라 후진타오(胡錦濤) 시대(2002-2012)까지만 해도 중국은 기회 있을 때마다 '화평굴기'(和平屈起)를 표방하며 중국의 발전이 타국에 위협이 되지 않을 것을 다짐하면서 주변국의 의구심과 불안을 불식시키는 데 지대한 공을 들였다.

그런데 2012년 시진핑(習近平)이 집권하면서 모든 것이 달라졌다. '도광양회'와 '화평굴기'의 허울마저 헌신짝처럼 내던지고 그 대신 '중국몽(夢)'이란 이름으로 공세적 팽창 정책을 추구하기 시작했다. 시진핑이 추구하는 '중국몽'은 잃어버린 중국의 패권적 지위와 영화를 되찾고 인도·태평양 지역에 전통적 중화질서를 복원하는 것이다. 이는 주변 소국들이 대국인 중국의 패권을 존중하고 이에 순종하는 신형 조공 질서를 의미한다. 강력한 경제력과 군사력을 바탕으로 1840년 아편전쟁 이후 서양 제국주의 세력에 당한 치욕을 갚고 중국이 다시 아시아의 맹주가 되는 '위대한 중화민족의 부흥'의 꿈은 미국 중심의 동맹체제 및 기존 안보 질서와 정면으로 충돌할 수밖에 없다.

시진핑 주석은 2013년 버락 오바마(Barack Obama) 대통령과의 서니랜즈(Sunnylands) 정상회담에서 '신형 대국 관계'를 제의하는 방식으로 미국에 도전장을 내밀었다. 중국은 상호 핵심이익 존중을 신형 대국 관계의 핵심 개념으로 포장했지만, 사실상 인도·태평양 질서를 양국 간 권력분점 체제로 전환함으로써 미국의 단일 패권시대를 종식하겠다는 발상이다. 2014년 7월 9일 베이징에서 열린 제6차 미·중 전략경제대화 개막식에서 시진핑이 "광활한 태평양에는 중국과 미국 두 대국을 수용할 수 있는 공간이 충분하다"라고 말한 것도 같은 맥락에서 나온 것이다.

중국이 원래 나쁜 나라여서가 아니라 힘이 있으면 아무리 숨기고 자제하려고 해도 국익 신장을 위해 이용하고 싶은 충동과 유혹을 이길 수가 없다. 기존의 국제 질서를 자국에 유리하게 재편할 힘을 확보했는데도 이의 사용을 자제한 나라는 인류 역사에서 찾아볼 수 없다. 인간 세계에서 수도승이나 성인군자도 자신의 이익을 지키기 위해서라면 거리로 뛰쳐나오는 경우가 있는데, 국제 관계는 성인군자보다는 조폭의 세계에 더 가깝다.

중국이 무력을 대대적으로 증강하고 경제적 압박 수단을 보유하고 있는 것만으로도 주변국들은 중국의 위세에 주눅이 들고 중국을 자극할 언행을 자제하려는 심리 상태에 빠진다. 중국에 대한 경제적 의존도가 높을수록 중국의 심기를 건드리지 않으려고 더 조심한다. 조폭이 아무리 친절하고 자비로운 척해도 문신을 하고 흉기를 소지하고 다니면 이웃 주민들은 불안에 떨 수밖에 없는 것과 같은 이치이다. 그런데 중국이 점차 강성해진 군사력과 경제력을 패권 장악에 공격적으로 사용하기 시작하면서 주변국들은 중국의 위협을 체감하고 '중국몽'의 실체도 알게 되었다.

남중국해에서 시작된 중국의 도전

인도·태평양의 기존 질서에 대한 중국의 노골적 도전은 남중국해에서 시작되었다. 중국의 남중국해 도서에 대한 영유권 주장과 점령의 역사는 1980년대로 거슬러 올라가지만, 시진핑 집권 이후 중국이 인공섬을 조성하고 군사 기지까지 건설하면서 미국과 본격적으로 정면대결하게 되었다.

특히 2016년 국제상설중재재판소(PCA)가 필리핀의 제소로 이루어진 남중국해 영토분쟁 재판에서 중국의 영유권 주장에 근거가 없다는 판결을 내렸는데도 중국은 불복하며 계속 버티고 있다. 중국이 자발적으로 가입한 유엔해양법협약에 따라 적법하게 구성된 PCA의 판결조차 거부한 것은 국익을 위해서라면 국제법도 무시하겠다는 중화주의의 단면을 적나라하게 드러낸 것이라고 볼 수 있다.

미국은 중국이 불법 점령하고 있는 도서 주변 해역에서 수시로 '항행의 자유 작전'(FONOP)을 벌여 이를 저지하려는 중국과 첨예하게 대립하고 있다.

높아지는 센카쿠(댜오위댜오)와 서해의 파고

일본이 실효 지배하고 있는 센카쿠열도(중국명: 댜오위댜오)의 영유권을 둘러싼 일·중 간의 대립도 시진핑 집권 이후 새로운 국면을 맞고 있다. 센카쿠열도에 대한 중국의 영유권 주장은 1970년대부터 제기되었다. 하지만 2010년 일본 순시선이 중국 어선과 충돌한 사건과 2012년 일본 정부의 센카쿠열도 국유화 조치를 계기로 센카쿠를 둘러싼 양국 간의 긴장과 대결은 점차 고조되어 왔다. 시진핑 시대에 들어오면서 중국은 관공선의 센카쿠 영해 침범으로 그치지 않고 군함을 센카쿠 접속수역에 빈번하게 진입시켰다. 이로 인해 일본 해상자위대와의 군사적 충돌 위험도 점차 커지고 있다.

일본 총리는 미국의 새 대통령이 당선될 때마다 당선자와의 첫 통화에서 센카쿠가 미·일안보조약 범위 내에 있다는 확인을 받아내고 있다. 이는 중국이 센카쿠를 공격하면 미국은 중국과의 전쟁 위험을 무릅쓰고 센카쿠를 지켜주겠다는 의미인데, 그만큼 미·중 간 우발적 전쟁의 위험성이 높아지게 되었다는 것을 보여준다.

중국이 남중국해와 동중국해에 방공식별구역(ADIZ)을 설정하고 본격적인 A2AD(반접근지역거부) 전략을 구사하면서 중국 인근 지역에서 미국과 동맹국의 군사 활동에 제약을 가하기 시작한 것도 2013년부터였다.

중국은 자국의 해군 함정과 공군기가 러시아와의 합동군사훈련을 하기 위해 대한해협에서 한국과 일본의 영해를 통과할 때는 국제법상 보장된 무해통항권(innocent passage)을 누린다. 하지만 서해 공해상에서는 한국 해군의 작전에 제한을 가하고 있다. 2013년 최윤희 당시 해군참모총장이 중국을 방문했을 때 중국 해군의 우성리(吳勝利) 사령원은 "한국 해군은 절대 서해에서 동경 124도 서쪽으로 넘어와 작전하지 말라"라고 엄포를 놓은 적도 있다.

동경 124도 서쪽도 중국 영해를 벗어난 공해에서는 국제법상 어느 나라 선박이든 항해의 자유를 누릴 수 있게 되어 있는데도 중국은 이를 '내해'(內海)로 간주해 외국 군함의 접근을 봉쇄하겠다는 것이다.

또한, 한중 간 서해 해양경계협정 협상에서도 중국은 국제법의 원칙에 따른 경계선 획정을 거부하고 중국의 국토 면적과 전체 해안선 길이를 해양경계 획정에 반영해야 한다는 황당한 주장을 고수함으로써 사실상 해양경계 설정을 거부하고 있다.

중국이 2021년에 해경법을 제정해 중국의 관할 해역에서 외국 어선과 관공선에 무기를 사용할 수 있게 한 것도 해경을 전략적 강박 수단으로 활용하려는 저의로 보인다. 중국이 일본과 영토분쟁을 벌이고 있는 센카쿠 해역과 한중 양국의 배타적경제수역(EEZ)이 겹치는 공동어로수역에서 일본과 한국의 해경 및 어선에 무력을 사용할 수 있는 법적 근거를 확보하게 된 만큼 앞으로 한국, 일본과의 물리적 충돌 위험은 더욱더 커졌다고 볼 수 있다.

대만해협을 덮은 전쟁의 먹구름

시진핑 주석은 대만과의 통일에 대해서도 후진타오 시대까지 견지해온 '일국양제'에 입각한 평화 통일 기조에서 일탈해 무력 통일도 불사하겠다고 공언하기 시작했다. 시진핑은 2019년 1월 2일 '대만동포에게 고하는 글 발표 40주년 기념회' 연설을 통해 "우리는 최선을 다해 평화 통일을 추구할 것이지만 무력 사용을 포기한다고 약속할 수는 없다"라고 밝혔다. 2021년 10월 9일 신해혁명 110주년 기념사에서는 "대만과의 통일은 반드시 실현돼야 하고 실현될 것"이라고 강조했다.

중국은 '하나의 중국' 원칙을 일관되게 고수해왔고 수교의 조건으로 항상 '하나의 중국' 원칙 수용을 관철해 왔다. 그리고 대만이 중국의 일부이고 대만에 대한 무력 사용은 국내 문제라는 입장도 계속 견지해 왔던 것이지만, 시진핑 주석이 직접 무력 사용을 통일의 수단으로 공개 언급한 것은 주목된다.

시진핑은 대만 통일을 최우선 국가 과제로 격상해 자신의 임기 연장을 정당화하는 수단으로 활용하고 있다. 중국 인민해방군에 전쟁 준비를 독려하고 대규모 공군기를 대만의 방공식별구역 안으로 빈번하게 진입시키는 등 무력 시위를 통해 무력 통일 의지를 다지고 있다.

난폭해지는 중국의 주변국 강압 수법

중국이 주변국을 겁박하고 길들이는 방식도 날이 갈수록 거칠어지고 난폭해지고 있다.

2017년 한국이 미국의 '사드' 성주 기지 배치를 허용한 데 대한 중국의 야비한 경제 보복과 굴욕적인 '3不 합의'는 대한민국의 주권을 중국이 허용하는 범위 내에서만 용인하고 안보 목적 달성을 위해서라면 경제적 압박 수단 사용도 불사하겠다는 중화 제국주의의 민낯을 드러낸 사건이다.

스콧 모리슨(Scott Morrison) 호주 총리는 2021년 6월 "코로나19의 기원을 조사하자는 바이든 미국 대통령의 성명을 지지한다"라고 했다가 중국으로부터 농산물·석탄 등 주요 수출 품목에 대한 관세 폭탄을 맞는 봉변을 당했다. 호주의 대중 무역 의존도는 32%로 한국보다 훨씬 높을 뿐만 아니라 무역 구조도 취약하다.

일대일로로 포장한 제국주의적 팽창 정책

중국이 제국주의적 팽창 정책을 추진하기 위해 선택한 지경학적 비전은 '일대일로'(一帶一路)이며 이를 뒷받침할 자금 조달 창구는 '아시아인프라투자은행'(AIIB)과 중국의 국책은행들이다. 중국이 영향력을 확대하고 패권을 장악하는데 필요한 전략적 거점 지역에 도로·철도·항만 등을 건설하고 중국의 국책은행들이 고금리로 자금을 제공하면 중국의 투자를 유치한 국가들은 엄청난 규모의 빚더미에 앉게 된다. 상환 능력이 없는 국가들은 중국에 일정 기간 항구를 조차해주거나 인프라의 독점적 사용권을 양도하는 방식의 현물 상환 방법을 강요당하게 되고 이는 중국에 대한 경제적·전략적 종속을 초래한다.

중국은 믈라카해협을 거치지 않고 인도양에 진출할 수 있는 출구를 마련하기 위해 미얀마를 관통하는 철도와 도로를 건설하고, 해발 4,000m가 넘는 천산산맥과 파키스탄을 관통해 아라비아해로 나가는 '카라코람 하이웨이'를 만드는데 막대한 재원을 투입했으며 스리랑카에는 군항을 건설해 조차하고 있다. 이는 남아시아에서의 영향력 확대와 함께 장차 중국의 전략적 경쟁자로 떠오를 인도를 견제하고 포위하려는 전략의 일환이다.

미국 윌리엄앤드메어리대학교의 에이드데이터(AidData) 연구소에 따르면, 일대일로 프로젝트에 참여한 아시아·아프리카 국가들의 비공개 부채는 3,850억 달러(약 465조 원)에 이른다. 연구소는 대중 채무가 GDP의 10% 이상인 국가만 해도 42개국이며 부채가 가장 많은 국가는 라오스로 GDP의 35% 규모라고 지적했다.

3. '투키디데스의 함정'은 현실화할 것인가?

역사적으로 신흥강국이 기존 패권국가에 도전할 때 전쟁으로 귀결되는 현상을 '투키디데스의 함정'(Thucydides Trap)이라고 하는데, 기원전 5세기 그리스 역사학자 투키디데스가 아테네의 부상에 대한 스파르타의 공포심을 펠로폰네소스전쟁의 원인으로 진단한 데서 유래한 용어이다. 하버드대학교의 그레이엄 앨리슨(Graham Allison) 교수가 2017년에 발간한 '예정된 전쟁'(Destined for War)이란 저서에서 미·중관계가 '투키디데스의 함정'에 빠질 것인지를 주제로 다루면서 이 용어가 다시 유행하게 되었다. 앨리슨 교수는 지난 오백년간 신흥 강대국이 등장한 16개의 사례를 분석해 그중 12개 사례가 전쟁으로 귀결되었다는 것을 규명했다.

미국과 중국 간의 경쟁은 대국의 자존심을 건 막장 대결의 양상으로 치닫고 있다. 대결의 전선도 남중국해, 무역, 첨단기술 분야에서 홍콩, 대만, 신장 등 전방위로 확대되고 있다.

미국의 반중(反中) 정책의 배경

중국이 미국의 안보와 경제뿐만 아니라 근본 가치에도 위협이 되는 도전자라는 데 대해서는 민주·공화 양당 간의 초당적 컨센서스

(consensus)가 형성되어 있다. 반중 정책의 근본 원인이 당파적 이해 관계나 일시적 반중 정서의 과잉에 있는 것이 아니라 중국에 대한 위협 인식의 변화와 전략적 이해 관계의 구조적 대립에 있기 때문이다.

트럼프 행정부는 2017년 12월 18일 백악관이 발표한 '국가안보전략'(National Security Strategy)에서 중국을 기존 질서에 도전하는 '수정주의 세력'(revisionist power)으로 규정하고, 중국과의 관계 기조를 '경쟁과 협력'에서 '경쟁' 관계로 전환했다. 미국의 인도·태평양 전략 추진의 중심축으로서 일본·인도·호주를 규합해 '쿼드'(Quad)를 결성한 것도 바로 이러한 인식에 바탕을 두고 있다.

바이든 행정부도 중국 견제를 외교·안보 정책의 최우선 과제로 설정했다. 미국은 2021년 3월 3일 백악관이 발표한 임시국가안보지침(Interim National Security Guidance)과 토니 블링컨(Tony Blinken) 국무장관의 정책 연설을 통해 중국을 "안정적·개방적 국제 체제에 도전할 수 있는 종합적인 국력을 가진 유일한 국가"로 지목하고 미·중관계를 "21세기 최대의 지정학적 시험(test)"으로 규정했다.

대중 정책에 대한 이러한 초당적 컨센서스는 어떻게 이루어졌을까? 우선 중국의 공세적 팽창 정책을 통한 현상(status quo) 변경이 미국과 동맹국의 전략적 이익을 해친다는 데 대해 미국 조야에 이론이 없다.

중국이 수정주의 세력(revisionist power)으로서 미국에 위협이 된다는 인식은 중국의 경제 발전이 정치 체제의 긍정적 변화로 이어질 것이라는 미국의 기대와 환상이 무너진 데서 시작한다. 미국은 중국이 자유주의 경제 질서에 편입되어 경제 발전의 혜택을 누리면 정치 체제도 다원화, 자유화가 되고 국제사회의 '책임 있는 파트너'(responsible stake-holder)가 될 것이라는 순진한 기대를 갖고 세계무역기구(World Trade Organization, WTO) 가입 등 국제사회와의 '관여'(engagement)를 지원해 왔다. 그런데 시진핑 집권 이후 중국이 오히려 첨단기술을 활용하여 주민 감시와 억압을 강화하는 '디지털 독재 체제'를 구축하는 것을 보면서 미국은 중국에 대한 낭만적 환상에서 깨어나게 된 것이다.

나아가 5세대 이동통신(5G)과 인공지능(AI) 분야 등 미래 군사력 건설에 긴요한 차세대 첨단기술 분야에서의 중국의 질주와 추격도 미국의 경각심을 증폭하는 데 큰 몫을 했다. 특히 국가기관 주도의 해킹을 통한 기술 절도는 미국인들의 반중 정서를 자극하는 기폭제가 되었고, 중국이 코로나19의 발생을 초기에 은폐한 것이 범세계적인 창궐을 초래한 원인이라는 민초들의 인식도 이에 가세했다.

미·중 경쟁이 군사적 충돌로 비화할 것인가?

미·중 양국 지도자들이 이성적인 판단을 한다면 핵무장한 강대국 간에는 전면 전쟁이 일어날 수 없다. 그러나 양국 통수권자들이 어편 상황에서도 항상 이성적인 판단을 한다는 보장이 없기 때문에 오판에 의한 우발적 충돌 가능성을 배제할 수는 없다. 가장 위험한 화약고는 센카쿠, 대만 및 남중국해이다.

무력 충돌 위험이 가장 높은 곳은 센카쿠 해역이다. 중국 함정이 평시에는 센카쿠열도 탈환 의지를 과시하기 위해 간헐적으로 영해 접속수역을 침범하면서도 영해 내로 진입해 일본 해상자위대와 정면충돌하는 것은 자제할 것이다. 하지만 중국 내부 정세가 혼미해지고 시진핑이 국내정치적 위기에 몰릴 때는 달라질 수 있다.

시진핑이 위기를 돌파하기 위해 당과 대중의 관심을 외부로 돌리려고 할 때 센카쿠열도를 '탈환'하는 것만큼 국내 결집에 폭발적인 효과를 기대할 수 있는 소재를 찾기 어렵다. 미국이 일본에 센카쿠를 지켜주겠다는 약속은 했지만 중국으로서는 미국이 무인도 몇 개를 지켜주기 위해 실제로 중국과 전쟁을 하지는 못할 것이라고 오판할 수 있다.

미국으로서는 센카쿠가 중국과 전쟁까지 하면서 지킬 가치는 없다고 생각하겠지만 그렇다고 중국의 점령을 방치하면 미·일동맹이 파탄되는 혹독한 대가를 지불해야 하기 때문에 선택의 여지가 없다. 결국 미국의 센카쿠 방어 의지에 대한 중국의 오판은 미·중 간 전쟁의 불씨가 될 수 있다.

대만 문제도 미·중 간 전쟁의 도화선이 될 것이라는 우려가 커지고 있다. 1972년 리처드 닉슨(Richard Nixon) 대통령의 중국 방문 당시 마오쩌둥(毛澤東)은 대만 통일을 100년 기다릴 수 있다고 했다. 그런데 시진핑은 2019년부터 대만 통일을 집권 연장의 화두로 삼고 무력 통일도 불사하겠다고 공언한 데 이어 대대적인 무력 시위도 벌이고 있다.

미국은 1979년 중국과 수교할 당시 중국이 요구한 '하나의 중국' 원칙을 수락함으로써 대만이 중국의 일부임을 인정했다. 미국은 중국이 무력으로 대만을 통일하는 데는 반대하는 입장을 견지해왔지만, 대만에 중국의 공격에서 지켜주겠다는 공약을 한 적은 없다. 이처럼 일관되게 '전략적 모호성'(strategic ambiguity)을 유지해왔다. 다만, 미·중 수교 당시에 제정한 '대만관계법'(The Taiwan Relations Act)에 따라 대만에 방어용 무기를 판매해 중국의 공격을 막아낼 자위력을 유지할 수 있도록 지원해왔다.

시진핑이 실제로 무력 통일을 시도하는 것은 군사적으로 너무 무모하며 자칫하면 시진핑의 정치적 몰락을 넘어 중국공산당의 몰락을 앞당기는 단초가 될 수 있다. 무력 통일에 성공하면 중국 해군은 일본-대만-필리핀-말레이시아를 잇는 '제1도련선'(The First Island Chain)을 넘어 태평양으로 진출할 교두보를 확보하게 되지만, 대만을 얻는 것보다 더 큰 대가를 지불할 가능성이 크다.

대만의 독립 선언을 군사적으로 '응징'하는 것은 어렵지 않지만 대만이 결사 항전 의지를 갖고 있다면, 무력 통일은 대규모 상륙 작전을 통해 대만 영토를 완전히 점령해야만 성공할 수 있다. 중국이 대만의 최신 미사일 방어망을 뚫고 37개 공군기지 등 핵심 시설을 파괴하고 일시적으로 마비시키는 데는 수천 발의 미사일로 가능하다. 그러나 폭이 170km가 넘는 대만해협을 건너 대규모 상륙 작전을 수행하는 것은 차원이 전혀 다른 문제다.

거센 풍랑과 조류를 피해 상륙 작전을 벌일 수 있는 기간은 연중 2개월뿐이고 중국의 기갑 부대가 상륙할 수 있는 해안은 13개 지점의 60km에 불과하다. 대만군은 중국 함정이 출항하는 순간부터 정조준하고 타격할 수 있지만, 중국군은 대만 해안에 매복해 있거나 지하 요새에서 움직이는 대만군을 볼 수 없는 결정적인 약점을 안고 있다. 중국 군함과 상륙 부대를 수송할 선박은 대부분 대만 해안에 접근하기도 전에 대만의 하푼(Harpoon) 대함미사일을 맞거나 기뢰에 부딪혀 수장되겠지만, 상륙에 성공한 병력도 대만군의 집중포화에서 살아남기가 어렵다. 중국 공군이 대만의 촘촘한 방공망을 뚫고 제공권을 장악하는 것도 쉽지 않다. 이런 상황에서 중국이 대만의 17만 정규군과 150만 예비군을 상대하려면 전군을 총동원해도 승산을 장담할 수 없다. 대만은 우크라이나 같은 평지도 아니고 군사적으로도 만만한 상대가 아니다.

실제 상황이 어떻게 전개될지는 아무도 예단할 수 없지만 중국이 1979년 베트남 침공에 나섰다가 참패할 때보다 훨씬 더 불리한 전쟁이 될 것이고, 소련과 미국이 아프가니스탄을 침공한 것보다 더 어려운 작전이 될 것이라는 데는 의문의 여지가 없다.

중국이 대만을 공격하더라도 미국이 무력으로 이를 저지하기는 어렵다. 중국이 대만을 차지하면 태평양 지역에서 미국의 전략적 입지가 위축되는 것은 피할 수 없지만, 그렇다고 중국과 전면 전쟁을 하면서까지 대만을 지킬 가치와 명분이 있는 것은 아니다. 대만이 우크라이나보다는 미국의 국익에 훨씬 더 중요하지만 동맹국도 아닌 대만을 위해 핵무장한 중국과 전쟁을 해야 할 이유를 미국 유권자들에게 납득시키는 것도 불가능하다.

그럼에도 불구하고 중국의 침공에 대항하는데 필요한 대량의 첨단 무기와 이를 운용할 기술 인력을 대만에 지원하고, 대만해협에 항모 전단을 파견해 중국군의 작전을 교란하며 표적 정보를 대만에 제공하는 것은 가능하다. 또한, 대만이 세계 반도체 시장에서 차지하는 압도적 비중에 비추어 반도체 공급 대란을 막기 위한 비상 조치 차원에서 대만의 주요 항구와 민항 공항을 방어하는 데 필요한 군사적 지원을 제공할 수도 있다.

미국이 선택할 수 있는 가장 효과적인 보복은 러시아의 우크라이나 침공에 대응한 방식대로 동맹국과 연합하여 대대적인 경제 제재를 가하는 것이다. 미국과 동맹국들의 대중 반도체 수출금지만으로도 중국의 정보통신 산업은 고사를 면할 수 없다. 나아가 전면적 대중 수입금지 조치를 취하거나 국제금융결제시스템(SWIFT)에 대한 중국은행의 접근을 제한하면 중국의 위안화 가치와 금융 자산은 폭락하고 경제는 일거에 무너진다.

미국으로서는 중국의 대만 침공을 군사적으로 저지하는 것보다 중국의 힘을 소진시키고 쇠퇴를 촉진해 중국공산당의 일당 독재 체제를 흔들 기회로 활용하는 것이 더 유리하다.

시진핑으로서도 손자병법대로 대만을 실제로 침공하는 것보다는 침공 위협만으로 대만의 독립 선언을 저지하는 것이 최선이다. 냉정하게 손익 계산을 한다면 침공으로 얻는 것보다 잃을 것이 압도적으로 많다는 결론에 도달할 것이다. 막대한 인명만 잃고 대만 통일이 실패로 돌아갈 경우 자신이 감당해야 할 수모도 각오해야 한다.

그러나 무력 통일을 여러 차례 호언장담하면 오히려 자승자박이 될 수 있다. 만약 대만이 실제로 독립을 선언하는 사태가 발생하면 승산이 희박하더라도 개인적 자존심과 오기 때문에 무리한 군사 행동에 뛰어드는 우를 범할 수 있기 때문이다. 러시아의 우크라이나 침공이 보여주듯이 지도자의 자신감 과잉과 오기가 승산 없는 침략 전쟁의 원인이 되는 사례는 허다하다.

남중국해에서는 중국이 미국의 '항행의 자유 작전'을 방해하는 과정에서 양국 함정이 충돌하는 사건이 발생할 수 있다. 미군 군함이 중국이 자국 영해라고 주장하는 수역을 통과하는 방식으로 '항행의 자유 작전'을 벌이고 중국 군함은 미국 군함의 진로를 가로막기 위해 고의적으로 충돌해 선체 파손과 인명 피해가 발생하는 상황은 현실성이 전혀 없지는 않다.

하지만 중국이 미국 군함에 발포하여 국지 교전을 벌일 가능성은 희박하다. 중국이 남중국해 도서에 활주로와 군사 기지를 건설했지만 재래식 전투에서 미국에 이기는 것은 불가능할 뿐만 아니라 선제 발포는 미국이 쳐 놓은 덫에 여지없이 걸려드는 것이라는 사실을 모를 리가 없다. 미·중 간 무력 충돌이 벌어지면 중국의 남중국해 점령의 불법성만 오히려 집중 부각되고 선제적 무력 사용에 따른 국제적 비난과 책임도 중국에 돌아가므로, 남중국해에서의 중국의 입지만 더 약화될 가능성이 크다. 양국 함정 모두 먼저 발포하지 말라는 엄명을 받고 작전에 임하겠지만, 중국 군함이 미국 군함에 접근하여 고의적으로 충돌하는 방식을 선택한다면 이는 양국 간 긴장과 대결을 격화하는 불쏘시개 역할을 할 것이다.

4. 중국이 미국을 이길 수 없는 일곱 가지 이유

중국이 아무리 국력을 키워도 미국과의 전쟁에서 절대로 이길 수 없는 이유를 일곱 가지만 들어보겠다.

첫째, 중국이 군사력과 전쟁 수행 능력에서 미국의 적수가 될 수 없다. 중국의 경제성장률이 5% 수준으로 둔화하고 있지만 GDP 규모에서 미국을 추월하는 날이 올 수 있고 축적된 국부에서도 미국을 앞지르는 것이 불가능하지 않을 것이다. 국방비 규모에서 중국(2,090억 달러)은 미국(7,780억 달러)의 3분의 1도 안 되지만, 이는 경제력이 역전되고 중국이 지금처럼 매년 국방 예산을 대폭 늘려간다면 미국과의 격차는 점차 줄어들 것이다.

중국은 2035년에 군 현대화를 완료하고 중화인민공화국 창건 100주년이 되는 2049년까지 미국과 맞먹는 군사력을 건설한다는 야심찬 목표를 설정해 두고 있다. 미 국방부는 2021년 중국 군사력 평가 보고서에서 중국의 핵탄두 보유량이 200~300개 수준에서 2030년 1,000개로 대폭 증강할 것으로 전망하고 있지만, 그렇다 하더라도 미국이 보유한 4,000여 개에 비하면 1/4 수준에 불과하다.

그리고 중국이 30년 내 양적으로는 미국과 대등한 군사력을 보유하게 되더라도 전쟁 수행 능력에서는 미국을 따라잡기 어렵다. 미국은 전쟁을 계속해온 나라이고 중국은 1979년에 베트남과의 전쟁에서 참패한 이후로는 실전 경험이 없다. 중국이 해·공군력을 대대적으로 증강하고 있지만 장거리 투사 능력을 갖추려면 아직 갈 길이 멀다.

둘째, 중국은 지리적 여건에서 치명적인 약점을 갖고 있다.

미국은 대서양과 태평양이 자연적인 방어막을 형성하고 있고 대양을 통해서 전세계와 사통팔달 연결되어 있다. 쿠바 외에는 적대적 이웃도 없다.

미국은 동맹체제를 통해 중국을 완전히 포위·봉쇄할 수 있고 중국의 코앞까지 대규모 군사력을 전개할 수 있지만, 중국은 육상과 해양에서 사방으로 적대국가에 둘러싸여 있다. 육상에서는 인도, 베트남과 대치하고 있으며 바다로는 일본-대만-필리핀-말레이시아를 연결하는 '제1도련선'에 막혀 있어 대양 진출에도 제약을 받고 있다. 중국은 이런 장애물을 극복하려고 남중국해 무인도를 불법 점령해 군사 기지를 건설하고, 스리랑카와 북아프리카 지부티에 군항을 취득하는 등 해외 군사 기지 확보에도 혈안이 되어 있지만 미국에 비해서는 여전히 지리적 핸디캡(handicap)이 많다.

중국과 국경을 접하고 있는 14개국 가운데 중국에 우호적인 나라는 파키스탄, 북한, 라오스, 러시아 정도지만, 그중에서 유사시 중국을 위해 미국과 싸워줄 나라는 보이지 않는다. 러시아는 미국을 견제하는 데는 이해 관계가 일치하지만 기본적으로 중국과 전략적인 경쟁 관계에 있다. 인도는 티베트고원에서 국경분쟁으로 중국과 대치하고 있으며 2020년에는 유혈충돌까지 벌인 적이 있다.

셋째, 중국이 식량과 에너지의 최대 수입국(연간 약 3,700억 달러)이라는 점이다.

식량과 에너지는 전쟁 수행에 필수적인 전략 물자다. 미국은 이를 자급할 뿐 아니라 대량 수출까지 하는 나라다. 2022년 초 우크라이나 사태로 유럽의 천연가스 가격이 폭등하자, 미국은 카타르를 제치고 세계 최대 LNG 수출국이 되었다. 식량과 에너지의 해외 의존도가 높은 중국은 취약한 해상수송로가 막히게 되면 경제적 고사를 면할 수 없고 전쟁 수행 능력도 상실하게 된다.

넷째, 국제결제통화인 달러를 찍어내는 미국의 화폐 금융 파워를 중국은 이길 수 없다.

세상 어디서나 사용 가능한 돈을 마음대로 찍을 수 있는 특권은 미국의 군사력보다 더 중요한 힘의 원천이다. 최근 국제무역 결제에서 위안화 사용이 점차 늘고 있기는 하지만 위안화가 유로화는 고사하고 스위스프랑만큼의 국제 신인도를 얻는 것도 쉽지 않다. 중국이 SWIFT를 자유롭게 이용할 수 없게 된다면 중국의 무역과 대외 거래는 치명적인 타격을 받게 된다.

다섯째, 중국의 비대칭적 대미 무역 의존도가 제기하는 안보적 취약성이다.

중국의 대미 수출은 수입의 3배가 넘는다. 서로 전면 금수 조치를 취한다고 가정할 때 미국은 1,500억 달러의 시장을 잃는 것이지만 중국은 5,000억 달러의 시장을 잃게 된다.

그뿐만 아니라 미국이 중국에서 수입하는 품목은 대부분 다른 나라로 공급선을 대체하기 용이하지만 중국이 미국에서 수입하는 품목은 대체하기 어려운 것이 많다. 미국이 대중 수입 규제를 단행하면 중국은 대항 수단이 별로 없다는 뜻이다. 물론 이런 일이 평시에는 일어날 수 없지만 무력 충돌로 가는 최악의 상황에서는 각오해야하는 부담이다.

여섯째, 시한폭탄이 되고 있는 중국 내의 소수민족 문제다.

미·중 양국 모두 다민족국가지만 미국이 원심력보다 구심력이 강한 국가라면 중국은 구심력보다 원심력이 압도적으로 강한 나라다. 원심력이란 나라가 찢어지고 흩어지는 힘인데, 중국은 이런 원심력을 공권력으로 억누르는 방법으로 겨우 통일국가의 허상을 유지하지만 내부는 원천적으로 불안정한 나라다. 미국은 다양한 인종을 '미국인'이라는 정체성이 하나로 결집하는 용광로 같은 역할을 하고 있어서 나라가 쪼개질 걱정을 전혀 할 필요가 없다.

그런데 중국은 전체 인구의 10%도 안 되는 55개 소수민족이 국토 면적의 3분의 2 이상을 차지하고 있다. 그중에서 신장과 티베트 같은 지역에서는 조직적인 저항과 분리 독립을 막기 위해 압도적인 공권력을 투입해 주민들의 동향을 밀착 감시하고 억압하고 있다. 사실상 거대한 감옥이나 다름없다.

만약 미·중 간에 전쟁이 일어난 틈을 이용해 티베트와 신장에서 분리 독립을 요구하는 대규모 봉기가 일어나고 대만도 독립을 선언하면 '하나의 중국'이라는 허상은 하루아침에 무너지고 중국은 사분오열될 위험에 빠질 수 있다.

중국에 미국과의 전쟁보다 더 큰 악몽은 소수민족의 분리 독립이다. 미국이 티베트와 신장의 인권 문제를 제기할 때마다 중국이 경기(驚氣)를 일으키는 이유도 바로 중국의 급소를 건드렸기 때문이다.

끝으로, 인구 문제도 빼놓을 수 없다. 미국은 이민의 유입으로 인구가 계속 늘어나고 세계의 인재들이 모여드는 나라지만 중국은 인구 절벽을 맞고 있다.

중국 국가통계국의 발표에 의하면 2021년 중국의 인구 증가는 48만 명에 불과하고, 65세 이상 노령인구는 14.2%에 달한다. 전문가들은 향후 30년 내 중국의 전체 인구는 2억 명이 줄고 노령인구는 3억 명이 증가할 것으로 전망하고 있다. 또한 2033년에는 60세 이상이 인구의 3분의 1로 늘어나고, 현재 근로자 8명이 퇴직자 1명을 부양하는 비율도 2050년에는 근로자 2명이 퇴직자 1명을 부양하는 비율로 낮아진다고 한다. 이는 중국이 전쟁을 하지 않고도 10년 내는 노쇠하기 시작하고 30년 내에는 몰락할 수도 있음을 보여준다. 미국과의 전쟁은 몰락을 앞당기고 그 과정을 가속화할 것이다.

5. 한중관계의 실체

한국에게 중국은 무엇인가?

중국은 한반도 밖에서 대한민국의 생존과 자주 독립을 위협할 가능성이 가장 큰 나라다. 중국이 원래 한국에 적대적 의도를 가진 나라이기 때문이 아니라 천하의 맹주 자리를 노리는 신흥 패권 세력이기 때문이다. 역사적으로 역내에서 패권을 추구하는 나라는 언제나 한반도 침탈의 주범이었다. 20세기 초 조선이 일본에 나라를 빼앗긴 것은 당시 청일전쟁과 러일전쟁에서 이긴 일본이 동아시아의 패권을 장악했고 그 패권을 유지하는데 있어 조선을 일본의 영향권에 편입하는 것이 필수적이었기 때문이다. 그리고 조선은 이에 저항할 힘도 전략도 없었다.

20세기 초 일본의 제국주의적 야심이 조선에 실존적 위협이 된 것과 같은 이치로 중국의 패권적 팽창 정책이 대한민국의 생존과 독립에 가장 큰 위협이 되고 있다. 한반도가 동아시아의 지정학적 요충을 차지하고 있기 때문에 중국은 한국을 적대 진영에서 떼어내 자국의 위성국으로 만들어야 패권을 완성하고 유지할 수 있다. 임진왜란, 병자호란, 청일전쟁, 러일전쟁 등은 모두 동아시아의 패권 쟁탈이 빚은 참사다.

또한 중국은 북한의 유일한 동맹국으로서 북한 폭압 체제의 가장 든든한 후원국이다. 북한의 핵무장을 공식적으로는 반대하면서도 실제로는 북한이 핵을 포기하지 않고 버틸 수 있게 지원하면서 북한의 명줄 역할을 충실히 수행하고 있다. 비핵화의 핵심 수단인 대북제재 완화를 주장하면서 북한의 제재 위반 행위의 거점이 되고 있다. 중국은 또한 한반도 통일의 가장 큰 걸림돌이기도 하다. 무엇보다도 중국은 우리와는 추구하는 근본 가치가 다른 나라다. 대한민국이 중시하는 개인의 자유와 인권, 민주적 가치를 부정하고 공산당일당 독재 체제의 영속화를 위해 개인의 자유와 인권을 얼마든지 희생할 수 있는 나라이다.

그러면 중국이 경제적으로는 한국의 '엘도라도'일까? 중국은 한국의 대외 무역에서 4분의 1을 차지하는 최대의 무역 파트너이고, 대중 수출이 우리 경제의 버팀목 역할을 해온 것은 사실이다. 그러나 무역은 그 성격이 원래 호혜적인 것이고 양국의 상호보완적 경제 구조와 국제 분업 체제에 기인하는 것이다. 중국이 한국에서 수입하는 품목은 다른 나라에서 살 수 없거나 살 수 있더라도 더 비싼 가격과 더 불리한 조건으로 사야 한다.

한국이 막대한 무역 흑자를 누린다고 해서 한국의 대중 무역 의존도가 중국의 대한 의존도보다 높다고 단정할 수는 없다. 한국이 공급하고 있는 반도체, 소부장(소재, 부품, 장비) 등은 중국 수출 산업의 명줄 역할을 하고 있지만 한국이 중국에서 수입하는 품목들은 다른 나라로 수입선을 바꾸기가 용이하다는 점에서 질적으로는 오히려 중국의 대한 의존도가 높다고 볼 수 있다. 사드 배치에 따른 중국의 보복을 중국 경제에 피해가 없는 문화·관광 분야와 중국 내 롯데호텔과 쇼핑몰로 국한한 이유도 무역 분야로 확대하면 중국 경제가 더 큰 타격을 입을 수 있기 때문이다.

그러나 시간이 흐를수록 중국은 산업기술과 정보통신 산업에서 한국과의 기술 격차를 줄이면서 한국 기업의 엘도라도가 아닌 우리 산업의 생존을 위협하는 추격자와 포식자로 변해가고 있다. 첨단기술을 보유한 한국 기업들에 대한 무차별적인 해킹을 통해 기술 절도를 일삼고 중국이 탐내는 고급 기술 인력을 빼내가는 주범이기도 하다. 경제·기술 분야에서도 과거에는 호혜적 동반자였지만 미래에는 최대의 위협이 될 가능성이 높다.

중국에게 한국은 무엇인가?

중국이 동아시아의 맹주 자리를 되찾겠다는 꿈을 이루기 위해서는 한미관계를 이간하고 한국을 중국 편으로 포섭해 궁극적으로는 한미동맹을 와해시키는 것이 필수적이다.

미·중 간의 전략적 경쟁이 치열해질수록 한반도 전체의 전략적 가치는 커진다. 미국의 대중 봉쇄망에 틈을 만들고 태평양으로 나갈 교두보를 확보하는 데는 대만 통일이 최선이지만 무력 통일이 현실적으로 불가능한 현실 속에서 한국은 미국의 동맹체제에 균열을 만들 수 있는 약한 고리이고 가장 유망한 공략 대상이다. 동아시아의 미국 동맹국 가운데 중국에 심대한 타격을 가할 수 있는 재래식 전력을 보유한 나라도 한국밖에 없다.

그리고 아직도 친중 사대주의와 모화사상의 잔재가 국민 의식을 지배하고 친중 세력이 다시 집권할 가망이 있는 나라도 전 세계에 대한민국밖에 없다. 중국의 회유와 협박으로 안보 정책을 바꿀 수 있는 희망을 주는 나라, 공을 들이는 만큼 소득을 기대할 수 있는 나라, 중국 주석의 방문에 감동하고 이를 외교적 성과로 자화자찬할 수 있는 나라도 대한민국뿐이다.

문재인 대통령은 2017년 12월 15일 베이징대학교에서 행한 특별 연설에서 중국을 "높은 산봉우리"로 묘사했다. '중국몽'에 대해서도

"한국은 작은 나라지만 책임있는 중견국가로서 그 꿈을 함께 할 것"이라고 했다. 대한민국에 끔찍한 악몽이 될 '중국몽'을 함께 하겠다는 것은 중국의 패권적 질서 속에서 착한 소국으로 대국을 잘 섬기겠다는 맹세나 다름없다. 1950년 한국전쟁에 참전해 패망의 벼랑 끝에서 구출해준 중국에 '재조지은'(再造之恩)을 느껴야 마땅한 북한도 친중파를 무자비하게 숙청하고 박해만 했지 중국에 이토록 굴종적인 아부를 한 적은 없다.

일본, 인도, 베트남 등 주변국들도 중국의 패권을 견제할 수 있는 실력과 의지를 갖추고 있지만 이들을 반미·친중 세력으로 회유하고 포섭하는 것은 원천적으로 불가능하다. 3국 모두 중국과 영토분쟁을 겪고 있고 중국의 패권적 팽창 정책을 자국 안보에 대한 최대 위협으로 인식하고 있기 때문이다. 중국이 수단과 방법을 총동원하여 협박하고 회유해도 이들은 절대로 중국 편이 될 가망이 없다. 심지어 미국과의 전쟁으로 수많은 인명을 잃고 전 국토가 초토화된 베트남도 중국의 위협을 막아내기 위해서라면 과거의 적인 미국의 힘을 빌리려고 한다.

그런데 한국은 포섭 대상으로서 거부할 수 없는 매력이 있는 나라이다. 한국은 유사시 중국을 압박할 만한 군사력만 가진 것이 아니라 중국 경제의 사활을 좌우할 경제적 압박 수단도 보유하고 있다. 한국이 다른 반중국가들과 연합하여 반도체와 소부장 공급을 중단하면 한국 경제도 큰 타격을 입겠지만 중국 경제는 치명상을 입을 수 있다. 한국이 안보 이익을 지키기 위해 아직 경제적 압박 수단을 사용할 의지가 없었던 것이 중국에는 행운이었겠지만 이러한 행운이 영원히 계속된다는 보장은 없다. 한국의 정권 교체와 반중 정서의 확대를 바라보는 중국의 속내는 착잡할 것이다.

6. 한미동맹의 가치와 실체

한국에게 미국과 한미동맹은 무엇인가?

한국은 20세기 중반부터 주변 강대국 간의 패권 경쟁 속에서 독립국가로 생존을 유지할 수 있는 비결(祕訣)을 갖게 되었다. 바로 태평양전쟁의 종결자인 미국이 동아시아 무대의 주역으로 등장하고 한미 간에 동맹이 가능해진 것이다. 한국에 20세기 이전에는 꿈도 꿀 수 없었던 새로운 옵션이 생긴 것이다.

그 이전 수천 년 동안은 역내 패권국가의 속국으로 살아가거나 패권국가에 병합되어 직할 통치를 받는 것 외에는 마땅한 대안이 없었다. 고구려가 수나라와 당나라의 침입을 막아낸 적도 있고 고려가 송나라와 거란 간의 대립을 이용해 독립을 지킨 적은 있지만 이는 우리가 주변국에 대항할 수 있을 만한 국력을 갖추었거나 아니면 중국의 분열로 한반도를 지배할 패권 세력이 부재중인 틈을 이용한 한시적인 예외였지 지속 가능한 것은 아니었다.

한국이 유사 이래 처음으로 한반도에 영토적 야심이 없는 역외 강대국의 힘을 빌려 역내 패권 세력에 대항할 수 있는 원교근공(遠交近攻) 전략과 이이제이(以夷制夷) 전략을 선택할 수 있게 된 것은 한미동맹 덕분이다. 한미동맹은 중국의 패권적 강압과 횡포에 기죽지 않고 당당하게 대항할 수 있는 방패다. 태평양전쟁을 통해 일본 제국의 패권을 종식하고 조선을 해방할 수 있던 나라가 미국밖에 없었듯이 앞으로 중국의 패권적 야심과 횡포에서 대한민국을 지키는데 있어서도 한미동맹이 최선의 보험이다. 한국을 괴롭히는 것은 미국에 도전하는 것이라는 인식을 중국에 확실히 각인할 방법은 동맹의 힘과 결속을 보여주는 것이다.

통일이라는 민족의 대업을 완수하는데 있어서도 미국은 든든한 후원자이며 버팀목이 될 수 있다. 통일의 결정적 기회가 올 때 중국의 도움을 받는 것은 중국의 전략적 이해 관계 구조가 바뀌어야 가능한 일이다. 중국은 중국의 국익에 따라 정책을 결정할 뿐 한국의 입장을 배려해 국익에 반하는 선택을 할 리가 없다. 중국 국익의 구조를 바꿀 능력과 의지를 가진 나라는 오직 미국뿐이다. 중국의 환심을 사기 위해 미국의 불신을 자초하고 동맹을 약화하는 것만큼 어리석은 자해 행위는 없다.

미국은 경제·기술 분야에서도 여전히 가장 중요한 파트너다. 특히 첨단 정보통신 산업 분야에서 한국이 세계 강국으로 발전하는 데 필요한 대다수의 원천기술은 미국에서 도입했다. 그리고 미국은 한국 수출의 15%를 차지하는 고부가가치제품의 최대 시장이다.

이승만 초대 대통령이 미국과의 동맹을 선택한 데는 역외 강대국을 동맹으로 확보하지 못한 조선의 비애를 평생 온몸으로 겪어왔기 때문일 것이다. 을사늑약이 체결되기 3개월 전인 1905년 8월 4일 30세 청년 이승만은 롱아일랜드에서 휴가를 보내고 있던 시어도어 루스벨트(Theodore Roosevelt) 미국 대통령을 찾아가 일본의 침탈을 막아 달라고 호소했지만 허사였던 것은 당시 미국이 그럴 힘도 없었지만 1882년의 조미수호통상조약이 동맹 조약은 아니었기 때문이기도 하다.

이승만이 1911년 프린스턴대학교에서 박사학위를 받을 당시 은사였던 우드로 윌슨(Woodrow Wilson) 총장은 평소 이승만을 "장차 조선의 독립을 되찾을 사람"이라 소개하며 총애했지만, 대통령이 된 후에는 1919년 베르사유 평화회담에서 한국의 독립을 옹호해달라는 이승만의 호소를 들어주지 못했다.

국제 정치의 냉엄한 현실 속에서 한번 빼앗긴 국권을 되찾고 나라의 자주 독립을 지키는 것이 얼마나 어려운지를 청년 시절부터 뼈저리게 경험해본 이승만 대통령의 혜안이 아니었다면 한미동맹 조약은 불가능했을 것이다. 이승만 대통령의 외교력과 뚝심이 아니었다면 휴전협정이 조인되기 2개월 전인 1953년 5월 말까지도 동맹 조약 체결에 반대했던 아이젠하워(Dwight D. Eisenhower) 정부를 설득해 입장을 바꾸게 만들 수는 없었을 것이다.

미국에게 한국과 한미동맹은 무엇인가?

한미동맹은 미국의 동아시아 전략에서 핵심축 중의 하나이다. 핵무장한 북한을 억지하는데 중심적인 역할을 할 뿐만 아니라 미국이 국가 안보 전략의 최우선 과제로 설정한 대중국 견제에도 긴요하다. 한국의 경제력과 군사력만으로도 중국의 힘을 상쇄하고 견제하는 데 상당한 효과를 발휘한다. 한국은 미국의 동맹국 가운데 중국의 심장부와 가장 가까운 거리에서 중국의 군사 동향을 감시 추적할 수 있는 지리적 이점을 가진 나라이기도 하다. 여기에다 미국의 군사력을 동아시아 지역에 투사하는 데 활용할 수 있는 미군 기지를 보유하고 있고 2만 8,500명의 병력까지 주둔하고 있다.

그러나 미국이 중국을 견제하는 데 한국이 대체 불가능한 전략적 가치를 가진 것은 아니다. 한국의 전략적 가치는 한국이 대중 견제에 협력할 때 극대화되지만 친중 노선에 집착할 때는 그 가치가 반감된다.

중국을 견제하거나 전쟁을 수행할 때 미국의 해·공군 전력이 중심 역할을 맡게 되는데 일본에 배치된 미국의 해·공군 전력은 역내 다른 분쟁 지역으로 전개하는 데 제약이 별로 없다. 그런데 육군이 주축을 이루고 있는 주한미군은 다른 분쟁 지역으로 전개할 수 있는 전략적 유연성이 제한되어 있다. 미국이 중국 본토에 지상군을 투입해 전투를 벌일 일은 없다.

주한미군 주둔과 운영 비용으로 항모전단 한 개를 더 창설하면 대만해협과 남중국해뿐만 아니라 유사시 인도양까지 신속히 전개할 수 있어 중국을 견제하는 데는 주한미군보다 오히려 더 다용도로 사용할 수도 있다.

북한의 핵·미사일 위협을 제거하기 위한 선제공격을 하는데도 주한미군은 도움이 되기보다는 오히려 걸림돌이 된다는 시각도 있다. 주한미군이 입을 피해가 선제공격을 주저하게 만드는 요인으로 작용할 수 있다는 것이다. 선제공격에 동원할 미국의 핵심 공중 전력은 미국 본토에서 날아와야 한다. 주한미군에는 북한의 핵·미사일 기지를 제거할 GBU-57 급의 자산이 배치되어 있지도 않고, 한국 정부의 동의 없이는 한미연합사령관 휘하의 전력을 사용할 수도 없다.

만약 북한이 전술핵을 실전 배치한 후에도 이를 막아낼 주한미군의 미사일 방어망 확충에 한국이 협조해주지 않는다면 미국 내에서는 주한미군을 북한의 핵 위협에 방치하지 말고 안전한 지역으로 철수하거나 재배치하자는 논의가 힘을 얻을 수 있다.

1971년 '닉슨 독트린'에 따라 미국은 7사단 2만 명을 한국 정부와 사전 협의 없이 철수했고 1979년 지미 카터(Jimmy Carter) 대통령은 주한미군 대부분을 철수하려고 했다가 미 국방부와 군의 강력한 반대로 단념한 바 있다. 트럼프 대통령도 한국이 미군의 주둔과 운용 비용을 부담하지 않는다면 주한미군을 유지할 가치가 없다고 판단했다.

미국의 이러한 태도는 주한미군이 없어도 미·일동맹만 건재하면 동아시아에서 미국의 핵심 이익을 지키는 데 결정적인 문제가 없다는 전략적 인식을 드러낸 것이다.

주한미군 철수가 미국이 1992년 필리핀의 수빅만 해군기지와 클라크 공군기지를 반환하고 철수하는 것보다는 어렵다. 그러나 한국 내에 반미 · 친중 정서가 확대되고 북한의 전술핵에서 주한미군을 방어할 대책도 없다면 미국 정부가 주한미군 철수 결단을 내리는 것은 어렵지 않다.

한국이 미 · 중 간 전략적 경쟁 구도에서 영향을 끼칠 수 있는 비중과 위치를 차지하고 있기는 하지만 미국보다는 중국의 입지에 더 큰 영향을 줄 수 있다. 중국이 한국을 자국 편으로 끌어들이는 데 미국보다 더 많은 공을 들이는 것도 바로 그 때문이다.

7. 미 · 중 사이에서 한국의 선택은?

국익 중심주의가 답이다

한국은 미 · 중 사이에서 어느 편에 설 것인지를 고민할 것이 아니라 대한민국의 국익의 편에 서면 된다. 그런데 안보적 이익과 경제적 이익이 충돌하는 상황에서는 종합적 국익을 판단할 안목과 능력이 없으면 우리 편이 어디인지를 분간하지 못하는 정신 분열 증세를 보일 수 있다.

중국에 대한 경제 의존도가 높을수록 안보 분야에서 중국에 거슬리는 정책을 선택하기가 어려워진다. 한국과 중국의 안보적 이해 관계는 구조적으로 대립할 수밖에 없기 때문에 한국에 이로운 것이 중국에는 해롭고 중국에 이로운 것이 한국에는 해로운 것이 당연하다. 이와 반대로 경제적 이해 관계는 원윈(win-win)의 구조로 되어 있어 중국에는 이롭고 한국에는 해로운 거래는 원천적으로 발생할 수 없다.

보통 국민의 눈높이에서는 미래의 더 큰 안보적 이익은 추상적이고 눈앞의 작은 경제적 실익은 손에 잡히고 피부에 와 닿는다. 따라서 국민 여론을 안보 정책의 토대로 삼는 것은 위험하다.

가장 중요한 것은 중국이나 미국이 우리의 선택을 좌지우지하도록 허용하지 말고 우리의 국익에 따라 양국과의 관계를 주체적으로 결정하고 이끌어 나가는 것이다.

한국을 자국 편으로 끌어들이기 위해 더 큰 열의를 보이고 공을 들이는 나라의 편에 서는 것이 국익에 반하는 선택이 될 수 있다. 예컨대, 중국이 한국을 포섭하기 위해 대통령을 국빈으로 초청해서 최고의 예우를 베풀고 시진핑 주석이 파격적인 선물 보따리를 들고 찾아와 앞으로 절친으로 지내자고 다짐하면 이에 감동한 나머지 중국을 우리 편이라 착각하기 쉽다. 이럴 때는 중국의 속셈이 무엇인지부터 경계해야 한다.

마찬가지로 미국이 다른 지역의 분쟁에 정신이 팔려 우리의 관심사에는 무심한 태도를 보인다면 미국은 우리 편이 아니라고 착각할 수도 있다. 양국이 우리를 대하는 자세와 성의에 일희일비하면 국익을 판단하는 안목이 흐려지고 소탐대실하는 선택을 할 위험성이 높아진다.

둘째는 대한민국이 추구하는 가치를 선택의 중요한 기준으로 삼아야 한다. 자유민주적 기본 질서와 개인의 자유와 인권을 짓밟고, 전체주의적 일당 독재를 유지하기 위해 인간의 존엄성을 말살하는 나라와는 필요한 범위 내에서 상종은 하고 이웃으로서 응당 갖춰야 할 예의는 갖추지만, 마음을 줄 수는 없다.

끝으로, 국제적으로 확립된 규범과 원칙의 편에 서야 한다. 중국의 남중국해 도서에 대한 영유권 주장과 점령에 대해서는 이미 국제상설중재재판소가 그 근거를 부정하는 판결을 내렸으므로 국제법과 국제 규범의 편에 서면 중국이 시비할 명분이 없어진다.

국제법을 떠나 냉철한 국익의 차원에서 보더라도 남중국해는 수입에너지의 80% 이상이 통과하는 우리 경제의 생명선이다. 남중국해에서 국제법에 따른 항해의 자유는 세계 10대 경제대국인 대한민국의 사활이 걸린 사안인데 마치 남의 일인 듯 애매모호한 표현으로 얼버무릴 수는 없다.

'안미경중'은 가능한가?

안보에서는 미국을 선택하고 경제는 중국을 선택하자는 '안미경중(安美經中)론'은 현실성이 없는 탁상공론에 불과하다. 중국이 안보적 목적 달성을 위해 경제적 강압 수단을 사용하고 있는 상황에서 안보와 경제를 어떻게 분리할 수 있는가? '사드 3不합의'는 안보와 경제의 분리가 불가능하다는 사실을 입증한 것이다.

'경중'(經中)도 한국 마음대로 할 수 있는 것이 아니다. 미국이 중국과의 경제적 디커플링(decoupling)을 결심하고 미국의 원천기술과 특허로 국내에서 생산되는 반도체 등 첨단기술 제품의 대중 수출을 금지하면 중국이 아무리 사고 싶어도 우리는 팔 수가 없다.

안보는 국가의 존립을 좌우하는 생존의 문제이고 경제는 잘 먹고 잘사는 문제다. 둘 다 국가 운영에서 가장 중요한 목표인데, 두 가지 목표를 조화시킬 수 있다면 최선이겠지만 정면충돌을 피할 수 없다면 생존이 우선이다. 잘 먹고 잘사는 것이 아무리 중요해도 국민의 생명, 안위와 바꿀 수는 없고 돈 더 벌려고 중국의 속국이 될 수는 없는 일이다.

안보가 경제보다 더 중요하다고 해서 안보를 위해 경제적 이익을 무조건 포기하자는 소리가 아니다. 핵심 안보 이익을 불가역적으로 해치거나 동맹의 근간을 흔들 일은 당장의 경제적 실익을 희생해서라도 자제해야 하겠지만, 안보적 사안이라고 모두 생존과 직결된 것은 아니며 경제적 사안도 무게가 각각 다르다. 안보적 사안도 대안의 존재 여부와 경중에 따라 더 큰 경제적 실익을 위해 융통성을 발휘할 수도 있을 것이다.

미·중 사이에서 균형자가 되겠다거나 중립을 유지할 수 있다는 주장도 현실 도피적 환상이다. 균형자나 중립은 기존의 한미동맹과 양립할 수 없고 사실상 중국 편에 서서 중국의 위성국으로 전락하는 선택이다. 위험 최소화 전략이랍시고 '양다리 걸치기'나 이중 플레이를 하면 미·중 양측으로부터 불신과 혐오를 받아 안보와 경제를 다 놓칠 수 있다.

한미동맹이 중요하다고 해서 미·중 간 충돌하는 이슈마다 무조건 미국 편을 들자는 의미가 아니다. 동맹국 간에도 이해 관계와 우선순위가 일치하지 않는 사안에 대해서는 우리의 이익을 희생하면서 무조건 미국 편을 들 수 없다. 다만, 미국의 요구를 들어줄 수 없을 때는 그 이유를 납득시키는 성의 있는 노력이 필요하다. 사안의 경중을 가리고 종합적 국익을 냉철하게 판단하는 균형 감각은 대통령의 몫이다.

'사드 3不합의'는 균형 감각의 상실이 초래한 외교 참사지만 근본적인 문제는 5천만 국민의 안위와 한미동맹의 미래가 걸린 문제를 동맹국과 협의하는 대신 안보 이해 관계가 구조적으로 대립하는 중국과의 협상 대상으로 삼은 것이다. 중국의 반발을 무마하기 위해 우리 안보와 동맹의 핵심 이익을 희생하겠다는 자세는 우리 편이 어디인지를 판단할 능력이 고장 났다는 것을 보여준다. 그런 나약한 자세와 미숙한 전략적 판단으로는 '사드 3不합의'보다 더 큰 치욕을 당하지 않는다는 보장이 없다.

8. 중국의 강압과 패권적 횡포에 어떻게 대처할 것인가?

자강＋보험＋헤징으로 중국의 각개격파 전술에 대항해야

중국은 강압적인 현상 변경을 시도할 때 각개격파 전술을 사용한다. 만만하거나 약점이 있는 나라부터 골라 일대일로 상대하는 것이 여러 국가를 동시에 상대하는 것보다 회유와 강압이 더 큰 효과를 발휘하기 때문이다.

1970년대 이후 중국과 일대일로 상대해서 이긴 나라는 베트남뿐이다. 베트남이 친중 공산국가였던 캄보디아를 점령하자 중국이 이를 응징하겠다고 1979년 베트남을 침공했다가 도리어 '응징'을 당한 것이다. 중국은 그 이후로는 베트남을 함부로 대하지 않는다. 2014년 중국이 베트남이 영유권을 주장하는 남중국해 파라셀제도 인근 해상에서 원유 시추 시설을 설치했다가 베트남에서 거센 반중 폭동이 일어나자 베트남 진출 중국 기업들은 막대한 피해를 입고 수천 명의 중국 기업인들은 혼비백산해서 탈출한 적이 있다.

북한도 중국의 비핵화 압박과 회유에 굴하지 않고 거세게 저항해 오다가 미·중 경쟁이 격화되자 중국을 대북 제재 완화의 선봉대로 활용하는 비상한 재주를 발휘하고 있다. 북한 체제의 불안정과 붕괴 가능성에 대한 중국의 우려를 이용해 '자해공갈단'의 수법으로 중국에 대항하고 중국의 정책까지 바꿀 수 있는 노하우도 갖고 있다.

베트남과 북한이 중국을 다루는 방식을 대한민국이 흉내 낼 수는 없으며 우리 실정에 맞지도 않는다. 그러나 한국은 다양한 실용적 옵션을 갖고 있다. 자강을 토대로 다층적 보험과 헤징(hedging)으로 중국의 각개격파 전술에 대항할 수 있다.

군사적 자강과 경제적 자강의 길

자강의 요체는 군사적 역량과 경제적 레버리지의 강화이다. 중국과의 전쟁에서 이기는 것은 불가능하지만 서해의 해양 주권을 지키고 침탈을 거부하는데 필요한 한국형 A2AD(반접근지역거부) 전력을 확보하는 것이 군사적 자강의 핵심 과제이다.

대만해협이나 남중국해에서 위기가 발생해도 중국의 북해함대를 서해에 묶어 둘 수 있는 역량과 태세를 갖추고 있다면 중국의 군사적 모험주의를 견제하는데 응분의 몫을 할 수 있다.

중국이 안보적 이익을 위해 경제적 보복이나 강압 수단을 사용하는 것을 막으려면 중국 경제의 급소를 누를 수 있는 핵심기술이나 품목의 시장 지배력을 확보하는 것이 최선이다. 당장은 반도체가 중국 경제를 일거에 초토화할 수 있는 비대칭 전략 무기의 역할을 할 수 있다. 이러한 비대칭 전략 무기를 사용할 일이 없어야 하지만 중국이 한국의 핵심 이익을 침해하거나 부당한 강압이 도를 넘을 때는 한국이 경제적 손실을 각오하고 이를 사용할 수도 있다는 점을 중국 지도부에 각인시킬 필요가 있다.

반도체 분야에서 우리 기업의 시장 지배력이 앞으로도 계속된다는 보장이 없기 때문에 다른 반도체 대국들과의 공조체제 수립이 필요하고, 중국 경제에 치명적인 타격을 줄 수 있는 핵심기술이나 독과점 품목을 국가 안보 전략 차원에서 계속 개발하고 유지해야 한다. 또한 중국이 시장 지배력을 보유한 품목에 대해서는 대체 공급선을 확보하거나 적정량의 비축 물량을 유지함으로써 경제 보복에 대한 취약성을 줄이고 위험을 분산해야 한다. 그러나 자강만으로 중국의 횡포에 대항하는 것은 한계가 있다.

다양한 보험이 필요한 이유

보험은 아무리 똑똑한 것이라도 하나만으로는 부족하므로 상호 보완하고 보강할 수 있는 다양한 보험이 필요하다. 1차 보험으로는 한미동맹 외에 대안이 없다. 주한미군이라는 확실한 담보가 있기 때문이다. 한미동맹은 한·미·일 안보 협력 체제로 보강하면 더 큰 힘을 발휘할 수 있다. 동아시아에서 중국의 패권에 대항하는데 한일 양국만큼 이해 관계가 일치하는 나라는 없다.

그러나 한미동맹과 이에 토대를 둔 한·미·일 안보 협력에 대한민국의 안보를 전적으로 의존할 수는 없다. 미국이 국내정치적 기류에 따라 고립주의로 회귀하거나 중국과의 전략적 타협을 통해 동맹의 이익에 반하는 선택을 할 가능성도 있다. 베트남전쟁 이후에도 그런 적이 있다. 따라서 미국이 중국과의 전략적 경쟁에 지치면 동아시아의 패권을 중국에 넘겨줄 가능성도 배제할 수 없다. 한국과 일본에서 미군을 철수하더라도 해·공군력을 통한 역외 균형(off-shore balancing) 전략으로 미국 본토와 동맹국을 방어할 대안이 있다는 주장은 오래 전부터 미국 안보 전문가들 사이에서 제기되어 왔고 미·중관계의 향배에 따라 힘을 얻을 수도 있다.

따라서 2차 보험으로 중국의 패권적 팽창 정책에 위협을 느끼고 이를 견제하는데 이해 관계를 공유하는 인도·태평양 국가들과의 연대와 협력을 추진해야 한다. 미국·일본·호주·인도 4개국 간의 협의체인 쿼드에 참여하는 것도 2차 보험으로서 의미가 있다. 중국의 횡포를 견제하거나 중국의 힘을 분산하는데 기여할 수 있는 능력과 의지가 있는 나라는 모두 한국의 전략적 파트너가 될 수 있다. 그중에서도 인도와 베트남이 반중 연대의 가장 유망한 후보국이다. 이들은 중국과의 영토분쟁으로 이미 유혈충돌까지 겪어본 나라로서 중국의 침탈에 국운을 걸고 저항할 나라들이다.

이들과 동맹을 맺을 필요는 없어도 군사 협력은 필요하다. 중국이 인도와의 전략적 경쟁에 군사력을 투입하고 국력을 소비하면 그만큼 동아시아 전선에 동원할 역량이 줄어든다. 베트남이 중국의 군사력을 남중국해와 동남아에 묶어두면 중국이 서해에서 한국의 해양 주권을 침탈하는데 사용할 수 있는 힘을 분산하는 효과가 있다.

필리핀은 한국의 FA-50 경공격기를 도입하고 한국 해군의 퇴역 함정을 인수해 중국 어선의 필리핀 수역 내 불법 조업을 단속하고 해양 주권을 지키는데 효과적으로 활용하고 있다. 향후 베트남·필리핀 등 동남아 국가들과 군사 협력을 추진하는 데 있어 함정과 전투기 등 방산 제품의 판매와 운용 기술의 지원에만 그치지 말고, 이를 우리 함정과 공군기의 기항 및 기지 사용권 확보에도 활용하고 협력의 범위를 합동군사훈련으로 넓혀가는 것도 필요하다.

동남아 지역에서 자연 재해나 소요 사태가 발생하면 재외 국민을 긴급히 구조 또는 철수하고, 남중국해에서 무력 충돌이 발생했을 때 해상수송로를 지키는 데도 인근 지역에 전초기지를 확보하는 것이 필요하다.

헤징 전략으로 중국 리스크를 최소화해야

자강, 보험과 병행해 정교한 헤징(hedging) 전략도 필요하다. 자강과 보험이 중국과 함부로 대결하고 충돌할 면허증이 될 수는 없다. 튼튼한 자동차를 구입하고 종합보험에 가입했더라도 난폭 운전을 삼가해야 하는 이치와 같다. 아무리 든든한 보험이 있더라도 피할 수 있는 위험은 피하고 충돌할 사안이 발생하더라도 먼저 외교적 해결에 최선을 다해야 한다.

헤징 전략의 요체는 중국 리스크를 최소화하는 것이다. 특히, 무역과 공급망 분야에서 중국에 대한 의존도를 줄여나가야 한다. 이를 위해서는 안보 이해 관계가 대립하지 않은 나라로 무역과 투자를 다변화하고 공급망을 전환하는 것이 필요하다.

미국이 추진하고 있는 글로벌 공급망 재편에 대비해 한국 기업의 탈중국과 국내 리쇼어링(reshoring)을 정책적으로 지원하고, 중국에 과잉 의존하는 희토류 등의 광물과 원자재의 대체 공급선도 개발하고 찾는 것이 시급하다.

쿼드에 참여해야 하나?

쿼드는 아직 실체가 없는 전략 대화를 위한 모임에 불과하다. 그러나 정상과 외교·국방장관들이 모여 인도·태평양 지역의 공동 관심사를 빈번하게 논의하다 보면, 점차 실체를 갖추게 되고 안보 현안에 대한 교감과 공조의 중심 무대로 진화하게 되어 있다.

한국이 조속히 참여해야 할 이유는 차고 넘친다. 가장 중요한 이유는 우리가 없는 자리에서 한반도의 안보와 미래에 영향을 미칠 논의가 이루어지는 것을 허용하거나 방치해서는 안 된다는 것이다. 조선의 운명도 조선이 없는 자리에서 우리 민족의 의사에 반하여 이루어졌다. 우리 역사에서 이러한 비극을 되풀이하지 않으려면 인도·태평양 지역의 핵심 강국들이 역내 안보 질서를 논의하는 자리에는 반드시 참여하여 발언권을 행사해야 하며 우리에게 불리한 방향으로 논의가 진행되는 것을 막아야 한다. 그리고 한국의 참여 여부에 대한 결정권을 행사하는데 중국의 눈치를 볼 이유가 없다.

독일과 소련은 1939년 8월 23일 독·소불가침조약을 체결하면서 폴란드를 분할점령하기로 했지만 폴란드는 자국이 한 달 후에 지도상에서 사라지는 것도 모르고 있었다. 폴란드가 "우리가 없는 자리에서 우리에 관한 논의를 하는 것을 용납하지 않는다"(Nothing about us without us)는 원칙을 외교 정책의 금과옥조로 삼고 있는 배경이다. 이는 오늘날 한국에 더 적실(的實)한 원칙이다.

쿼드 참여는 중국에 대한 한국의 레버리지를 강화하는 데도 도움이 된다. 국제 관계에서 원하는 목표를 달성하는 데 있어 상대방의 선의를 확보하는 것보다 더 중요한 것은 상대방을 움직일 레버리지를 확보하는 것이다. 안보 이해 관계가 구조적으로 대립하는 중국에 대한 한국의 레버리지는 중국이 원하는 것을 거부할 수 있는 능력에 비례하고 안보 이해 관계를 공유하는 나라와 공조할 때 더 커진다.

중국이 반대한다면 이는 한국이 참여해야 하는 당위성을 확인해주는 것이다.

쿼드는 중국의 각개격파식 강압과 보복에 집단적으로 대응하는 데도 유용한 플랫폼이 될 수 있다. 개별국가가 단독으로 대항하는 것은 승산이 없지만, 일개 국가에 대한 보복을 모든 참여국에 대한 보복으로 간주하여 공동 대응한다는 원칙을 세워놓는다면 중국의 패권적 횡포를 억지할 레버리지로 활용할 수 있다.

끝으로 쿼드는 미국의 무리한 반중 정책을 만류·순화함으로써 미·중 간의 불필요한 대립과 충돌을 방지하는 데도 유용하다. 미국 정부가 국내의 반중 정서 과잉을 의식하여 선거 전략의 일환으로 과도한 중국 때리기에 나설 경우도 있을 것이다. 다른 참여국들도 미국이 표심에 영합하여 반중 강경 노선을 추구하는 데 대한 거부감과 불안감을 느끼고 있더라도 미국과의 양자 회담에서는 문제를 제기하기가 부담스러울 수 있다. 이럴 경우 다른 참여국들이 힘을 합쳐 공동으로 미국을 설득하는데 쿼드가 편리한 협의체가 될 수 있다.

한국이 언젠가는 참여해야 할 협의체라면 쿼드의 실체가 갖추어지기 전에 참여해 정체성과 목표, 원칙 등을 결정하는 단계에서 우리의 입장을 반영할 필요가 있다.

9. 한일관계의 해법

한일관계는 1965년 국교 정상화 이후 최악의 수렁에 빠져 있다. 문재인 정부가 박근혜 정부의 '위안부 합의'를 공격한 것을 신호탄으로 '적폐 청산'의 기치를 앞세우고 관제 반일민족주의 광풍을 몰고 온 것이 화근이었다. 여기에다 2018년 10월 30일 대법원이 강제징용 피해자에 대한 배상 판결을 내리면서 한일관계의 근간을 허물어 버렸다.

강제징용 문제의 해법을 찾기 전에는 한일관계가 정상으로 돌아가기는 어렵다. 해법을 찾더라도 그게 끝이 아니다. 양국 관계의 앞길은 지뢰밭이다. 독도 문제는 수시로 반일 감정에 불을 지르고, 한일 대륙붕공동개발협정도 시한폭탄이다. 동해 표기 문제도 언제든 한일관계를 흔들 수 있는 잠재적 악재이다.

한국 내의 반일 감정 못지않게 일본 내에서도 혐한 정서가 위험 수위에 도달해 있다. 지한파가 설 땅이 좁아지고 한국과의 합의 무용론도 팽배하다. 당면한 북한의 핵·미사일 위협과 중국의 패권적 팽창주의에 대응하기 위한 전략을 수립하는데 머리를 맞대고 손을 잡아도 모자랄 판에 양국의 정치인들은 리더십을 상실하고 편협한 국내정치적 계산에만 매달려왔다.

강제징용 판결이 초래한 딜레마

한일관계의 해법을 찾으려면 2018년 대법원 판결의 문제점을 이해하는 것이 필요하다.

근본적인 문제는 대법원이 '사법자제의 원칙'을 어기고 한일 간 국교 수립의 전제를 부정하고 외교를 책임지고 있는 역대 정부의 일관된 입장에 배치되는 판결을 내렸다는 것이다. 외교적 사안에 대해서는 사법부가 행정부의 입장을 존중하여 판단에 신중을 기한다는 일명 '사법자제의 원칙'은 문명 세계의 확립된 원칙인데 대법원이 이를 무시한 것이다.

거슬러 올라가 보면 2012년 5월 김능환 대법관이 주심을 맡은 대법원 1부가 고법에서 올라온 이 사건을 파기환송한 것이 발단이다. 김능환 대법관은 당시 "건국하는 심정으로 판결했다"라고 했는데, 이는 법리에 따라 판결한 것이 아니라 항일투사로 역사에 이름을 남기겠다는 소영웅주의적인 공명심으로 판결했다는 의심을 받을 만한 언급이다. 건국하는 것은 독립 투사의 몫이지 법관의 소임이 아니다. 대법원이 한일관계의 근간을 바꿀 수 있는 민감한 사안에 대해 판결하더라도 행정부의 의견을 존중하고 전원합의체에서 판결하는 것이 상식인데 이 사건을 소부(小部)에 배당한 것도 문제가 있었다.

이 사건 최종심을 전원합의체에서 할 당시에는 '사법자제의 원칙'을 지키려던 양승태 전임 대법원장과 대법관들을 사법농단 세력으로 매도하고 마녀사냥하는 듯한 공포 분위기여서 대법관들이 심리적으로 주눅들 수밖에 없는 상황이었다. '친일 적폐 청산'의 광기가 하늘을 찌르고 '토착왜구'를 겨냥한 '죽창가'마저 울려 퍼지는 살벌한 분위기 속에서도 소수 의견을 낸 기백있는 대법관도 있었지만 절대 다수의 대법관들은 선배 대법관이 '건국하는 심정으로' 한 판결의 방패 뒤에 숨는 것이 봉변을 면하고 일신의 안전을 보전할 수 있는 길이었을 것이다.

또 하나의 문제는 대법원이 판결에서 제시한 법리에 있다.

대법원은 일본 기업이 징용 피해자들에게 배상해야 하는 1억 원을 불법 행위에 대한 위로금으로 성격을 규정했다. 즉 일본의 식민지배 자체가 불법이고 따라서 일본의 1938년 '국가총동원법'에 따른 강제 징용도 불법이라는 전제 하에 이러한 불법 행위에 대한 위자료는 일본으로부터 받은 청구권 자금에 포함되었다고 볼 수 없다는 논리를 제시하고 있다. 즉 1965년 한일청구권협정으로 불법 행위에 대한 위자료 문제는 해결되지 않았으므로 개인의 위자료 청구권은 살아있다는 것이다.

이러한 대법원의 입장은 한일 간 국교정상화가 이루어진 배경을 무시하고 국교정상화 이후 53년간 역대 정부가 일관되게 취해온 청구권협정에 대한 입장을 부정하는 데서 출발한다. 이승만 정부가 1951년 한일 국교정상화 협상을 개시할 때부터 한국은 일본의 식민지배가 불법이라고 줄기차게 주장해 왔지만 일본이 이를 받아들인

적은 없다. 국교정상화 협상이 장장 14년이나 끈 것도 식민지배의 불법성 여부에 대한 팽팽한 대립에 기인하는 바가 크다.

결국 1965년 한일기본조약은 식민지배의 불법성에 대한 일본의 인정을 받아내지 못한 상태에서 타결됐다. 한일 간의 이견은 기본조약 2조에서 "1910년 8월 22일 및 그 이전에 대한제국과 일본 간에 체결된 모든 조약과 협정은 이미 무효임을 확인한다"라는 표현으로 얼버무리고 넘어가면서 일본은 불법성을 인정한 바 없다고 주장할 근거를 확보한 것이다. 일본으로부터 식민지배의 불법성을 인정받지 못한 상황에서 청구권협정은 2조 1항에서 대일 청구권 문제가 "완전히 그리고 최종적으로 해결되었음을 확인한다"라고 명시한 것이다. 대법원 판결까지 53년간 역대 정부는 보수·진보를 막론하고 이 조항이 규정한 청구권의 범위에 모든 종류의 개인청구권이 포함된다는 입장을 견지해왔다.

2005년 노무현 정부에 들어와서 이 문제가 다시 불거졌을 때도 일본으로부터 받은 무상 3억 달러의 청구권 자금에 강제동원 피해 보상이 포함되어 있다는 역대 정부의 입장을 재확인했다. 당시 징용 피해자들의 요구에 따라 협상 과정을 기록한 외교문서도 공개했다. 이는 이해찬 총리를 위원장으로 하고 문재인 민정수석이 정부 측 위원으로 참여한 민관합동위원회를 구성해 7개월간 수만 쪽의 협상 문서를 검토한 끝에 내린 결론이었다. 다만, 1975년부터 이루어진 1차 보상이 불충분했다는 점을 인정해 2007년 12월 '태평양전쟁 전후 국외강제동원희생자 등 지원에 관한 법률'을 제정하여 2008년부터 정부 예산으로 징용 피해자들에게 6,184억 원의 위로금과 추가 보상금을 지불했다.

청구권 문제가 정부 간에는 해결되었지만, 개인의 청구권은 살아 있다는 주장에 대해서도 일본은 반박할 근거를 가지고 있다. 청구권 협상 과정에서 일본은 징용과 관련된 개인청구권을 일본 원호법에 따라 일본 정부가 직접 접수하고 해결하겠다고 했지만 한국 측이 개별 피해자를 대신하여 정부가 일괄수령하여 집행하겠다고 고집해 관철한 것이었다. 즉 피해자 개인이 일본 정부에 개별적으로 청구하여 받을 수 있는 보상금을 국가가 대신 받은 것이다. 이에 따라 정부는 1971년부터 개별 청구권 신고를 받아 1975~1977년 동안 보상금을 지급했는데 그때 지급한 금액은 일본으로부터 받은 청구권 무상자금 3억 달러의 5.4%에 불과했고 나머지는 경제 개발의 종잣돈으로 전용했다.

대법원이 국내법과 국제적 합의가 충돌할 경우에 적용할 국제법을 무시한 것도 문제다. 1980년 발효한 '조약법에 관한 비엔나협약'은 제27조에서 "어느 당사국도 조약의 불이행을 정당화하는 방법으로 그 국내법 규정을 원용해서는 안 된다"(A party may not invoke the provisions of its internal law as justification for its failure to perform a treaty)라고 규정하고 있다. 대법원 판결도 국내에서 내린 법 해석이므로 큰 틀의 국내법 범위에 들어간다고 볼 수 있는데 '비엔나협약'에 따르면 한일기본조약과 청구권협정은 대법원 판결에 우선한다는 의미로 해석될 수 있다. 일본 정부가 한국 정부에 한일 간에 체결한 조약과 국제법을 준수하라고 요구하는 것도 이를 염두에 둔 것이다.

대법원 판결의 최대 피해자는 대한민국의 품격과 사법제도의 신뢰성이다. 정부가 국가를 대표하여 외국과 체결하고 국회의 비준 동의를 받아 발효한 조약과 이를 토대로 50년 이상 유지해온 정부의 입장을 사법부가 하루아침에 뒤집고 국가의 최종적 대표권과 외교권을 행사하는 나라는 국제사회에서 문명국가로 존경받기 어렵다.

또한 나라의 최고 지성을 대표하는 대법원조차 법리에 따라 재판하는데 제약을 받는다면 그 나라의 사법제도는 신뢰받기 어렵다. 대법원의 추락은 법치의 추락이기도 하다.

해법은 없나?

대법원 판결을 존중하겠다는 문재인 정부의 입장은 해법이 될 수 없다. 판결을 존중할 구체적인 방법을 제시해야 한다. 대법원 판결은 한일기본조약과 이를 바탕으로 역대 정부가 53년간 견지해온 입장과 양립할 수 없으므로 어느 것이 우선하는 규범인지를 결정하는 것이 정부의 책임이다. 개인청구권 문제도 이미 청구권협정으로 해결되었다는 노무현 정부의 입장을 존중한다면 이미 일본에서 받은 청구권 자금에서 강제징용 피해자들에게 지급하고 남은 돈으로 국내에서 해결하는 것이 순리이다.

대법원 판결을 국내적으로 해결하는 것이 불가능하거나 정부가 대법원 판결이 한일기본조약과 이에 대한 역대 정부의 입장에 우선한다고 판단한다면 청구권협정 3조 2항에 따른 중재위원회 구성을 받아들이는 것도 체면 손상을 최소화할 출구가 될 수 있다. 청구권협정은 외교적 해결이 불가능할 경우 중재위원회를 통한 해결을 의무화하고 있으므로 이에 반대할 명분이 없다. 중재위원회 구성에 반대한다면 대법원이 강제징용 피해자 판결의 법리에 자신 없다는 것을 인정하는 것으로도 보일 수 있다.

양국 지도자들이 의지만 있다면 해법은 찾을 수 있다. 먼저 1998년 10월 김대중·오부치 정상회담에서 채택한 '21세기 새로운 한일 파트너십 공동선언'의 정신으로 돌아가고, 노무현 정부가 민관공동위원회를 통해 내린 결론을 존중하는 것이다. 김대중·노무현 정부가 이룩한 치적을 문재인 정부가 철저히 파괴한 것을 다시 복원하는 것이 새로운 한일관계의 출발점이다.

지뢰밭으로 덮인 한일관계의 미래

강제징용 피해자 문제가 해결되더라도 그간 쌓인 양국 간 감정의 앙금을 해소하는 데는 많은 시간이 걸릴 것이다. 양국 관계가 복원되더라도 과거의 망령을 소환할 사소한 사건 하나가 공든 탑을 무너뜨릴 폭탄이 될 수 있다. 조선시대의 위정척사(衛正斥邪) 사상의 잔재가 아직도 한국인의 정신 세계에 남아 있듯이 일제의 침탈에 대한 집단적 트라우마가 치유된 후에도 반일은 한민족의 정체성을 규정하는 정신으로 길이 남을 것이다.

그럼에도 불구하고 과거의 망령이 현재와 미래를 지배하는 것을 막고 국민 정서가 국익을 지배하는 고질을 바로잡아야 한일관계가 바로 설 수 있다. 이는 미래지향적 비전과 통큰 리더십을 가진 양국의 지도자들만이 할 수 있는 일이다.

한일 간 안보 협력의 범위를 넓혀나가야

북한의 핵·미사일 위협과 중국의 패권적 횡포는 한일 양국이 당면한 최대의 실존적 도전이다. 한·미·일 3국이 긴밀히 공조하고 역량을 결집해도 감당하기 벅찬 문제들이다. 3국이 수집한 정보를 공유하는 것이 공통의 안보 위협에 대처할 출발점이다. 2012년부터 추진해오던 한일군사정보보호협정(GSOMIA)은 우여곡절 끝에 2016년 박근혜 정부에서 타결됐지만 문재인 정부에서 혹독한 시련과 위기를 겪었다. 강제징용 피해자 배상판결에 대응하여 일본이 2019년 한국에 대한 전략물자 수출허가 절차의 특혜를 중단하자 문 정부는 지소미아 폐기 위협으로 맞섰다. 결국 미국의 개입으로 폐기는 간신히 면했지만 일본과의 안보 협력에 대한 진보 진영의 체질적인 거부감은 여전히 살아 있다.

정보는 아무리 많아도 모자랄 수밖에 없고 많을수록 좋다. 북한의 군사 동향을 감시하고 탐지할 눈과 귀는 많을수록 정보 실패의 가능성을 줄일 수 있다. 이러한 이치를 망각하면 지소미아의 가치를 과소평가하기 쉽다.

유사시 북한의 핵·미사일 발사 동향을 적시에 탐지하는 것은 국민의 생명 및 안전과 직결된다. 일본의 정찰위성과 해상 초계기 등을 우리 정보 자산처럼 공짜로 활용할 방법이 있다면 마다할 이유가 없다. 한국과 미국의 감시 정찰 자산이 놓친 동향을 일본이 하나라도 탐지하여 수만 명의 인명을 구하는 일이 일어난다면 이는 지소미아 덕분에 가능한 것이다.

일본이 한국을 포함한 소수의 핵심 우방국에만 제공해오던 전략물자 수출허가 절차의 특혜를 보류하고 한국을 일반 우방국과 동등하게 대우하겠다는 발상은 옹졸하고 괘씸하기 짝이 없다. 이 문제는 한일관계 정상화의 첫걸음으로서 일본이 선제적으로 해결해야 할 과제이다. 일본이 한국에 대한 특혜를 보류했다는 이유로 북한의 군사 동향을 감시할 눈과 귀를 막는 것은 안보 자해 행위나 다름없다. 우리가 수집한 정보를 일본에 제공하기 싫으면 정보 공유를 잠정적으로 중단하면 그만이지 정보 공유의 틀 자체를 파괴하는 것은 밥맛이 떨어진다고 밥그릇 부수는 격이다.

한일 간 불신이 정보의 공유 범위와 품질을 제한하는 주범이지만, 지소미아를 통해 정보 공유의 폭을 꾸준히 확대해 나가다보면 양국 간 신뢰 회복과 증진에 기여하는 몫이 커질 것이며, 이를 과소평가할 수 없다.

지소미아를 통한 정보 공유 체제 강화와 병행해 한일 간 군수지원 협정도 추진할 필요가 있다. 군수 지원은 정보 공유보다 더 어려운 과제다. 다른 나라와는 얼마든지 체결할 수 있는 협정을 실제 군수 협력의 현실적 필요성이 가장 높은 일본과 군이 피할 이유가 없다. 자국 영토 내에 한국 방어를 위해 사용할 수 있는 7개의 유엔사 후방기지를 제공하고 있는 나라는 일본밖에 없는데도 아직도 군수지원협정을 체결하지 않는 것은 비정상이다. 양국에 공히 이익이 될 분야에서 협력을 추진하는 것조차 국민 정서에 발목을 잡힐 필요는 없다.

유사시 일본에서 반입할 군수 물자를 수송하는 데 일본의 지원을 받는 것이 우리 안보에 도움이 되느냐를 기준으로 군수지원협정의 유용성 여부를 판단하면 된다. 한일 양국의 평화유지군이 함께 주둔하는 분쟁 지역에서 탄약·유류·식품 등 작전에 필요한 물자를 유무상통하는 데도 군수지원협정은 도움이 된다. 지소미아와 군수지원협정의 성과를 토대로 한일 간 안보 협력을 미사일 방어와 첨단무기의 공동개발 분야 등으로 확대하는 것도 금기시할 필요가 없고 공통의 안보적 실익을 기준으로 검토할 수 있어야 한다.

한일관계의 잠재적 악재 관리 방안

한일관계는 순탄하게 발전하다가도 잠재된 반일 감정에 불을 지를 사소한 사건 하나로 하루아침에 물거품이 될 위험성을 숙명적으로 안고 있다. 독도 문제가 폭발성이 가장 높은 잠재적 악재이다. 완전한 해결은 불가능하더라도 폭발성을 줄일 방법은 있다.

필리핀의 제소로 이루어진 남중국해 영유권 분쟁에 대한 2016년 PCA의 판결은 독도 문제 해결에도 중요한 실마리를 제공하고 있다. 이 판결은 남중국해 도서에 대한 중국의 영유권 주장의 근거를 부정한 사실 때문에 국제적으로 주목을 받았지만 EEZ를 가질 수 있는 섬(island)과 EEZ를 가질 수 없는 암석(rock)을 구분하는 기준을 설정한 판례로서도 중요한 의미를 가진다.

PCA는 남중국해 판결에서 독도보다 훨씬 큰 섬에 대해서도 독자적 경제 활동을 유지할 수 없고 안정적 주민 공동체가 없다는 이유를 들어 유엔해양법협약 제121조 3항이 정의한 '암석'으로 판정한 바 있다. 이 판례에 의하면 독도는 독자적 EEZ를 가질 수 없는 암석이 되므로 독도의 해양법상 지위에 대한 논란의 소지를 해소해주었다.

지금까지 한일 간 해양경계협정 체결이 불가능했던 것은 독도가 영해뿐 아니라 독자적 EEZ도 가질 수 있다는 국제법 학계 일각의 주장을 의식했기 때문이다. PCA 판결을 근거로 일본 오키섬과 울릉도를 양국 EEZ 설정의 기선으로 삼는다면, 독도는 한국의 EEZ 내에 들어오게 된다. 독도 주변 해역에 대해 한국이 경제적 관할권을 독점하는 상황이 지속하면 독도의 영유권에 대한 논란은 자연스럽게 수그러들 것이다.

한일대륙붕공동개발협정도 3년 이내에 양국 관계의 악재로 대두될 수 있다. 이 협정은 2028년 6월 종료되기 3년 전인 2025년 6월에 일본이 종료를 통보하면 대륙붕공동개발구역(JDZ)에 대한 한국의 권리는 소멸할 수 있다. 1978년 협정 체결 이후 발효된 유엔해양법협약은 대륙붕의 경계를 지질학적 특성과 무관하게 EEZ와 마찬가지로 영해기선에서 200해리를 기준으로 획정하도록 규정하고 있다. 한일대륙붕공동개발구역이 일본의 EEZ 내에 들어간 이상 일본은 유엔해양법협약이 허용한 권리를 포기할 리가 없다. 한일관계가 이 문제로 다시 위기를 맞지 않도록 양국 정부가 미리 대륙붕공동개발구역의 미래에 대해 협의하고 대비할 필요가 있다.

끝으로 동해 표기 문제도 간헐적으로 우리 국민의 반일 감정을 자극하는 악재로서 무시할 수 없다. 일본은 동해를 '일본해'로 표기해왔고 '동해/일본해'를 병기하는데도 극렬히 반대한다. 동해 표기는 영토 문제와는 무관하지만 국제적으로 일본해로 표기되는 것에 대해 우리 국민들의 자존심이 허락하지 않는다.

텍사스 앞바다를 멕시코만이라고 불러도 전혀 개의치 않는 미국인들은 한일 양국이 동해 표기 문제로 다투는 것을 이해할 수 없겠지만 '동해/일본해' 병기조차 거부하는 일본의 옹졸한 자세를 우리 국민들은 용납할 수 없다. 대한민국을 'Republic of Korea'가 아닌 'South Korea'로 부르는 것은 문제 삼거나 바로잡는 대신 이를 국명처럼 사용하는 지식인들도 있지만 동해를 일본해로 표기하는 것은 절대로 참을 수 없다. 애국가의 첫 소절을 장식하는 동해 물의 3분의 1이 남북한 EEZ에 속해 있는데도 동해가 일본해로 표기된 것을 보면 우리 국민들은 마치 동해를 일본에 빼앗긴 듯한 분노를 느낀다.

이 문제를 방치하면 언제든지 국민 감정을 격앙시킬 악재가 될 수 있지만, 해법을 찾으면 양국 국민 간에 응어리를 풀 우호적 분위기를 회복하는 데 의외의 효과를 발휘할 수 있다. 한일 간 EEZ 경계협정 체결을 계기로 일본이 대국적 관점에서 '동해/일본해' 병기를 받아들이거나 제3의 중립적 명칭에 합의하도록 고위급에서 일본을 설득할 필요가 있다.

10. 현실주의적 외교 전략으로 21세기의 지정학적 도전에 대처해야

중국의 패권적 도전에 대처하고 대한민국이 안전과 번영을 확보하려면 과거사에 얽매이지 않고 악마와도 동침할 수 있다는 냉철한 현실주의적 외교·안보 전략이 필요하다.

영국이 수 세기 동안 강대국 지위를 유지해온 비결도 이러한 현실주의 외교 덕분이다. 19세기 빅토리아 여왕 시대에 영국을 '해가지지 않는 제국'으로 만든 파머스턴(Henry John Temple, The Viscount Palmerston) 총리는 "우리는 영원한 동맹도 영원한 적도 없다. 우리의 국익이 영원할 뿐이고 그 국익을 따르는 것이 우리의 의무다"(We have no eternal allies, and we have no perpetual enemies. Our interests are eternal and perpetual, and those interests it is our duty to follow)라는 명언을 남겼다.

영국은 나폴레옹전쟁이 끝난 후 1세기 동안 전세계에서 프랑스와 식민지 쟁탈전을 벌이고 러시아의 남하 정책을 저지하는데 총력을 기울여 왔다. 하지만 유럽에 1차 세계대전의 먹구름이 몰려오자 더 위급했던 독일의 패권적 도전에 대항하기 위해 숙적 프랑스, 러시아와 손을 잡았다. 당시 영국 국왕 조지 5세는 빅토리아 여왕의 친손자였고 독일의 빌헬름 2세 국왕은 빅토리아 여왕의 외손자였다. 조지 5세가 군림하는 영국은 국익을 위해 외사촌의 나라와 벌인 전쟁에서 135만 명의 인명을 잃었다. 2차 세계대전 이후에는 소련의 유럽 지배를 막기 위해 대서양동맹과 NATO에 숙적 독일을 끌어들였다. 이것이 파머스턴 총리가 설파한 영국식 현실주의이다.

러시아의 우크라이나 침공이 유럽의 전략 지형에 가져온 가장 큰 변화는 독일 안보 전략의 혁명적 전환이다. 올라프 숄츠(Olaf Scholz) 총리는 2022년 2월 27일 연방의회 특별연설에서 2차 세계대전 이후 유지해온 분쟁 지역에 대한 군사적 개입 및 무기 판매 자제 원칙을 폐기하고, 우크라이나에 대한 대규모 무기 지원 계획과 함께 국방력 증강 정책을 발표했다. 그런데 독일의 변신을 가장 반기는 나라는 현대사에서 독일의 침략으로 가장 큰 피해를 본 프랑스와 폴란드다.

과거의 적보다 현재와 미래의 적을 대항하는 것이 더 중요하다는 단순한 이치를 알기 때문이다.

대한민국이 21세기의 '그레이트 게임'에서 활로를 찾으려면 유럽 국가들의 현실주의 외교에서 교훈을 찾아야 한다. 과거의 유령과 싸우느라 미래의 적을 판별하지 못하고 대비를 소홀히 하는 것은 화(禍)를 자초하는 미련한 짓이다.

제6장

외교 · 안보 정책 운영 체제

1. 외교·안보 컨트롤 타워

외교·안보 정책의 운영 체제 정비는 대통령이 취임하자마자 단행해야 할 최우선 과제이다.

외교·안보 정책이 경제, 사회 등 국정의 다른 분야와 근본적으로 다른 점은 대통령이 내각에 위임할 수 없는 사안이 많고, 여소·야대의 정치 구도 아래에서도 국회의 입법권 영역 밖에서 독자적으로 행사할 수 있는 권한과 재량의 범위가 넓다는 점이다. 특히, 대통령이 국군 통수권자와 외교의 수장으로서 보유하는 고유의 권한과 책임은 누구에게도 위임할 수 없고 국회의 간섭도 받지 않는다.

국군 통수권자로서 북한의 공격이 임박하면 한미 국방장관의 건의에 따라 미국 대통령과 함께 준전시 상태인 '데프콘 3'을 발령할 것인지 여부를 결정해야 하는데, '데프콘 3' 발령과 함께 한미연합사령관은 전시작전통제권을 행사한다. 이러한 결정은 양국 대통령이 직접 해야 하는데 참모들과 의논하고 심사숙고할 시간이 없을 가능성도 있다. 대통령은 또한 외국 정상들과의 회담이나 통화를 통해 외교·안보 정책을 직접 설명해야 하는 경우도 많다. 대통령의 국군 통수권과 외교·안보 정책을 보좌할 시스템, 그리고 참모의 역할이 중요한 이유이다.

외교·안보 정책은 외교, 국방, 통일, 정보 등 다양한 분야로 나뉘

어져 있지만 일사불란하게 통합적으로 운영되어야 한다. 주무 부처는 달라도 업무가 서로 밀접하게 연관되어 있고 중첩되는 영역도 많기 때문에 컨트롤 타워가 부실하면 외교·안보 정책은 중구난방이 되기 쉽다. 같은 현안에 대해 부처에 따라 다른 목소리를 내면 정부의 신뢰성에 타격을 줄 뿐만 아니라 정책의 효율성도 떨어진다.

대통령이 컨트롤 타워의 정점에서 외교·안보 정책의 목표와 원칙, 방향 등의 큰 틀을 직접 챙겨야 한다. 다만, 대통령의 외교·안보에 대한 지식과 판단력은 제한되어 있어 능력 있는 참모들의 보좌를 받아야 한다. 국가 안보에 관한 중요한 정책을 공식적으로 결정하거나 변경할 때는 헌법기관인 국가안전보장회의(NSC)의 자문을 받는 것이 원칙이다. 그러나 대통령이 직접 주재해야 하고 평소 외교·안보 문제에 관여할 일이 많지 않은 총리와 행정안전부장관까지 참석해야 하는 NSC는 자주 개최하기 어렵다. 그래서 국가안보실장의 주재로 외교·안보 주무부처의 기관장과 국무조정실장으로 구성된 NSC 상임위원회를 개최하고 그 결과를 대통령에게 보고하는 관행이 정착되어 왔다.

그러다 보니 대통령의 외교·안보 수석 참모가 실질적인 외교·안보 정책의 컨트롤 타워 역할을 하게 되고, 참모 조직과 기능도 비대해지게 되었다. 박근혜 정부에 이어 문재인 정부에서도 장관급 국가안보실장 밑에 수석급 차장을 두 명이나 두고 있다.

차기 정부는 청와대 직제의 슬림화와 함께 국가안보실 조직도 대폭 축소하고 실장의 직급도 장관급에서 차관급 외교안보수석으로 낮출 필요가 있다. 한 명의 수석 밑에 3, 4명의 비서관을 두어, 옥상옥(屋上屋)의 현행 구조를 단순화하는 것이 보좌 체제의 효율성을 높이는 길이기 때문이다. 부처 간 입장을 조율하고, 대통령을 보필하며 대통령과 내각 간의 원활한 소통 채널 역할을 수행하는 데 중요한 것은 참모의 계급이 아니라 참모의 역량과 대통령의 신임이다. 참모 조직은 비대하고 복잡할수록 행정적 낭비와 비능률이 늘어난다.

장관급 국가안보실장을 두게 되면 그 아래에 최소 수석급 차장 2명 이상을 두게 되어 있다. 국가안보실장 휘하에 복수의 차장을 두어 업무가 이원화되면 차장 사이에 알력과 영역 다툼이 일어날 수 있고, 같은 현안을 두고 해당 부처에 다른 신호를 보내 혼선을 초래하는 경우도 발생한다. 국가안보실이 참모들 간의 내부 소통과 의견 조율에 소중한 시간과 노력을 낭비해야 한다면 아무리 유능한 참모를 모아 놓더라도 능력을 제대로 발휘할 수 없고 보좌 기능은 정상적으로 작동하기 어렵다.

장관급 실장이든 차관급 수석이든 대통령의 참모이고 비서에 불과하다. 김대중 정부까지 외교안보수석을 차관 또는 차관보 급이 맡을 때도 계급이 낮아 직무 수행에 지장을 겪었던 적은 없었으며, 노무현 정부에서 만든 장관급 안보실장 직위를 이명박 정부에서 차관급 외교안보수석으로 낮추었지만 그 때문에 대통령을 보좌하는데 문제가 발생한 적은 없었다.

청와대 비서진의 계급이 높으면 대통령에게도 약보다는 독이 될 가능성이 크다. 우선 내각 중심의 국정 운영이 불가능하게 된다. 비서실이 책임지지 않는 사실상의 내각이 되고, 내각은 실권도 없이 책임만 지는 허수아비로 전락할 수 있기 때문이다. 장관급 실장이 열심히 대통령을 보좌하겠다고 과욕을 부리다 보면 정부조직법이 장관에게 부여한 권한을 침해할 수 있고, 내각은 자발성과 책임 의식을 상실하고 무기력해지기 쉽다. 공직사회에서도 장관의 결재를 받기 전에 청와대의 기류부터 살피는 복지부동 풍토가 만연해지고 장관의 권위와 부처 장악력은 위축된다. 그뿐만 아니라 대통령의 참모가 정책의 주도권을 행사하겠다는 욕심을 부리면 대통령이 유능하고 소신 있는 각료를 발탁하는 데도 걸림돌이 될 수 있다. 실력과 소신을 갖춘 장관은 청와대의 참모가 컨트롤하기에 버겁기 때문이다.

외교·안보 수석 참모의 직급을 장관급 실장에서 차관급 수석으로 낮추더라도 외교안보수석은 비서실장의 통제를 받지 않고 매일 최소한 30분 정도는 대통령을 독대할 수 있어야 한다. 외교안보수석이 보고할 내용 가운데는 비서실장이나 다른 배석자가 있는 자리에서는 언급할 수 없는 민감한 기밀이 포함되는 경우가 대부분이다. 중요한 정책 사안에 대해서는 대통령이 직접 장관들의 대면 보고를 받는 것이 좋지만, 주요 국제 문제와 현안에 대한 대통령의 지식과 이해도를 높이는 것은 외교안보수석의 몫이다.

군 통수권과 관련된 긴급 상황이 발생할 경우에는 국방장관이 수석을 거치지 않고 직접 대통령에게 보고할 수 있어야 한다. 수석과 먼저 의논하느라 시간을 허비할 여유가 없을 수도 있고, 대통령이 직접 국방장관의 보고를 받는 것이 상황 파악에 더 도움이 되는 경우도 있기 때문이다.

　대통령은 유사시 군의 작전 개념과 가용 군사적 수단을 인지하고 있어야 하고, 외교안보수석은 국방장관과 합참의장이 통수권자와 거리낌 없이 소통할 수 있도록 평소 스킨십을 쌓을 기회를 가급적 자주 만들어야 한다.

　대통령의 참모들은 대개 대통령에게 먼저 전화하는 데 익숙하지 않으므로 대통령은 외교안보수석과 국방장관이 심야에도 먼저 전화 보고하는 데 불편을 느끼지 않도록 분위기를 만들어 줘야 한다. 전시에 작전통제권을 행사할 한미연합사령관은 미국 대통령의 부하인 동시에 대한민국 대통령의 부하이기도 하므로 대통령이 연합사령관의 대면 보고를 받는 관행도 만들어 둘 필요가 있다.

　위기 관리에는 대통령과 총리 간에 적절한 역할 분담이 필요하다. 대통령은 국군 통수권자로서 국가 안보와 관련된 위기에 집중하고, 국내에서 발생하는 재난과 안전 사고에 대응하는 책임은 총리에게 전적으로 위임하는 것이 좋다. 대통령이 총리 직속의 중앙재난안전 대책본부장을 겸임하려고 하면 더 엄중한 국가 안보 위기가 발생했을 때 대응에 집중력과 순발력을 발휘하기가 어려워진다. 청와대에는 국내 재난을 담당할 별도의 조직을 두지 말고 중앙재난안전대책본부를 관할하는 정무수석이 필요할 때마다 대통령을 대책본부로 안내하는 역할을 수행하면 된다.

2014년 세월호 사고 당시 박근혜 대통령이 전면에 나서서 신속하게 현장으로 달려가 구조 작업을 진두지휘했다면 국민의 칭송을 받고 야당의 정치적 공세에 시달리는 고통을 면할 수 있었을지도 모른다. 그러나 구조 작업에 집중해야 할 해양경찰이 청와대 비서실과 경호실의 전화 폭탄에 시달리고 대통령 영접과 안내에 신경을 쓰게 되면 인명 구조에 집중하기 어려워져 피해자는 더 늘어나게 마련이다. 이런 재난이 발생할 경우 대통령이 제일 먼저 해야 할 일은 참모들이 대통령에게 상황을 신속하게 보고하기 위해 구조 활동에 부담을 주는 일을 못 하게 하고, 재난안전대책본부의 구조 활동을 지원하는 데 필요한 국군의 자산을 현장에 긴급 투입하는 것이다.

2. 외교 · 안보 부처의 조직 개편

현행 외교 · 안보 부처의 조직에는 능률을 저해하고 이해 관계의 충돌을 조장하며, 부처 간 업무가 중복되는 영역이 적지 않다. 대대적인 수술과 개편이 시급하다.

미룰 수 없는 국정원의 개혁

국가정보원(국정원)은 대통령 직속 기관이고 대통령은 국정원이 수집하는 정보의 수요자다. 국정원장이 대통령 외에 총리나 외교·안보 분야의 장관들과 정보를 공유해야 할 법적 의무는 없다. 그런데 대통령이 국정원의 보고를 읽다보면 놀랄 일이 많을 것이다. 국정원의 대북 정보 수집과 분석 능력이 아닌 대북 정보의 빈약성 때문이다.

북한의 폐쇄성 때문에 대북 정보 수집은 원래 매우 어려운 일이다. 2011년 12월 17일 김정일이 사망하고 19일 발표할 때까지 이틀 동안 사망 정보를 수집한 나라는 하나도 없었다. 평양에 가장 큰 상주 공관을 유지한 중국도 발표 시각까지 눈치를 채지 못해 북한을 담당하는 중국공산당의 대외연락부장은 해외 출장 중에 사망 발표를 듣고 허둥지둥 귀국했다. 북한 내에서 장관급 간부들도 모르는 사실을 다른 나라 정보기관이 알아내는 것은 거의 불가능하다. 앞으로 김정은에게 변고가 발생하더라도 북한이 발표하기 전에 국정원이 알아내지 못한다고 해서 한탄하거나 놀랄 일은 아니다.

북한 사회의 폐쇄성 때문에 국정원의 대북 정보가 빈약한 것은 어쩔 수 없지만 국정원의 조직과 인사 제도 때문에 정보의 품질이 떨어지는 문제는 바로잡아야 한다.

국정원 조직은 두 가지 근본적인 문제를 안고 있다. 첫째는 정책과 정보를 겸업하는 것이고, 둘째는 원장의 직급이 너무 높다는 것이다.

정보기관이 정책과 정보를 겸업하는 것은 정보의 신뢰성과 객관성을 해친다. 정책을 결정하거나 정책 결정에 참여하는 정보기관은 정보기관이기를 포기한 것이다. 정보기관장이 정책에 관여하고 정책에 대해 의견이나 입장을 갖게 되면 정보가 정책 목표에 맞게 선별, 가공, 왜곡되는 것을 피할 수 없기 때문이다. 미국, 영국, 프랑스 등 정보 선진국들이 정보기관의 정책 수립 참여를 제도적으로 금지하는 이유도 바로 여기에 있다.

국정원장이 대북 정책에 관여하게 되면 원장이 추구하는 정책의 근거를 부정하거나 원장의 구미에 맞지 않는 정보는 분석관이 축소 또는 무시하려는 경향이 생길 수 있다. 이는 개인의 생존 본능이 조장하는 조직의 생리이다. 원장의 입맛에 맞는 보고서보다 객관적이고 균형된 보고서에 집착하는 고지식한 분석관은 승진과 보직에서 불이익을 걱정해야 한다. 일반 공무원들과는 달리 국정원 직원들은 계급정년 제도 때문에 일정 기간 내에 승진하지 못하면 40대에도 퇴출당할 수 있고 생계를 걱정해야 한다.

국정원의 대북 정책 관여는 주무 부처인 통일부의 대북 정책 영역을 침범할 수밖에 없다. 대한민국에 사실상 두 개의 통일부가 존재하게 되는 것이다. 국정원은 대북 비밀 접촉 채널을 유지하고, 통일부는 북한 내각과 당의 대남 정책 부서를 상대하면서 교류·협력 업무를 전담하는 방식으로 역할을 분담하고 있지만, 사실상 두 부처는 대북 정책을 두고 경쟁 관계에 있다고 볼 수 있다. 정보와 인력이 많은 부처가 정책의 주도권을 장악하는데 유리하기 때문에 국정원은 가치 있는 대북 정보를 통일부와 공유하는 데 인색하다. 국정원장이 국회 정보위원회에 보고한 정보를 여·야 간사들이 언론에 경쟁적으로 브리핑할 때까지도 통일부에는 알려주지 않는 경우가 많다. 심지어 통일부가 관리해야 할 대북 채널까지 국정원이 장악하고 넘겨주지 않아 통일부장관이 대통령에게 교통 정리를 건의하는 촌극이 벌어진 일도 있다.

국정원이 대북 정책의 단맛에 도취하여 여기에 가장 유능한 직원들을 투입하고 남북 정상회담을 잘 준비하는 간부가 출세하는 조직으로 전락하면 정보기관으로서 본연의 역할은 부실해질 수밖에 없다. 국정원은 대북 정보의 수집과 분석 외에 대북 공작 업무도 맡고 있다. 국정원장이 대북 접촉의 전면에 나서게 되면 대북 공작 업무는 소홀해지게 된다. 대북 공작은 본질적으로 북한이 가장 혐오할수밖에 없는 활동인 만큼 대북 접촉에도 부담이 되고 북한의 카운터파트에게 공격과 추궁의 빌미를 줄 수 있다. 따라서 공작 업무에 열의를 보일 수가 없다.

국정원장의 직급을 장관급으로 한 것도 군사독재 시대의 잔재이다. 국정원장 밑에는 3명의 정무직 공무원이 있다. 대통령과 집권 세력에 대한 충성심을 기준으로 임명되는 정무직 공무원이 4명이나 되는 조직은 정치적 중립을 유지할 수 없고 필연적으로 정권의 하수인 역할을 면하기 어렵다.

국정원장의 직급을 경찰청장과 같은 차관급으로 조정하고, 국정원장이 대북 정책 결정에 개입하고 대북 협상에 나서는 것을 금지하는 것이 답이다. 이러한 개혁은 대통령의 결단 없이는 불가능하다. 국회는 여·야를 막론하고 국정원장의 직급을 낮추는 개혁에 소극적일 가능성이 크다. 국회 정보위원회 위원들은 장관급 정보기관장을 상대하는 것이 격에 더 어울린다고 생각할 것이기 때문이다. 대통령이 국정원을 정보와 공작 중심 기구로 개혁하고자 한다면 개혁 의지가 있는 사람을 원장으로 임명하거나 개혁 방안이 법제화될 때까지 원장의 임명을 보류하고 차장급 한 명만 임명해 대리 체제로 운영하면 된다.

국정원을 철저히 비정치화 해서 정부가 바뀔 때마다 전문직 중간 간부들까지 대거 퇴출당하고 인사 보복을 당하는 악순환의 고리를 끊어야 한다.

국정원의 정보 전문성을 보장하려면 직원들을 조기 퇴출의 공포에서 해방하고 인사권자에 대한 충성 경쟁 대신 능력으로 승진과 보직이 결정되는 조직 풍토를 조성해야 한다. 이를 위해서는 직원들의 계급정년을 철폐하여 일반 공무원의 정년을 보장함으로써 조직을 안정시키고 인적 자원의 역량을 키워야 한다. 정보 전문가를 키우는 데는 많은 시간이 걸린다. 특출한 능력을 보유한 전문가들은 정년이 지난 후에도 계약직으로 계속 근무할 수 있는 제도도 도입할 필요가 있다.

통일부의 미래

통일부는 진보 정부가 보수 정부로 교체될 때마다 실존적 위기를 겪는 부처이다. 진보 좌파 정부 아래에서 통일부가 대북 포용정책에 앞장서면서 북한 입장을 대변하고 옹호하는 데 과도한 열의를 보여 온 업보로 볼 수 있다.

통일되면 사라질 부처가 통일 정책을 담당하는 것이 온당하냐는 근본적 문제도 제기될 수 있다. 북한이 핵 무력 증강에 박차를 가하는 상황에서도 통일부가 비핵화를 위한 대북 제재를 못마땅하게 여기고 오히려 북한 폭압 체제의 존속과 강화에 도움이 될 교류·협력에 집착해온 것은 조직 자체의 이해 관계에 기인하는 측면도 있을 것이다. 수백 명의 직원을 거느린 정부 조직이 존재하면 국민의 혈세만 축내며 무위도식할 수는 없고 일거리를 계속 만들어 존재 이유를 입증하려는 강박감에 시달리게 한다. 그러다 보면 조직의 이익과 국가의 이익이 충돌하는 대북 사업도 벌이게 되고 이를 정당화하기 위해 무리한 논리를 개발하게 된다. 통일부의 존폐 논쟁도 이러한 배경에서 대두되는 것이다.

통일부의 업보에도 불구하고 폐지하는 것보다는 국정원의 대북 정책 조직을 흡수하여 역할을 제대로 수행할 기회를 주는 것이 최선이다. 통일부를 폐지하더라도 현재 통일부가 수행하는 업무 자체를 모두 폐지할 수는 없고 정부 내의 어느 조직으로 업무를 이관할 것인지의 문제는 남는다. 이와 관련하여 몇 가지 고려할 점이 있다.

첫째, 업무의 관련성뿐만 아니라 조직의 위상과 성격이 통일과 남북관계를 담당하는 데 적절한지를 우선적으로 고려해야 한다. 이명박 정부 출범 당시 통일부를 외교부에 통합하자는 주장이 제기된 적이 있다. 대북 정책과 관련된 국제 공조와 통일을 위한 국제적 여건 조성이 외교부의 핵심 업무라는 점에서 업무 관련성과 시너지 차원에서만 본다면 일리가 있다. 그럼에도 북한의 법적 지위와 모순되는 발상이라는 근본적 문제가 있다. 북한은 외국이 아니므로 외국과의 관계를 담당하는 외교부가 남북관계를 다루는 것은 헌법 정신에 맞지 않는다.

둘째, 통일 정책은 국가 안보 전략과 일체화되어야 하고 대통령이 통치 행위 차원에서 결정할 영역이므로 이를 전담할 별도의 부처가 필요할 정도로 상시적인 업무 수요가 있는 것은 아니다. 따라서 통일 정책을 결정하거나 변경할 필요가 발생하면 NSC 사무처가 중심이 되어 관련 부처의 입장을 조율하고 NSC에 정책을 건의해 결정하면 된다.

끝으로, 통일부의 남북 교류·협력 및 탈북자 교육 훈련과 관련된 업무는 행정안전부 소속의 이북5도위원회로 이관하는 것이 맞다. 북한이 법적으로는 지방자치단체와 가장 가깝고 통일이 되면 일정 기간 중앙정부가 직할 통치해야 할 가능성이 남아있는 유일한 지역이다. 이북5도위원회를 국가 예산으로 운영하는 사실상의 실향민 향우회로 유지할 것이 아니라, 통일부와 통합하여 통일에 대비한 북한의 예비정부(shadow government)로 개편할 필요가 있다. 현행 북한의 행정 조직에 따라 시장과 군수까지 미리 임명하여 기초지자체 단위까지 개발 계획을 미리 수립하고, 통일이 이루어지면 이들이 즉각 관할 지역에 부임해 전환기의 행정 임무를 원활하게 수행할 수 있도록 역량을 갖추게 해야 한다.

탈북자 관리도 통일부가 운영하는 하나원 교육을 거쳐 지자체로 넘기는 현행 제도보다는 행정안전부가 탈북자의 사회 적응 교육과 지자체의 탈북자 관리 시스템을 통합적으로 운영하는 것이 더 효과적일 수 있다.

이북5도위원회와 통일부를 통합한 차관급 조직을 행정안전부 산하에 두는 것이 통일부와 이북5도위원회를 다 살리는 길이다. 이북5도위원회는 국영 실향민 친목단체라는 오명을 벗고 통일에 의미 있는 기여를 할 수 있는 조직으로 탈바꿈할 수 있다. 다만, 통일부 공무원들로서는 당장 장관급 부처가 차관급 부처로 위상이 저하되는데 대해 자괴감을 느낄 수 있고 1급 공무원 정원이 줄어드는데 따른 불이익도 걱정될 수 있다. 그러나 장기적으로 본다면 통일이 조직의 종말이 아니라 승진과 영전을 기약하는 축복이 되는 것이므로 정권의 향배와는 무관하게 신명나게 일할 수 있는 조직 풍토가 조성될 수 있다.

외교부 회생 방안

외교부는 문재인 정부에서 완전 초토화됐으며 직업외교관들의 사기는 땅에 떨어졌다. 대미 외교와 대일 외교를 담당해온 다수의 유능한 인재들은 적폐 집단으로 지목되어 혹독한 수난을 당했다. 유능하고 소신 있는 간부들 가운데 정치적 코드를 맞추지 못해 공관장 보직도 받지 못하고 퇴출당하는 비운을 겪은 이들도 속출했다. 재외공관의 공관장 자리는 대통령의 공신들을 위한 논공행상과 다른 부처의 인사 적체 해소를 위한 수단으로 전락했다. 평생을 외교 현장에서 경험을 쌓아온 직업외교관들이 외교 분야의 경험도 지식도 별로 없는 외부 인사들에게 공관장 자리를 빼앗기는 것이 일상화가 되었다. 외교관을 선발하고 양성하는 임무를 맡은 국립외교원의 원장도 함량 미달의 외부 학자가 차지하면서 국립외교원의 위상은 물론 존재 이유마저도 흔들리고 있다.

외교가 국가의 흥망성쇠에 결정적인 영향을 미칠 수 있는 나라에서는 외교 전문인력과 이들이 현장 경험을 통해 축적해온 지식과 노하우는 국가의 소중한 자산이다. 외교를 경시하고 직업외교관의 전문성을 부정하는 인사 관행은 유능한 현직 외교 관료들의 의욕을 박탈할 뿐만 아니라, 우수한 외교 인력의 충원도 어렵게 한다. 이는 세계 10대 경제대국이 외교 약소국으로 전락하는 지름길이다.

공관장 인사에서 미국식 엽관제도를 흉내내는 것은 위험하다. 초강대국인 미국은 외교가 필요 없는 나라다. 미국이 원하는 것을 정확히 상대국에 전달하고 이에 대한 상대국의 입장만 확인하면 외교관은 책임의 90%를 무난히 이행할 수 있는 나라이기 때문이다. 그마저도 대개 국무부가 하달하는 '논 페이퍼'(non-paper)라는 이름으로 불리는 문서를 전달하는 방법으로 이루어진다. 대사 자리를 1년 이상 비워 두어도 별로 문제될 것이 없고, 정치 헌금을 많이 낸 부동산 브로커나 자동차 딜러를 대사로 임명해도 청문회 컨설턴트의 도움을 받아 상원의 인준을 받을 수 있는 나라이다. 중요한 현안을 대사관을 통하지 않고 대통령, 장관, 국가안보보좌관이 직접 전화나 면담을 통해 해결한다.

　그러나 외교 실패로 나라가 전쟁의 참화도 겪어보고 레짐 체인지(regime change)도 당해본 유럽, 일본, 중국 등 대다수의 외교 대국들이 직업외교관만을 공관장으로 임명하는 이유를 깊이 새겨볼 필요가 있다. 영국, 호주, 캐나다 같은 나라가 영어 잘하는 사람이 모자라서 공관장에 직업외교관 출신만을 임명하는 것이 아니다. 직업외교관보다 외국어 구사 능력이 더 우수한 사람은 어느 나라에서나 차고 넘친다. 그러나 외교는 어학 실력 외에도 고도의 전문성이 요구되는 직종이다. 일본 유수의 대학에서 수학한 인물을 주일 대사로 임명해도 외교관으로서 기초적 소양이 없으면 일본 정부와 정계에서 기피인물로 지목돼 사실상 외교 활동이 불가능해진 사례가 이를 단적으로 보여준다.

모든 공관장 자리에 직업외교관 출신만 임명해야 한다는 소리가
아니다. 직업외교관들 가운데도 공관장 직무를 수행하기에는 함량
이 모자라는 사람이 많고, 공관의 업무 특성에 따라서는 외교 업무
에 경험이 없어도 공관장 직무를 수행하는 데 경쟁력을 갖춘 인재들
도 있다. 경제 정책을 주로 다루는 주OECD 대사는 외교관 출신보
다 유능한 경제 관료 출신을 임명하는 것이 맞다. 주요국 대사를 맡
은 직업외교관 출신 가운데는 후배 외교관들이 보기에도 창피한 수
준의 실력으로, 직업외교관에 대한 부정적인 인식을 확산하는 데 기
여하는 이도 있다.

대통령은 함량이 모자라는 직업외교관을 정치적 충성심을 기준으
로 공관장에 임명하는 것도 자제해야 하지만, 외교 경험이 전무한
사람을 공관장으로 발탁할 경우에는 자질을 객관적으로 검증하는
절차를 거치도록 해야 한다. 또한 대통령이 정치적으로 임명하는 자
리를 모두 없애지는 못하더라도 최소한으로 제한하는 제도를 도입
해야 한다.

새 정부는 외교부의 조직과 기능도 확대 개편할 필요가 있다. 정
부 수립 이후 외교부가 맡아오던 통상교섭 업무를 박근혜 정부가 산
업통상자원부(산업부)로 넘겨준 것은 큰 실책이었다. 통상교섭본부가
산업부 소관 업무와 가장 연관성이 많다는 착각을 근거로 졸속으로
결정한 것인데, 결과적으로 통상 외교의 위축만 가져왔다. 통상교섭
본부가 다루는 핵심 현안은 농림축산식품부의 영역인 농산물 교역

과 검역제도, 국토교통부 소관의 자동차 안전 기준, 보건복지부의 의약품 인증제도, 법무부 소관의 법률시장 개방 및 지식재산권 등 산업부 본연의 업무 영역을 벗어나는 것이 대부분이다.

통상교섭본부가 산업부에 편입된 이후 통상 외교가 사실상 실종되고 인재들이 떠나는 원인을 규명해보면 그 답을 찾을 수 있다. 우리와 유사한 처지에 있는 캐나다, 호주 등 중견국가들이 외교와 통상 교섭을 통합한 사례도 타산지석으로 삼을 필요가 있다. 경제 안보가 외교의 핵심 과제로 부상한 시대에 통상 교섭은 외교와 일체화돼야 시너지 효과를 발휘할 수 있다.

군은 죽어도 할 수 없는 국방 개혁

국방 개혁의 요체는 매너리즘과 관료주의에 빠진 행정 군대를 전쟁할 수 있는 군대로 환골탈태하는 것이다. 이는 군의 기득권 포기를 전제하기 때문에 국방 개혁의 가장 큰 적은 바로 군이라고 볼 수 있다. 자고로 군에 국방 개혁을 맡겨서 성공한 나라가 없는 것도 이러한 이해 관계의 충돌에 기인하는 바가 크기 때문이다.

대통령이 군을 설득하여 국방 개혁을 해보겠다면 시간과 노력만 낭비하게 된다. 이명박 정부 후반기에 김관진 국방장관이 국방 개혁에 남다른 사명감과 열의를 갖고 행정 군대를 작전 중심의 군대로 전환하는 데 비상한 노력을 기울였지만 결국 용두사미로 끝나고 만 것도 각 군의 예비역을 동원한 조직적 저항과 사보타지(sabotage)때문이었다. 대통령이 임기 중에 군대를 '전쟁할 수 있는 군대'로 꼭 바꾸겠다면 국방 개혁을 착수하기에 앞서 몇 가지 유념해야 할 사항이 있다.

첫째, 국방장관은 안보 전략에 내공이 있는 문민 출신을 기용해야 한다. 훌륭한 군 출신 인재들도 많지만 자군의 위상과 집단적 이익을 손상할 개혁을 추진하기는 쉽지 않다. 육군 출신 장관이 주도하는 국방 개혁은 실제 내용과 무관하게 육군에 유리한 개혁이라는 오해를 면할 수 없다. 타군들이 국방부를 육방부라고 부르는 이유이기도 하다. 해·공군 출신이 모처럼 장관을 맡으면 그간 해·공군의 누적된 한을 풀고 임기 중 자군의 숙원사업을 실현하려는 유혹과 조급증에서 벗어나기 어렵다.

문민 국방장관이 대통령의 지침을 받아 국방 개혁을 주도하되, 자군의 이익보다 국가 안보를 중시하는 군 출신 인재들과 국방 정책 및 전략 전문가들의 자문을 받을 필요가 있다.

둘째, 군의 상부 지휘 구조를 작전 중심으로 개편하고 슬림화해야 한다. 작전을 지휘 통제하는 군령(軍令)을 인사, 교육 훈련, 군수 지원 등을 관장하는 군정(軍政)보다 상위에 두는 획기적인 개혁이 필요하다. 작전 사령관은 군령을 행사하는 지휘관이고 참모총장은 각 군의 최고 군정 책임자다. 군정의 임무는 군령을 효과적으로 이행할 수 있도록 지원하는 데 있다. 따라서 군정이 부실하면 군령도 부실해진다. 그렇다고 군정을 군령 위에 두면 군의 관료화를 피할 수 없다.

행정 군대를 작전 중심의 군대로 재편하는 첫걸음은 합참의장 외에 각 군의 작전사령관을 대장으로 보임하고 군령권 지원 책임을 맡은 참모총장은 중장으로 계급을 낮추는 것이다. 군령과 군정을 통합하자는 주장도 있다. 하지만 전시에 군령권자가 군정 업무까지 챙기는 것은 과도한 부담이 될 수 있고 군령권 행사에 대한 집중력도 약화할 수 있다는 반론도 일리가 있다. 따라서 군령과 군정을 분리하되 군령 우선의 조직 문화를 정착시키는 것이 시급하다.

작전 지휘 통제의 단계도 줄이고 의사 결정 과정도 단순화해 유사시 순발력 있게 대응할 수 있는 체제를 갖추어야 한다. 전시와 평시에 연합사령관과 합참의장의 군령이 사단장에 도달하기까지 각 군의 작전사령부와 군단사령부를 거치는 복잡다단한 지휘 구조도 정보통신 혁명이 가져온 네트워크 중심 전쟁(NCW) 시대에 맞게 단순화할 필요가 있다.

그리고 작전 중심의 군대로 개조해 나가는데 있어 이스라엘 모델을 참고할 필요가 있다. 전쟁을 가장 자주 하는 이스라엘은 중장 한 명이 17만의 육·해·공군과 47만의 예비군을 지휘하고 각 군 사령관은 소장이 맡고 있는데도 패한 적이 없다.

대통령이 통수권자로서 군 지휘부를 상대할 때도 군정을 담당하는 각 군 참모총장보다는 작전사령관을 우선적으로 만나는 것이 작전 중심의 상부 지휘 구조를 정착시키는데 의미 있는 신호가 될 수 있다.

군정 업무는 국방부와 각 군 본부로 이원화되어 있는데, 이를 통합하는 방안도 검토할 필요가 있다. 각 군 본부에 참모총장을 중심으로 과도한 숫자의 현역 장성들이 배치된 것도 관료주의의 병폐를 조장하는 요인이다.

끝으로 군의 임무 가운데 민간기업이 더 효율적으로 수행할 수 있는 영역은 과감하게 아웃소싱(outsourcing)해야 한다. 병력 자원의 감소에 따라 적은 병력으로 더 많은 임무를 수행하기 위해서는 기술 집약적 군대로 개편하는 것도 중요하지만 군의 핵심 업무를 현역 군인이 수행해야 한다는 고정관념도 버려야 한다. 군수 등 비전투 임무는 민간에 아웃소싱하는 것이 더 효율적일 수도 있다. 급식과 의료 시스템도 꼭 군이 직접 운영할 필요가 없다. 국군 통합병원의 운영은 최고 수준의 민간병원에 위탁하고, 군의관들은 일선 부대에 배치해 경증 환자의 치료, 응급 처치, 민간병원으로 긴급 후송할 환자의 판별 등의 임무에 전념하게 하면 군인들은 더욱더 질 높은 의료 혜택을 누릴 수 있다.

국방 개혁은 엄청난 저항을 각오해야 하는 과제이지만 무작정 방치할 수도 없다. 대통령의 의지가 관건이다.

천영우(千英宇)

1977년 외교부에 들어가 36년간의 공직생활을 마치고 2013년 퇴직하였다. 외교부에서 국제기구국장, 주유엔 차석대사, 외교정책실장, 북핵 6자회담 수석대표, 한반도평화교섭본부장, 주영국 대사, 제2차관 등의 요직을 두루 거쳤다. 이명박 정부 후반기 2년 반 동안은 외교안보수석을 지냈다.

1994년 1차 북핵 위기 당시 주오스트리아 대사관에서 IAEA의 북핵 업무를 담당한 것으로 시작해 주유엔 대표부의 안보리 담당 참사관(1996~1997), 대북경수로사업기획단의 국제부장(1999~2001), NSG(핵공급국그룹) 의장(2002), 유엔 미사일 전문가패널 위원(2003~2004) 등을 거치면서 북한과 핵·미사일 분야에서 실무 경험과 전문 지식을 쌓았다.

북핵 6자회담 수석대표 시절 김계관 북한 수석대표와의 담판으로 2007년 2.13합의를 이끌어냈다. 외교안보수석 재임 중 2011년 1월 '아덴만 여명작전'을 건의해 해적들의 한국 선박 납치를 근절했으며, 2012년 '한미 미사일지침' 전면개정을 통해 한국 미사일 능력의 획기적인 증강 토대를 마련하기도 했다.

퇴직 이후에는 국내외에서 활발한 강연과 토론, 언론 기고 등을 통해 외교·안보 담론 형성에 적극적으로 참여하고 있다. 2013년 (사)한반도미래포럼을 창설하여 매달 외교·안보 현안에 관한 전문가 토론회를 개최하고 있으며, '핵위기그룹'(NCG)의 위원으로 국제 핵 군축·비확산 노력에도 참여하고 있다.

대통령의 외교안보 어젠다

초판발행	2022년 4월 8일
초판2쇄발행	2022년 4월 18일
초판3쇄발행	2022년 5월 9일
초판4쇄발행	2023년 5월 15일

지은이	천영우
펴낸이	안종만·안상준

편 집	한두희
기획/마케팅	노 현
표지디자인	이소연
제 작	고철민·조영환

펴낸곳	(주) **박영사**
	서울특별시 금천구 가산디지털2로 53, 210호(가산동, 한라시그마밸리)
	등록 1959. 3. 11. 제300-1959-1호(倫)
전 화	02)733-6771
f a x	02)736-4818
e-mail	pys@pybook.co.kr
homepage	www.pybook.co.kr
ISBN	979-11-303-1542-3 93340

* 파본은 구입하신 곳에서 교환해 드립니다. 본서의 무단복제행위를 금합니다.

정 가   15,000원